# 校园人：
## 你不能不知道的法律知识

彭浩珍　张式杰　主编

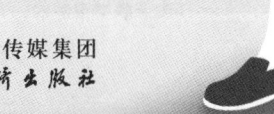

中国财经出版传媒集团
中国财政经济出版社

图书在版编目（CIP）数据

校园人：你不能不知道的法律知识／彭浩珍，张式杰主编．--北京：中国财政经济出版社，2022.5

ISBN 978－7－5095－5754－9

Ⅰ.①校… Ⅱ.①彭… ②张… Ⅲ.①法律－中国－青少年读物 Ⅳ.①D920.4

中国版本图书馆 CIP 数据核字（2021）第 176023 号

责任编辑：潘　飞　　　　　责任印制：史大鹏
封面设计：卜建辰　　　　　责任校对：胡永立

校园人：你不能不知道的法律知识
XIAOYUANREN：NI BUNENGBU ZHIDAO DE FALU ZHISHI

中国财政经济出版社 出版

URL：http://www.cfeph.cn
E-mail：cfeph@cfeph.cn

（版权所有　翻印必究）

社址：北京市海淀区阜成路甲28号　邮政编码：100142
营销中心电话：010-88191522
天猫网店：中国财政经济出版社旗舰店
网址：https://zgczjjcbs.tmall.com
北京时捷印刷有限公司印刷　各地新华书店经销
成品尺寸：185mm×260mm　16 开　17.5 印张　311 000 字
2022 年 8 月第 1 版　2022 年 8 月北京第 1 次印刷
定价：68.00 元
ISBN 978－7－5095－5754－9
（图书出现印装问题，本社负责调换，电话：010-88190548）
本社质量投诉电话：010-88190744
打击盗版举报热线：010-88191661　QQ：2242791300

# 《校园人：你不能不知道的法律知识》编委会顾问团

主　　任：蔡春雷　李国清

副 主 任：邵雷雷　张康林

编　　委（排名不分先后）：

　　　　　刘艳娥　解明稳　左胜高　王冠舜　唐菊雄

　　　　　李　霞　胡　涛　李胜先　王　辰　李　豪

　　　　　黄重取　李　浜　毛震宇　张国娟　杜建朝

　　　　　付庆刚　胡政武

## 编写人员名单

主　　编：彭浩珍　张式杰

副 主 编：王国印　郑小宁

编写人员：彭浩珍　张式杰　王国印　郑小宁　王炳森

　　　　　高梦阳　尹　佳

编写助理：徐　鹏　乔　乔　刘　扬　吴培锋　郭宇宇

　　　　　许　平

# 序言 Preface

党的十五大报告首次提出"依法治国"理念。1999年3月15日,"依法治国"被写入了宪法。此后,我国依法治国步伐加快。特别是,党的十八大以来,法治成为以习近平同志为核心的党中央治国理政的基本方式,全面依法治国被纳入"四个全面"战略布局,在习近平法治思想引领下,法治中国建设已迈入系统协同推进新阶段,正激励着全党全国各族人民共同建设充满生机、成就辉煌的法治中国。

习近平总书记强调,准确把握全面依法治国工作布局,坚持依法治国、依法执政、依法行政共同推进,坚持法治国家、法治政府、法治社会一体建设。教育是国家治理的重要内容,依法治国必然要求依法治教。发展教育属于社会建设的范畴,法治社会离不开法治校园。

中国特色社会主义进入新时代,我国社会主要矛盾已经转化为人民日益增长的美好生活需要和不平衡不充分的发展之间的矛盾,人民在民主、法治、公平、正义、安全、环境等方面的要求日益增长。同样,中国特色社会主义教育事业也进入新时代,我们应客观看待教育工作面临的机遇和挑战,积极回应人民群众对教育公平、校园安全、教学环境等方面的期待。

当前,由于各种原因,我国教育工作者的整体法治意识还不够高,在个别地方、极少数教育工作者中,还存在体罚或者变相体罚学生,侵害学生健康权、人格权、名誉权、隐私权、肖像权、性权利等现象,个别家长还存在家暴、遗弃等违法行为。这已经引起了党和国家、社会各界的高度关注。

广大教育工作者急需"补课",以习近平法治思想引领教育工作,牢固树立法治意识,运用法治方式开展教育活动,营造良好的校园法治文化。广大学生急需"补课",认真学习、全面掌握与自身合法权益相关的法律知识,主动接受法治熏陶。广大家长急需"补课",了解校园法律知识,提高自身法律素养,掌握依法维护子女合法权益的法律技巧，护佑祖国未来茁长成长。所有的教育工作者有义务为推进校园治理体系和治理能力现代化贡献力量，所有社会成员有责任为推动我国教育事业高质量发展贡献智慧。

国家高度重视未成年人保护问题。《中华人民共和国未成年人保护法》于2020年10月17日修订，2021年6月1日正式实施。修订后的《未成年人保护法》展现出四大亮点。

一是对监护人的监护职责作出了全面规定。比如，未成年人的父母或者其他监护人应当为未成年人提供生活、健康、安全等方面的保障，关注未成年人的生理、心理状况和情感需求，保障未成年人休息、娱乐和体育锻炼的时间等。

二是为防止未成年人沉迷网络，对网络产品和服务提供者规定了法定义务。比如，不得向未成年人提供诱导其沉迷的产品和服务，针对未成年人使用其服务设置相应的时间管理、权限管理、消费管理等功能，在接到遭受网络欺凌的未成年人及其父母或者其他监护人的通知后，必须采取删除、屏蔽、断开链接等措施。

三是强化了相关组织和个人的报告义务。任何组织或者个人发现不利于未成年人身心健康或者侵犯未成年人合法权益的情形，都有权劝阻、制止或者向公安、民政、教育等有关部门提出检举、控告。

四是强化学校"防线"，向性侵和欺凌行为说"不"。对性侵害、性骚扰未成年人等违法犯罪行为，学校、幼儿园不得隐瞒，应当及时向公安机关、教育行政部门报告，并配合相关部门依法处理。

亚里士多德说："虽有良法，要是人民不能全都遵守，仍不能实现法治。"人民是法治建设的主体，是法治国家的主人。人民权益要靠法律保障，法律权威要靠人民维护。只有人人参与的法治，全民守法才具有坚实的社会基础。只有将法治观念植根于民心，人人尊法学法守法用法，法治中国才能形神兼具、行稳致远。

2020年度CCTV法治人物罗翔说："真正的知识要从书本走向现实，真正的法律并不仅仅是抽象的逻辑，而是每一个人鲜活的故事，公平和正义不仅仅要在书本上得到体现，更重要的是要在每个个案中得到回响。"

在我看来，《校园人：你不能不知道的法律知识》一书，就是在努力搭建"知识"与"现实"的桥梁。它立足依法治校，紧紧围绕各类校园主体，从理论和实务两个维度客观全面、详细准确、分门别类地梳理、归纳了不同校园主体日常工作生活中必备的法律知识，并对相关典型案例进行了深入剖析。法理与实务相互贯通，融于一体，让文本上的法律条文"动起来""活起来"，拉近了读者与法律的距离，助力全社会营造尊法学法守法用法的良好法治氛围。

因此，彭浩珍律师等主编的《校园人：你不能不知道的法律知识》是一本非常好的普法畅销书，值得您拥有，需要您细细品读，相信您一定会有非常大的收获！

贾晓文<br>2021 年 6 月 1 日

# 前言

　　《中央宣传部、司法部关于在公民中开展法治宣传教育的第七个五年规划（2016－2020年）》通知指出，全民普法和守法是依法治国的长期基础性工作。法治宣传教育的对象是一切有接受教育能力的公民，重点是领导干部和青少年。

　　当前，我国已开启全面建设社会主义现代化国家新征程，进入新发展阶段，为深入学习宣传贯彻习近平法治思想，使法治成为社会共识和基本准则，夯实全面依法治国的社会基础，有必要从2021年至2025年在全体公民中开展第八个五年法治宣传教育。

　　"八五"普法决议提出，持续提升公民法治素养，实行公民终身法治教育制度，把法治教育纳入干部教育体系、国民教育体系、社会教育体系，不断提升全体公民法治意识和法治素养。

　　值得注意的是，"八五"普法决议依然提到了两个重点对象——领导干部和青少年。

　　"八五"普法决议明确，重点抓好"关键少数"，发挥领导干部带头示范作用，建立领导干部应知应会法律法规清单制度，让尊法学法守法用法成为领导干部自觉行为和必备素质；大力加强青少年法治教育，全面落实《青少年法治教育大纲》，推动法治教育进课堂，教育引导青少年从小养成尊法守法习惯。

　　要坚持把领导干部带头学法、模范守法作为树立法治意识的关键，完善国家工作人员学法用法制度，把法治观念强不强、法治素养好不好作为衡量干部德才的重要标准，把能不能遵守法律、依法办事作为考察干部的重要内容，切实提高领导干部运用法治思维和法治方式深化改革、推动发展、化解矛盾、维护稳定的能力。坚持从青少年抓起，把法治教育纳入国民教育体系，引导青少年从小掌握法律知识、树立法治意识、养成守法习惯。要坚持法治宣传教育与法治实践相结合，深化基层组织和部门、行业依法治理，深化法治城市、法治县（市、区）等法治创建活动，全面提高全社会法治化治理水平。要推进法治教育与道德教育相结合，促进实现法律和道德相辅相成、法治和德治相得益彰。

完善国家工作人员学法用法制度，把宪法法律和党内法规列入党委（党组）中心组学习内容，列为党校、行政学院、干部学院、社会主义学院必修课；把法治教育纳入干部教育培训总体规划，纳入国家工作人员初任培训、任职培训的必训内容，在其他各类培训课程中融入法治教育内容，保证法治培训课时数量和培训质量，切实提高领导干部运用法治思维和法治方式深化改革、推动发展、化解矛盾、维护稳定的能力，切实增强国家工作人员自觉守法、依法办事的意识和能力。

健全日常学法制度，创新学法形式，拓宽学法渠道。健全完善重大决策合法性审查机制，积极推行法律顾问制度，各级党政机关和人民团体普遍设立公职律师，企业可设立公司律师。把尊法学法守法用法情况作为考核领导班子和领导干部的重要内容。把法治观念强不强、法治素养好不好作为衡量干部德才的重要标准，把能不能遵守法律、依法办事作为考察干部的重要内容。

坚持从青少年抓起。切实把法治教育纳入国民教育体系，制定和实施青少年法治教育大纲，在中小学设立法治知识课程，确保在校学生都能得到基本法治知识教育。完善中小学法治课教材体系，编写法治教育教材、读本，地方可将其纳入地方课程义务教育免费教科书范围，在小学普及宪法基本常识，在中、高考中增加法治知识内容，使青少年从小树立宪法意识和国家意识。将法治教育纳入"中小学幼儿园教师国家级培训计划"，加强法治课教师、分管法治教育副校长、法治辅导员培训。充分利用第二课堂和社会实践活动开展青少年法治教育，在开学第一课、毕业仪式中有机融入法治教育内容。加强对高等院校学生的法治教育，增强其法治观念和参与法治实践的能力。

各地区各部门要根据本规划，认真制定本地区本部门规划，深入宣传发动，全面组织实施，确保第八个五年法治宣传教育规划各项目标任务落到实处。

（一）健全普法宣传教育机制。积极动员社会力量开展法治宣传教育，加强各级普法讲师团建设，选聘优秀法律和党内法规人才充实普法讲师团队伍，组织开展专题法治宣讲活动，充分发挥讲师团在普法工作中的重要作用。鼓励引导司法和行政执法人员、法律服务人员、大专院校法律专业师生加入普法志愿者队伍，畅通志愿者服务渠道，健全完善管理制度，培育一批普法志愿者优秀团队和品牌活动，提高志愿者普法宣传水平。

（二）切实加强领导。各级党委和政府要把法治宣传教育纳入当地经济社会发展规划，定期听取法治宣传教育工作情况汇报，及时研究解决工作中的重大问题，把法治宣传教育纳入综合绩效考核、综治考核和文明创建考核内容。各级人大要加强对法治宣传教育工作的日常监督和专项检查。健全完善党委领导、人大监督、政府实施的法治宣传教育工作领导体制，加强各级法治宣传教育工作组织机构建设。高度重视基层法治宣传教育队伍建设，切实解决人员配备、基本待遇、工作条件等方面的实际问题。

（三）加强工作指导。各级法治宣传教育领导小组每年要将法治宣传教育工作情况向党委（党组）报告，并报上级法治宣传教育工作领导小组。加强沟通协调，充分调动各相关部门的积极性，发挥各自优势，形成推进法治宣传教育工作创新发展的合力。认真总结推广各地区各部门开展法治宣传教育的好经验、好做法，充分发挥先进典型的示范和带动作用，推进法治宣传教育不断深入。

（四）加强经费保障。各地区要把法治宣传教育相关工作经费纳入本级财政预算，切实予以保障，并建立动态调整机制。把法治宣传教育列入政府购买服务指导性目录。积极利用社会资金开展法治宣传教育。

领导干部是全面依法治国的关键，领导干部的法治意识、法治能力强，全面依法治国就能够顺利推进。

青少年是民族的希望、祖国的未来，青少年的法治观念强弱决定着一个国家和民族未来法治水平的高低。抓住这两个关键群体，制定更具体、更有针对性的措施，使他们成为法治坚定信仰者、实践者、维护者，有利于带动全社会不断提升法治素养。

正是在这样的法治大背景下，作为一名有意愿成立中国公益普法讲师团的律师，我有幸得到司法部、教育部、团中央、法工委等中央部委领导的大力支持，在司法实践中，我们积极响应司法部和中宣部"七五普法""八五普法"的号召，通过以案说法的方式，使我们教育厅（局）、校园负责人、教师、学生、家长都能受益的一本书，终于出版了。借由此书，我们愿意为强化学校、家庭、社会"三位一体"的青少年法治教育格局，加强青少年法治教育实践基地建设和网络建设，尽自己的一份绵薄之力！

彭浩珍　律师

2021年4月1日

# 目录 Contents

| 第一章 | 教育行政部门篇 | 1 |

第一节　教育行政部门应依法行政 … 1

第二节　行政行为的种类 … 2

第三节　教育行政部门履行职责过程中应注意事项 … 3

| 第二章 | 教育机构领导篇 | 25 |

第一节　人事行政风险 … 25

第二节　刑事风险 … 28

| 第三章 | 教育机构篇 | 53 |

第一节　学校侵犯学生受教育权纠纷 … 53

第二节　教育机构责任纠纷 … 56

第三节　"校闹"寻衅滋事纠纷 … 79

第四节　提供劳务者受害责任纠纷 … 83

第五节　侵害作品信息网络传播权纠纷 … 84

第六节　侵害商标权纠纷 … 87

第七节　发布虚假广告被处罚 … 89

| 第四章 | 教师篇 | 92 |

第一节　《中华人民共和国教师法》简介 … 92

第二节　教师可能面临的纠纷 … 93

第三节　教师不能有的行为及法律责任 … 100

| 第五章 | 学生篇 | 119 |
|---|---|---|
| | 第一节　学生人格权保护 | 122 |
| | 第二节　校园欺凌 | 129 |
| | 第三节　见义勇为 | 133 |
| | 第四节　学生犯罪 | 134 |
| | 第五节　学校伤害事故 | 141 |
| | 第六节　上学放学路上的安全 | 150 |
| | 第七节　"压岁钱"的管理和使用 | 152 |
| | 第八节　规范言行问题 | 155 |

| 第六章 | 家长篇 | 161 |
|---|---|---|
| | 第一节　父母与子女的法律关系 | 161 |
| | 第二节　反对家庭暴力 | 164 |
| | 第三节　反对情感虐待 | 171 |
| | 第四节　家长应尊重孩子隐私权和财产权 | 177 |
| | 第五节　家长应保障孩子受教育权 | 185 |
| | 第六节　家长应保护孩子交通安全 | 187 |
| | 第七节　家长应保护孩子人身安全 | 194 |
| | 第八节　家长维权需理性 | 198 |
| | 第九节　家长要预防制止孩子犯罪 | 200 |

附录　校园人应遵守的相关法律法规 ………… 206
参考文献 ………… 262
后记 ………… 264

# 第一章

# 教育行政部门篇

## 第一节 教育行政部门应依法行政

教育行政部门，顾名思义，是指一个国家的各级政府中对教育事业进行组织和管理的部门。对于我国教育行政部门而言，从上到下分别为：首先，最高级别的是中华人民共和国教育部，系国务院的组成部门，主管全国范围的教育工作；其次，是受各省（直辖市、自治区）政府领导的省级教育行政部门，即各省（直辖市、自治区）教育厅，负责管理省级范围内的教育工作，如河北省教育厅；再次，是受市级政府领导的各地市教育行政部门，负责管理该市范围内的教育工作，比如深圳市教育局；最后，是受县/区级政府领导的各县/区教育局，负责管理对该县/区范围内的教育工作，比如北京市朝阳区教育委员会、曲周县教育局。不论是哪一级别的教育行政部门，都属于行政机关，因此，都应遵守我国行政机关依法行政的要求。

那么，为什么要依法行政呢？行政机关作为一个国家的执法机关，其作出的每一种行为，都可能关系社会中每一个公民或组织的切身利益。如果不对执法过程中的每一个程序通过法律法规加以规制，那么，执法机关就可能在履行职责过程中因为滥用职权而滋生腐败，侵害公民或组织的合法权益。所以，习近平总书记也特别指出："没有监督的权力必然导致腐败，这是一条铁律。"教育行政部门作为行政机关之一，自然也应遵循依法行政的原则。

什么是依法行政呢？2004年3月22日，国务院发布《关于印发全面推进依法行政实施纲要的通知》，其中明确提出依法行政的基本要求为：

（1）合法行政，即行政机关实施行政管理，应当依照法律、法规、规章的规定进行；没有法律、法规、规章的规定，行政机关不得作出影响公民、法人和其他组织合法权益或者增加公民、法人和其他组织义务的决定。

（2）合理行政，即行政机关实施行政管理，应当遵循公平、公正的原则。要平等对待行政管理相对人①，不偏私、不歧视。行使自由裁量权应当符合法律目的，排除不相关因素的干扰；所采取的措施和手段应当必要、适当；行政机关实施行政管理可以采用多种方式实现行政目的的，应当避免采用损害当事人权益的方式。

（3）程序正当，即行政机关实施行政管理，除涉及国家秘密和依法受到保护的商业秘密、个人隐私，对其他的均应当公开，注意听取公民、法人和其他组织的意见；要严格遵循法定程序，依法保障行政管理相对人、利害关系人的知情权、参与权和救济权。行政机关工作人员履行职责，与行政管理相对人存在利害关系时，应当回避。

（4）高效便民，即行政机关实施行政管理，应当遵守法定时限，积极履行法定职责，提高办事效率，提供优质服务，方便公民、法人和其他组织。

（5）诚实守信，即行政机关公布的信息应当全面、准确、真实。非因法定事由并经法定程序，行政机关不得撤销、变更已经生效的行政决定；因国家利益、公共利益或者其他法定事由需要撤回或者变更行政决定的，应当依照法定权限和程序进行，并对行政管理相对人因此而受到的财产损失依法予以补偿。

（6）权责统一，即行政机关依法履行经济、社会和文化事务管理职责，要由法律、法规赋予其相应的执法手段。行政机关违法或者不当行使职权，应当依法承担法律责任，实现权力和责任的统一。依法做到执法有保障、有权必有责、用权受监督、违法受追究、侵权须赔偿。

由上可知，依法行政的核心要求便是合法行政、合理行政、程序正当、高效便民、诚实守信、权责统一。

## 第二节　行政行为的种类

行政机关作出的行政行为，分为抽象行政行为和具体行政行为。

抽象行政行为是指国家行政机关制定法规、规章和有普遍约束力的决定、命令等行政规则的行为。比如：2018年8月6日，国务院发布《国务院办公厅关于规范校外培训机构发展的意见》（国办发〔2018〕80号），该《意见》所规范的对象，是全国所有面向中小学生的校外培训机构。

具体行政行为是指行政主体针对特定的对象，就特定的事项所作出的处理决定。

---

① 行政管理相对人，又称为行政相对人，是指行政主体作出的行政行为影响其权益的个人或组织。

常见的具体行政行为有行政命令、行政征收、行政许可、行政确认、行政监督检查、行政处罚、行政强制、行政给付、行政奖励、行政裁决、行政合同、行政赔偿等。比如：2018年2月16日，三河市教育局针对王某未经审批擅自举办快乐宝贝幼儿园的行为，作出《行政处罚决定书》[（三教）罚决字2018第（2）号]，责令其停止办学。

行政机关作出的具体行政行为，特别是涉及行政许可、行政处罚等，与行政管理相对人利益息息相关，因此，法律法规对行政机关实施行政行为作出更为严格的要求，比如《中华人民共和国行政许可法》《中华人民共和国行政处罚法》《中华人民共和国行政强制法》《中华人民共和国行政复议法》《中华人民共和国行政诉讼法》等对行政机关实施行政许可、行政处罚、行政强制、行政复议、行政诉讼等行政行为，作出了详细具体的规定和要求，行政机关必须依据相关法律法规作出行政行为，否则，该具体行政行为存在被人民法院确认违法或撤销的风险。

## 第三节　教育行政部门履行职责过程中应注意事项

### 一、政府采购

政府采购是指各级国家机关、事业单位和团体组织，使用财政性资金以合同方式有偿采购依法制定的集中采购目录以内的或者采购限额标准以上的货物、工程和服务的行为。政府采购的目的，是各级政府及其所属机构为了开展日常政务活动或为公众提供公共服务的需要和预防腐败所进行的采购。

根据《中华人民共和国政府采购法》（以下简称《政府采购法》）的规定，政府采购采用方式有：公开招标、邀请招标、竞争性谈判、单一来源采购、询价和国务院政府采购监督部门认定的其他采购方式。其中，公开招标的采购方式因为投标人较多、竞争充分，相对而言不容易发生串标、围标等情况，是政府机构最常用的采购方式之一。

特别需要指出的是，根据《政府采购法》第四十三条规定，政府采购合同适用合同法。在司法实践中，主流观点倾向于认为，此条规定明确将政府采购合同划归于民事合同。也就是说，尽管教育行政部门属于国家行政机关之一，但是在政府采购合同中，教育行政部门作为采购人，是合同中的一方主体，而所采购货物、工程或服务的供应商，是合同的另一方主体，二者之间不具有管理与被管理或领导与被领导的关系，权利义务处于平等地位。教育行政部门作为采购人，应当按照采购合同中约定的权利和义务予以履行。如果采购合同履行过程中发生纠纷，供应商可以提起民事诉讼，要求教育行政部门履行合同义务，比如支付报酬等。

【案例1-1】

## 福州市财政局对福州市教育局（2020年第23号）政府采购的行政处罚

2020年5月20日，福州市财政局作出对福州市教育局行政处罚决定，福州市财政局在该决定中说明，由于福州市教育局在2018年至2020年市属义务教育阶段学生免费作业本采购项目（编号：[350100] NX [GK] 2017013）中存在"设定的资格、技术、商务条件与采购项目中的具体特点和实际需要不相适应或者与合同履行无关"的情形。故福州市财政局根据《中华人民共和国政府采购法》第十三条第一款、第二十二条第二款、第七十一条第（三）项以及《中华人民共和国政府采购法实施条例》第二十条第（二）项的规定，对福州市教育局责令改正，给予警告。

**法律解读：**

凡是使用财政性资金进行有偿采购集中采购目录以内或者采购限额标准以上的货物、工程和服务的，都要进行政府采购。

政府采购的立法目的，就是降低政府成本、防止腐败，因此政府采购依法应遵循公开透明、公平竞争、公正、诚实信用的原则，按照法律规定的方式和程序，进行政府采购。如果政府采购中可能存在不正当行为，有可能损害供应商合法权益的，供应商有权质疑和投诉。

教育局作为行政机关，依法行政的要求之一便是行政行为应具有合理性。而福州市教育局在作业本采购中设定和实际需要不相适应的条件和要求，显然有悖依法行政的核心要求。

**律师建议：**

教育行政部门在涉及政府采购事项中，应遵守法律法规，在严格按照政府采购的方式和程序进行的同时，还须注意作出的每一个行政行为应具有合理性。

为避免政府采购中发生采购人和供应商相互串通、损害公共利益等情况发生，《政府采购法》对政府采购当事人、政府采购的方式、政府采购的程序、政府采购合同进行了详细规定。

为便于监督，《政府采购法》还特别规定了政府采购质疑与投诉流程，供应商对政府采购活动事项如果有疑问，可以向采购人提出询问；供应商认为采购文件、采购过程和中标、成交结果使自己的权益受到损害的，可以在法定期限内向采购人书面质疑。如果对答复不满意或者未在规定时间内收到答复，供应商可以向同级政府采购监督管理部门投诉；如果对投诉处理决定不服或政府采购监管部门未作出处理，建议供应商申请行政复议或向人民法院提起行政诉讼。

**法规速递：**

《中华人民共和国政府采购法》

第二十二条第二款　采购人可以根据采购项目的特殊要求，规定供应商的特定条件，但不得以不合理的条件对供应商实行差别待遇或者歧视待遇。

第七十一条　采购人、采购代理机构有下列情形之一的，责令限期改正，给予警告，可以并处罚款，对直接负责的主管人员和其他直接责任人员，给予处分，并予通报：

（一）应当采用公开招标方式而擅自采用其他方式采购的；

（二）擅自提高采购标准的；

（三）以不合理的条件对供应商实行差别待遇或者歧视待遇的；

（四）在招标采购过程中与投标人进行协商谈判的；

（五）中标、成交通知书发出后不与中标、成交供应商签订采购合同的；

（六）拒绝有关部门实施监督检查的。

**【案例1-2】**

## 怀化鼎牌服装有限公司诉怀化市教育局不履行行政合同义务案

怀化市教育局委托怀化市政府采购中心采取公开招标方式对2013—2016年度怀化市中小学校服定点生产企业资格项目进行采购。怀化鼎牌服装有限公司（以下简称"鼎牌公司"）参与投标后成为四名中标人之一，并于2013年7月4日与怀化市教育局签订合同，约定合同期内鼎牌公司有权获得优先服务。但三年期满，鼎牌公司未得到指定的服务学校，遂将怀化市教育局诉至法院，要求履行合同，并赔偿损失。

法院经审理后认为，怀化市中小学学生校服采购使用的资金，是中小学生自行出资，由各学校代收代支，上述资金不属于财政性资金，怀化市中小学学生校服采购不属于《中华人民共和国政府采购法》所规定的政府采购，所采购的物品也并非当地政府集中采购目录的物品。故涉案招标投标不属于政府采购范畴。因此，怀化市教育局将不应当纳入政府采购管理范畴的中小学校服采购委托怀化市政府采购中心进行招投标，系在没有法律依据的情况下任意增加行政程序，属于办理程序违法。最终，法院判决怀化市教育局就该项目进行政府采购招标的行政行为违法，并责令怀化市教育局采取补救措施。

**法律解读：**

本案系由于当地教育局将本不属于政府公开招标的项目进行招投标，最终被法院确认违法并采取补救措施。其中反映的问题是，行政机关在进行政府采购时，应当了解哪些项目应当进行公开招标。

**律师建议：**

行政机关在进行政府采购时，应了解政府采购法中的招标方式、条件和程序，一旦和供应商签订采购合同，应遵守诚实信用原则履行合同。

**法规速递：**

《中华人民共和国政府采购法》

第二条 本法所称政府采购，是指各级国家机关、事业单位和团体组织，使用财政性资金采购依法制定的集中采购目录以内的或者采购限额标准以上的货物、工程和服务的行为。

## 二、公开招标

由于公开招标流程复杂、成本较高，很多机构会规避公开招标方式。对此，《中华人民共和国招标投标法》特别规定，以下三种工程建设项目必须进行招标：（1）大型基础设施、公用事业等关系社会公共利益、公众安全的项目；（2）全部或者部分使用国有资金投资或者国家融资的项目；（3）使用国际组织或者外国政府贷款、援助资金的项目。

2018年3月27日，国家发展和改革委员会发布第16号文件《必须招标的工程项目规定》（以下简称《规定》）中，对上述三种情况进行了更进一步的解释：

"全部或者部分使用国有资金投资或者国家融资的项目"包括：（1）使用预算资金200万元以上，并且该资金占投资额10%以上的项目；（2）使用国有企业事业单位资金，并且该资金占控股或者主导地位的项目。

"使用国际组织或者外国政府贷款、援助资金的项目"包括：（1）使用世界银行、亚洲开发银行等国际组织贷款、援助资金的项目；（2）使用外国政府及其机构贷款、援助资金的项目。

即使不符合前述情形，但是属于大型基础设施、公用事业等关系社会公共利益、公众安全的项目，必须招标的具体范围由国务院发展改革部门会同国务院有关部门按照确有必要、严格限定的原则制定，报国务院批准。

此外，该《规定》指出，在上述情形中的项目，如果其勘查、设计、施工、监理以及与工程建设有关的重要设备、材料等采购达到下列标准之一的，也必须招标：（1）施工单项合同估算价在400万元以上；（2）重要设备、材料等货物的采购，单项合同估算价在200万元以上；(3)勘查、设计、监理等服务的采购，单项合同估算价在100万元以上。或者，同一项目中可以合并进行的勘查、设计、施工、监理以及与工程建设有关的重要设备、材料等的采购，合同估算价合计达到前述标准的，也必须进行招标。

国家发展和改革委员会办公厅2020年10月19日发布《关于进一步做好〈必须招标的工程项目规定〉和〈必须招标的基础设施和公用事业项目范围规定〉实施工作的通知》(发改办法规〔2020〕770号)，对上述规定中"预算资金""占控股或者主导地位""国有资金"的计算进行了更为详细的解释。

"预算资金"是指《中华人民共和国预算法》规定的预算资金，包括一般公共预算资金、政府性基金预算资金、国有资本经营预算资金、社会保险基金预算资金。

"占控股或者主导地位"是指其出资额占有限责任公司资本总额50%以上的股东；出资额或者持有股份的比例虽然不足50%，但依其出资额或者持有的股份所享有的表决权已足以对股东会、股东大会的决议产生重大影响的股东；国有企业事业单位通过投资关系、协议或者其他安排，能够实际支配项目建设的，也属于占控股或者主导地位。

项目中"国有资金"的比例，应按照项目资金来源中所有国有资金之和计算。

对于总承包招标的规模标准，发包人依法对工程以及与工程建设有关的货物、服务全部或者部分实行总承包发包的，总承包中施工、货物、服务等各部分的估算价中，只要有一项达到前述《规定》第五条规定的相应标准，即施工部分估算价达到400万元以上，或者货物部分达到200万元以上，或者服务部分达到100万元以上，则整个总承包发包应当招标。

鉴于上述规定，各级教育行政部门在处理涉及必须招标项目时，应严格遵守法律规定，按照招标、投标、开标、评标、中标程序进行。

**【案例1-3】**

## 普安县教育局与李某确认合同无效纠纷案

2015年8月10日，原普安县教育局法定代表人魏某未经招标程序，与无施工资质的自然人李某签订"普安县龙吟小学附属工程施工合同"，约定普安县教育局将龙吟小学宿舍附属工程中场地平整、地面硬化、排水沟、土石方开挖、围墙等工程承包给李某施工。李某进行部分施工，普安县教育局支付工程款140万元后，李某对余下工程未再施工。普安县教育局要求确认涉案合同无效。

法院经审理后认为，根据《中华人民共和国招标投标法》第三条的规定，以及

《最高人民法院关于审理建设工程施工合同纠纷案件适用法律问题的解释》第一条第（三）项的规定，龙吟小学宿舍附属设施设计方案是否合理、施工质量是否合格，关系到该校师生生命安全，涉及公共利益，应当通过招标确定施工单位，涉案双方未进行招标，违反法律强制性规定，最终判决确认涉案合同无效。

**法律解读：**

本案涉及公开招标事项的要求。对于法律规定必须进行公开招标而未公开招标的项目，由于违反法律强制性规定，该合同最终被法院确认为无效。本案同时也反映出行政机关内部管理不够规范，涉及百万元的工程，仅由教育局局长签订协议即交由无任何施工资质的自然人进行施工。其工程质量如何保障师生安全，令人堪忧。

**律师建议：**

教育行政机关各部门以及各级教育机构，应强化法律意识，严格遵守法律规定履行职责。必要时，建议设立法务部门或聘请外部法律顾问。

**法规速递：**

《中华人民共和国招标投标法》

第三条　在中华人民共和国境内进行下列工程建设项目包括项目的勘察、设计、施工、监理以及与工程建设有关的重要设备、材料等的采购，必须进行招标：

（一）大型基础设施、公用事业等关系社会公共利益、公众安全的项目；

（二）全部或者部分使用国有资金投资或者国家融资的项目；

（三）使用国际组织或者外国政府贷款、援助资金的项目。

前款所列项目的具体范围和规模标准，由国务院发展计划部门会同国务院有关部门制订，报国务院批准。

法律或者国务院对必须进行招标的其他项目的范围有规定的，依照其规定。

## 三、信息公开

为了提高政府工作的透明度、让公众更充分了解政府工作，《中华人民共和国政府信息公开条例》（以下简称《条例》）对政府信息公开事项做了特别规定。所谓"政府信息"，是指行政机关在履行行政管理职能过程中制作或者获取的，以一定形式记录、保存的信息。政府信息公开，分为主动公开和依申请公开。各级教育行政部门也不例外，亦应遵守条例中对行政机关信息公开的规定，对公众进行主动信息公开或依申请信息公开。

对于涉及公众利益调整、需要公众广泛知晓或者需要公众参与决策的政府信息，行政机关应当自该政府信息形成或变更之日起20个工作日内，主动通过政府公报、政府网站或者其他互联网政务媒体、新闻发布会以及报刊、广播、电视等途径予以公开，具体应当主动公开的信息主要有：（1）行政法规、规章和规范性文件；（2）机关职能、机构设置、办公地址、办公时间、联系方式、负责人姓名；（3）国民经济和社会发展规划、专项规划、区域规划及相关政策；（4）国民经济和社会发展统计信息；（5）办理行政许可和其他对外管理服务事项的依据、条件、程序以及办理结果；（6）实施行政处罚、行政强制的依据、条件、程序以及本行政机关认为具有一定社会影响的行政处罚决定；（7）财政预算、决算信息；（8）行政事业性收费项目及其依据、标准；（9）政府集中采购项目的目录、标准及实施情况；（10）重大建设项目的批准和实施情况；（11）扶贫、教育、医疗、社会保障、促进就业等方面的政策、措施及其实施情况；（12）突发公共事件的应急预案、预警信息及应对情况；（13）环境保护、公共卫生、安全生产、食品药品、产品质量的监督检查情况；（14）公务员招考的职位、名额、报考条件等事项以及录用结果；（15）法律、法规、规章和国家有关规定所规定的应当主动公开的其他政府信息。

除主动公开信息外，行政机关还可以依公民、法人或其他组织的申请进行信息公开。行政机关收到信息公开申请后，如果发现申请内容不明确，可以一次性告知申请人需要补正的事项和补正期限。收到政府信息公开的申请后，行政机关如果能够当场答复，应当当场答复；如果不能当场答复，行政机关应当自收到申请之日起20个工作日内予以答复。如果需要延长答复期限，经该政府信息公开工作机构的负责人同意并告知申请人，延长的期限最长不超过20个工作日，但是如果该行政机关需要征求第三方或其他机关意见，征求意见所需时间不包括在前述期限内。

如果行政机关认为申请人申请公开政府信息的数量、频次明显超过合理范围，行政机关可以要求申请人说明理由。行政机关如果认为申请人的申请理由不合理，可以告知申请人不予处理；如果行政机关认为申请理由合理，但是无法在前述规定期限内予以答复，可以确定延迟答复的合理期限并告知申请人。

如果申请人是以申请政府信息公开的形式进行信访、投诉、举报等活动，行政机关应当告知申请人不作为政府信息公开申请处理并可以告知其通过相应渠道提出。行政机关依申请提供政府信息，不收取费用。但如果申请人申请公开政府信息的数量、频次明显超过合理范围的，行政机关可以收取信息处理费。

**【案例1-4】**

## 刘某某与沭阳县教育局不服政府信息公开答复纠纷案

原告刘某某要求沭阳县教育局公开2016年及2017年沭阳县教师工资年报中的序号和姓名。沭阳县教育局回复称若公开工资年报，其中信息能够识别或者推断单个调查对象身份,涉及教师个人隐私,因此拒绝公开。刘某某遂提起诉讼,要求沭阳县教育局公开信息。

法院经审理后认为,沭阳县教育局作为沭阳县教育主管部门,每年按照人社部门统一部署,组织全县公办中小学在编教师填写工资统计年报,并由其上报沭阳县人力资源和社会保障局,因此可以认定教师工资年报是沭阳县教育局履职过程中制作或者获取的以一定形式记录、保存的信息;且刘某某申请公开的内容属于可以公开的范围,因此沭阳县教育局应依法予以公开。

故法院判决责令沭阳县教育局于判决生效后15个工作日内对刘某某所申请的2016年、2017年沭阳县教师工资年报中的序号和姓名予以公开。

**法律解读:**

本案案情并不复杂,从中可以看出涉案教育行政部门没有意识到其所应履行的政府信息公开的权限和程序。固然,在信息公开时应该考虑对全县教师的隐私保护,但隐私保护问题并非不能解决和克服,不能为此因噎废食。何况申请人并未要求公开涉及教师个人信息的部分。

《条例》制定的初衷,就是提高政府机关工作的透明度,方便人民群众生产、生活,提高行政机关的服务质量。因此,对于依法应当公开或依申请可以公开的政府信息,行政机关应当履行公开信息的职责。

**律师建议:**

行政机关在履行政府信息公开时,应严格遵守《条例》的规定,进行公开或作出不予公开的书面答复。

**法规速递:**

《中华人民共和国政府信息公开条例》

第二条 本条例所称政府信息,是指行政机关在履行行政管理职能过程中制作或者获取的,以一定形式记录、保存的信息。

第三十六条 对政府信息公开申请,行政机关根据下列情况分别作出答复:

(一)所申请公开信息已经主动公开的,告知申请人获取该政府信息的方式、途径;

(二)所申请公开信息可以公开的,向申请人提供该政府信息,或者告知申请人获取该政府信息的方式、途径和时间;

(三)行政机关依据本条例的规定决定不予公开的,告知申请人不予公开并说明理由;

(四)经检索没有所申请公开信息的,告知申请人该政府信息不存在;

(五)所申请公开信息不属于本行政机关负责公开的,告知申请人并说明理由;

能够确定负责公开该政府信息的行政机关的，告知申请人该行政机关的名称、联系方式；

（六）行政机关已就申请人提出的政府信息公开申请作出答复、申请人重复申请公开相同政府信息的，告知申请人不予重复处理；

（七）所申请公开信息属于工商、不动产登记资料等信息，有关法律、行政法规对信息的获取有特别规定的，告知申请人依照有关法律、行政法规的规定办理。

**四、劳动人事**

教育行政部门作为政府的教育行政主管机构，其与工作人员之间的关系，主要存在人事关系与劳动关系两种不同的性质。人事关系是指国家及地方各级行政机关与公务员、事业单位与其工作人员之间形成的权利义务关系。劳动关系是指用人单位招用劳动者为其成员，劳动者在用人单位的管理下提供有报酬的劳动而产生的权利义务关系。当工作人员与教育行政部门发生争议时，不同的关系性质决定适用不同的法律法规和解决途径。

人事争议是指事业单位与其工作人员之间因辞职、辞退及履行聘用合同所发生的争议。中共中央组织部、人力资源和社会保障部、中国人民解放军总政治部联合发布的《人事争议处理规定》第二条明确规定，该规定适用于下列人事争议：（1）实施公务员法的机关与聘任制公务员之间、参照《中华人民共和国公务员法》管理的机关（单位）与聘任工作人员之间因履行聘任合同发生的争议；（2）事业单位与工作人员之间因解除人事关系、履行聘用合同发生的争议；（3）社团组织与工作人员之间因解除人事关系、履行聘用合同发生的争议；（4）军队聘用单位与文职人员之间因履行聘用合同发生的争议；（5）依照法律、法规规定可以仲裁的其他人事争议。

对于人事争议的解决，根据《人事争议处理规定》第三条，人事争议发生后，当事人可以协商解决；不愿协商或者协商不成的，可以向主管部门申请调解，不愿调解或调解不成的，可以向人事争议仲裁委员会申请仲裁，省（自治区、直辖市）、副省级市、地（市、州、盟）、县（市、区、旗）均设立有人事争议仲裁委员会。当事人也可以直接向人事争议仲裁委员会申请仲裁。当事人对仲裁裁决不服的，可以自收到裁决书之日起 15 日内向人民法院提起诉讼，否则，如逾期未起诉，裁决书即发生法律效力。

另外，《最高人民法院关于人民法院审理事业单位人事争议案件若干问题的规定》（法释〔2003〕13 号）中也明确规定，人民法院受理的人事争议，是指事业单位与其工作人员之间因辞职、辞退及履行聘用合同所发生的争议，适用《中华人民共和国劳动法》的规定处理。也就是说，在教师与学校之间的人事争议中，如果教师觉得学校

校园人：你不能不知道的法律知识

侵犯其合法权益或者对学校作出的处理不服，比如事业编制教师与工作单位之间因职称、职级、职务或岗位调动产生的争议，可以向教育行政部门提出申诉，人民法院不予受理此类纠纷。但是，如果是因为辞职、辞退及履行聘用合同所发生的争议，当事人对人事争议仲裁裁决不服向人民法院提起诉讼的，人民法院应当依法受理。

根据《中华人民共和国劳动合同法》第二条第二款的规定，国家机关、事业单位、社会团体和与其建立劳动关系的劳动者，订立、履行、变更、解除或者终止劳动合同，依照本法执行。在履行劳动合同过程中发生争议的，应首先进行劳动仲裁。

根据《中华人民共和国劳动争议调解仲裁法》第二条的规定，劳动争议仲裁委员会可以受理的用人单位和劳动者之间的劳动争议具体如下：（1）因确认劳动关系发生的争议；（2）因订立、履行、变更、解除和终止劳动合同发生的争议；（3）因除名、辞退和辞职、离职发生的争议；（4）因工作时间、休息休假、社会保险、福利、培训以及劳动保护发生的争议；（5）因劳动报酬、工伤医疗费、经济补偿或者赔偿金等发生的争议；（6）法律、法规规定的其他劳动争议。

发生劳动争议，用人单位和劳动者均有权申请以下调解组织进行调解：（1）企业劳动争议调解委员会；（2）依法设立的基层人民调解组织；（3）在乡镇、街道设立的具有劳动争议调解职能的组织。

如果发生争议的当事人双方不愿意进行调解，也可以直接向用人单位所在地的劳动争议仲裁委员会申请仲裁。劳动争议申请仲裁的时效期间为一年，从当事人知道或者应当知道其权利被侵害之日起计算。需要注意的是，为了保护劳动者的权益，如果是在劳动关系存续期间因拖欠劳动报酬发生争议的，劳动者申请仲裁不受一年仲裁时效期间的限制，但是，如果劳动关系发生终止，则应当自劳动关系终止之日起一年内申请仲裁。

劳动争议仲裁委员会经审理后作出仲裁裁决，当事人对仲裁裁决不服的，可以自收到仲裁裁决书之日起15日内向人民法院提起诉讼；期满不起诉的，裁决书发生法律效力。

但需要提醒的是，以下两种劳动争议，除法律另有规定外，仲裁裁决为终局裁决，裁决书自作出之日起发生法律效力：（1）追索劳动报酬、工伤医疗费、经济补偿或者赔偿金，不超过当地月最低工资标准12个月金额的争议；（2）因执行国家的劳动标准在工作时间、休息休假、社会保险等方面发生的争议。

【案例1-5】

### 博山区山头镇中心学校与徐某人事争议案

2014年9月，徐某到山东省淄博市博山区山头镇中心学校（以下简称"山头学校")从事教师工作。2014年9月15日,徐某与山头学校签订事业单位聘任合同,期限为3年。2017年9月14日,合同期满后,双方未办理续签手续,但徐某仍在山头学校继续工作至2018年8月。自2018年9月后徐某未再到山头学校上班。经查,徐某分别于2018年8月29日、2019年1月30日、2019年2月24日向该校提交过辞职申请,第四次是以邮寄的方式于2019年4月9日向山头学校提交的辞职申请及解除人事关系通知书。经淄博市博山区劳动人事争议仲裁委员会作出博劳人仲案字〔2019〕第247号仲裁裁定书,裁决双方解除聘用合同,山头学校为徐某出具解除聘任合同证明书,并办理档案和社会保险关系转移手续。山头学校不服仲裁裁决,诉至法院。

法院经审理后认为,本案中徐某与山头学校之间签订的事业单位聘任合同到期后,虽然双方未再办理续签手续,但是徐某一直在山头学校继续工作,双方存在事实上的聘用工作关系。根据《事业单位人事管理条例》第十七条规定,徐某自2018年8月起,因个人和家庭原因向山头学校提出辞职的行为符合法律规定,故判决双方解除聘用合同,山头学校于判决生效之日起10日内为徐某出具解除聘任合同证明书,并办理档案和社会保险关系转移手续。

**法律解读:**

本案系事业单位学校与员工之间因辞职所引发的争议,根据相关司法解释,属于人民法院受理的范围。但如果是因为职称等学校管理引发的争议,人民法院将不予受理。另外还须注意,法院判决时依据的是《事业单位人事管理条例》,而非《中华人民共和国劳动争议调解仲裁法》。

**律师建议:**

教育机构在处理人事争议时,应注意单位与劳动者之间的纠纷,属于劳动争议还是人事争议,争议性质不同,则适用的法律法规不同,解决的途径亦有所不同。

**法规速递:**

《事业单位人事管理条例》

第十七条 事业单位工作人员提前30日书面通知事业单位,可以解除聘用合同。但是,双方对解除聘用合同另有约定的除外。

【案例1-6】

## 王某某与桦甸市金沙乡中心小学校人事争议案

王某某自1980年3月至2013年2月,在中心校隶属的新华小学任班主任和校长职务工作33年。2013年调至榆木桥子中心小学校工作至今。在新华小学任职期间,中心校未告知韩某某参评小学一级教师,导致其未晋级职称。2017年,王某某诉至法院，要求中心校解决其副高级职称及待遇，补偿损失30万元。

法院经审理认为，本案中王某某诉请的晋升职称及因未晋升职称导致的工资差，不属于人民法院受理民事案件的范畴，裁定驳回王某某的起诉。

**法律解读：**

本案属于作为事业单位的教育机构与工作人员之间因职称评审晋级引发的人事争议，不属于法院受理范围。由此案让人想起2021年引发全网关注的河南焦作教师姚燕燕因职称评审状告焦作市山阳区教育局不履行行政职责一案，根据媒体报道，该案被焦作市山阳区人民法院裁定驳回姚燕燕起诉，姚燕燕不服提起上诉，二审焦作市中级人民法院裁定驳回上诉、维持原判。读到此处，想必读者能够理解法院驳回的原因了，因为由职称评审引发的争议并不属于法院受案范围。

**律师建议：**

人事争议与劳动争议，是教育机构与工作人员之间高发的两种纠纷，区分两种争议不同性质，适用不同的法律法规，是解决问题的重点所在。

**法规速递：**

《最高人民法院关于人民法院审理事业单位人事争议案件若干问题的规定》

第三条 本规定所称人事争议是指事业单位与其工作人员之间因辞职、辞退及履行聘用合同所发生的争议。

## 五、行政许可

教育行政部门，作为国家教育行政机关，承载着教育行业管理职能，其中涉及诸多行政许可事项。在履行行政许可职能时，应当遵守《中华人民共和国行政许可法》的规定。

行政许可，是指行政机关根据公民、法人或者其他组织的申请，经依法审查，准予其从事特定活动的行为。设定行政许可，法律、法规或规章等应当规定行政许可的实施机关、条件、程序、期限。行政机关应当将法律、法规、规章规定的有关行政许可的事项、依据、条件、数量、程序、期限以及需要提交的全部材料的目录和申请书示范文本等在办公场所公示。

申请人如果需要从事应当经行政许可的特定活动，则应依据行政机关所公示的行政许可事项的条件、程序和期限等要求提出书面行政许可申请。

行政机关对申请人提出的行政许可申请，应当区分不同情况进行处理：（1）申请事项依法不需要取得行政许可的，应当及时告知申请人不受理；（2）申请事项依法不属于本行政机关职权范围的，应当及时作出不予受理的决定，并告知申请人向有关行政机关申请；（3）申请材料存在可以当场更正的错误的，应当允许申请人当场更正；

（4）申请材料不齐全或者不符合法定形式的，应当当场或者在五日内一次告知申请人需要补正的全部内容，否则，逾期不告知，则自收到申请材料之日即为受理；（5）申请事项属于本行政机关职权范围，申请材料齐全、符合法定形式，或者申请人按照本行政机关的要求提交全部补正申请材料的，应当受理行政许可申请。无论行政机关是否受理行政许可申请，都应当出具加盖该行政机关专用印章和注明日期的书面凭证。

受理后，行政机关应对申请人提交的申请材料进行审查，并根据审查结果作出是否准予行政许可的决定。

如果申请人提交的申请材料齐全、符合法定形式，行政机关能够当场作出决定的，应当当场作出书面行政许可决定；如果需要对申请材料的实质内容进行核实，行政机关应当指派两名以上工作人员进行核查，并在受理行政许可申请之日起二十日内按照法定程序作出行政许可决定，如果需要延长许可期限，经该行政机关负责人批准后，可以延长十日。如果该行政许可申请涉及多个行政机关联合办理、集中办理的，办理时间不能超过四十五日，如果四十五日内不能办理完毕，经该级政府负责人批准，可以延长十五日，并应当将延长期限的理由告知申请人。

如果经核查发现行政许可事项直接关系他人重大利益，行政机关应当告知该利害关系人。申请人、利害关系人有权就该行政许可事项进行陈述和申辩。

经过审核，行政机关如果认为申请人的申请符合法定条件和标准，应当依法作出准予行政许可的书面决定，并对该行政许可决定进行公开，允许公众查阅，并应当自作出决定之日起十日内向申请人颁发、送达行政许可证件。如果认为不符合法定要求，作出不予行政许可的书面决定，行政机关应当向申请人说明不予许可的理由，并告知申请人享有申请行政复议或者提起行政诉讼的权利。

如果实施行政许可的事项应当进行听证或行政机关认为该事项涉及公共利益需要听证，则应当作出公告、举行听证。如果行政许可直接涉及申请人与他人之间重大利益关系的，行政机关在作出行政许可决定前，也应当告知申请人、利害关系人享有要求听证的权利；在被告知听证权利之日起五日内申请人、利害关系人申请听证的，行政机关应当在二十日内组织听证。

需要注意的是，对于涉及有限自然资源开发利用、公共资源配置以及直接关系公共利益的特定行业的市场准入等需要赋予特定权利的事项，行政机关应当通过招标、拍卖等公平竞争的方式作出决定。

如果是对提供公众服务并且直接关系公共利益的职业、行业，需要确定具备特殊信誉、特殊条件或者特殊技能的资格、资质的事项作出行政许可，赋予公民特定资格，应当举行国家考试的，行政机关根据考试成绩和其他法定条件作出行政许可决定；赋予法人或其他组织特定资格、资质的，行政机关根据申请人的专业人员构成、技术条件、经营业绩和管理水平的考核结果作出行政许可的决定。

如果是对直接关系公共安全、人身健康、生命财产安全的重要设备、设施、产品、物品，需要按照技术标准、技术规范，通过检验、检测、检疫等方式进行审定的事项作出行政许可，行政机关应当按照技术标准、技术规范进行检验、检测、检疫后，根据相应结果作出行政许可决定。

如果是对企业或者其他组织的设立等需要确定主体资格的事项作出行政许可，对于材料齐全、符合法定形式的申请，行政机关应当场予以登记。需要对实质内容核实的，应当指派两名工作人员进行核查。

对于有数量限制的行政许可，当有多个申请人提出申请，并且都符合法定条件，行政机关应当根据受理行政许可的申请先后顺序作出准予行政许可的决定。

由于行政许可的结果，是赋予公民或组织某些资格或权利，因此行政许可必须遵循公开、公平、公正、非歧视的原则进行。具体而言就是，关于行政许可的规定，应当公布；没有公布，则不能作为实施行政许可的依据。而对于行政许可的实施过程和结果，除涉及国家秘密、商业秘密或个人隐私外，也应当对公众进行公开。如果对行政许可的决定有异议，申请人享有陈述权和申辩权，并有权就该行政许可行为申请行政复议或提起行政诉讼。

【案例1-7】

### 香格里拉花园业主委员会与台州市椒江区教育局教育行政许可案

2018年11月16日，戴某某向台州市椒江区教育局（以下简称"教育局"）提出在香格里拉花园筹建里拉幼儿园的申请。申请表中记载：幼儿园室内面积2038平方米，室外400平方米，拟招生160人。校园占地2538.07平方米，校舍面积2038.07平方米。2018年12月13日教育局作出《关于同意筹设里拉幼儿园的批准书》（椒教职〔2018〕46号）。

2018年12月26日，戴某某提交"民办学校正式设立申请表"，正式申请设立里拉幼儿园，申请表记载学校占地面积936平方米，校舍建筑面积2038平方米……；2019年1月24日，教育局在其门户网站发布《椒江区民办幼儿园办园审批公示》，并在其公告栏中对该办园审批事项进行公示。其后，香格里拉花园业主委员会（以下简称"业委会"）向教育局反映幼儿园办园损害业主利益问题，教育局未作出任何反馈。

2019年2月1日，教育局作出《关于同意设立台州市椒江区里拉幼儿园的批复》（椒教职〔2019〕5号），并向里拉幼儿园颁发"幼儿园办学许可证"。2019年3月5日，教育局在政务网进行了公示。

2019年5月10日,业委会向法院起诉,以里拉幼儿园不符合申办要求、侵占小区业主共有区域、影响小区业主生活、损害业主利益为由,要求撤销教育局向里拉幼儿园作出的办学许可。

法院审理后认为,教育局实地核查记录未反映出幼儿园现场情况,教育局辩称派出三名以上工作人员实地核查,但核查记录只显示一人签名,教育局所辩缺乏证据支持。对于幼儿园占地面积出入问题,教育局并未要求幼儿园方补充证据或更正,对幼儿园提交的资料未尽审慎审查义务。根据《中华人民共和国行政许可法》第三十六条,在业委会已经向教育局主张公共区域使用权属、对里拉幼儿园户外活动场地使用权提出异议的情况下,教育局在作出被诉行政许可决定之前,未履行告知陈述、申辩、听证等义务,被诉行政许可行为程序违法。

案涉幼儿园的设立,不符合《浙江省幼儿园申办审批办法(试行)》规定的基本要求,教育局对里拉幼儿园的申报材料未尽审慎审查义务,其作出的本案被诉教育行政许可决定,认定事实不清、证据不足,程序违法。

最终,法院判决撤销台州市椒江区教育局颁发的浙教幼10010138号"幼儿园办学许可证"及相关许可决定。

**法律解读:**

本案中人民法院撤销教育局作出的行政许可,原因在于法院认定教育局在审批过程中未尽到审慎审核的义务,并且在所申办幼儿园未达到办园标准且关系他人重大利益的情形下,未按照行政许可的法定程序履行公示、告知等义务。

**律师建议:**

教育行政机关作出行政许可,应严格按照《中华人民共和国行政许可法》规定的程序和方式,合法审慎审核后作出是否准予行政许可的决定。实施行政行为过程中,程序合法至关重要。

**法规速递:**

《中华人民共和国行政许可法》

第三十四条 行政机关应当对申请人提交的申请材料进行审查。

申请人提交的申请材料齐全、符合法定形式,行政机关能够当场作出决定的,应当当场作出书面的行政许可决定。

根据法定条件和程序,需要对申请材料的实质内容进行核实的,行政机关应当指派两名以上工作人员进行核查。

第三十六条 行政机关对行政许可申请进行审查时,发现行政许可事项直接关系他人重大利益的,应当告知该利害关系人。申请人、利害关系人有权进行陈述和申辩。行政机关应当听取申请人、利害关系人的意见。

## 六、行政处罚

教育行政部门作为国家教育行政机关，在履行管理职责时，必然会涉及对某些事项作出行政处罚。行政处罚，是指行政机关依法对违反行政管理秩序的公民、法人或其他组织以减损权益或者增加义务的方式予以惩戒的行为。

对于掌握公权力的行政机关，当其作出某种行政处罚时，如果没有法律对其作出严格规制，则必然滋生权力滥用的腐败空间，对行政相对人造成权益上的损害。因此，规范行政处罚的设定和实施，保障和监督行政机关有效实施行政管理，维护公共利益和社会秩序，保护公民、法人或其他组织的合法权益，便是《中华人民共和国行政处罚法》存在的意义。

在做行政处罚时，教育行政部门应该遵守《中华人民共和国行政处罚法》的规定，依法进行行政处罚。

《中华人民共和国行政处罚法》自1996年制定，此后经历过两次小的修改。2021年1月22日，全国人大常委会对其进行再次修订，修订后的《中华人民共和国行政处罚法》已于2021年7月15日生效。本部分讲解将依据最新的《中华人民共和国行政处罚法》内容予以展开。

对行政处罚的实施机关、立案依据、实施程序和救济渠道等信息，行政机关应当向公众进行公示。作出行政处罚的前提是公民、法人或其他组织存在违反行政管理秩序的行为，依据法律法规应当予以行政处罚。实施行政处罚的主体，必须是法律法规或规章规定的具有行政处罚权力的行政机关。具有一定社会影响的行政处罚决定应当依法公开。

行政机关作出行政处罚的行为，必须依照《中华人民共和国行政处罚法》规定的程序实施。也就是说，行政机关作出的行政处罚，必须有法可依且程序合法。行政处罚没有依据或者实施主体不具有行政处罚主体资格的，行政处罚无效。违反法定程序构成重大且明显违法的，行政处罚无效。

行政处罚的种类主要有：（1）警告、通报批评；（2）罚款、没收违法所得、没收非法财物；（3）暂扣许可证件、降低资质等级、吊销许可证件；（4）限制开展生产经营活动、责令停产停业、责令关闭、限制从业；（5）行政拘留；（6）法律、行政法规规定的其他行政处罚。

行政机关在设定行政处罚时，其处罚力度应与行政相对人的违法行为所造成的损害程度相对应，即处罚力度应当适度。虽然很多行政机关都具有行政处罚权力，但是对于限制人身自由的行政处罚，只能由公安机关和法律规定的其他特定机关行使。

1. 在实施行政处罚时，需要注意的事项

（1）对当事人同一个违法行为，不得给予两次以上罚款的行政处罚。同一个违法行为违反多个法律规范应当给予罚款处罚的，按照罚款数额高的规定处罚。

（2）不满十四周岁的未成年人有违法行为的，不予行政处罚，责令监护人加以管教；已满十四周岁不满十八周岁的未成年人有违法行为的，应当从轻或者减轻行政处罚。

（3）精神病人、智力残疾人在不能辨认或不能控制自己行为时有违法行为的，不予行政处罚，但应责令其监护人严加看管和治疗；间歇性精神病人在精神正常时有违法行为的，应当给予行政处罚。尚未完全丧失辨认或者控制自己行为能力的精神病人、智力残疾人有违法行为的，可以从轻或减轻行政处罚。

（4）当事人有下列情形之一，应当从轻或减轻行政处罚：①主动消除或减轻违法行为危害后果的；②受他人胁迫或诱骗实施违法行为的；③主动供述行政机关尚未掌握的违法行为的；④配合行政机关查处违法行为有立功表现的；⑤法律、法规、规章规定其他应当从轻或者减轻行政处罚的。

（5）违法行为轻微并及时改正，没有造成危害后果，则不予行政处罚；初次违法且危害后果轻微并及时改正，可以不予行政处罚；当事人有证据证明其没有主观过错的，不予行政处罚。

（6）违法行为构成犯罪，人民法院判处拘役或有期徒刑时，行政机关已经给予当事人行政拘留的，应当依法折抵相应刑期。违法行为构成犯罪，人民法院判处罚金时，行政机关已经给予当事人罚款的，应当折抵相应罚金；行政机关尚未给予当事人罚款的，不再给予罚款。

（7）如果违法行为在两年内未被发现的，不再给予行政处罚；但如果该违法行为涉及公民生命健康安全、金融安全且有危害后果的，上述两年期限则延长至五年。

（8）实施行政处罚，适用违法行为发生时的法律、法规、规章的规定。但是，作出行政处罚决定时，法律、法规、规章已被修改或者废止，且新的规定处罚较轻或者不认为是违法的，适用新的规定。

2. 行政处罚的程序

（1）查明事实：公民、法人或者其他组织违反行政管理秩序的行为，依法应当给予行政处罚的，行政机关必须查明事实；违法事实不清、证据不足的，不得给予行政处罚。

（2）执法人员：行政处罚应当由具有行政执法资格的执法人员实施。执法人员不得少于两人，法律另有规定的除外。执法人员与案件有直接利害关系或者有其他关系可能影响公正执法的，应当回避。当事人认为执法人员与案件有直接利害关系或者有其他关系可能影响公正执法的，有权申请回避。

（3）事前告知：行政机关在作出行政处罚决定之前，应当告知当事人拟作出的行政处罚内容及事实、理由、依据，并告知当事人依法享有的陈述、申辩、要求听证的权利。

（4）过程取证：行政机关应当依法以文字、音像等形式，对行政处罚的启动、调查取证、审核、决定、送达、执行等进行全过程记录，归档保存。

行政处罚分为简易程序和普通程序。

（1）简易程序：对于违法事实确凿并有法定依据，对公民处以200元以下、对法人或其他组织处以3000元以下罚款或警告的行政处罚，可以当场作出行政处罚决定。执法人员当场作出执行处罚决定的，应当向当事人出示执法证件，填写预定格式、编有号码的《行政处罚决定书》，并当场交付当事人。当事人拒绝签收的，应当在《行政处罚决定书》上注明。《行政处罚决定书》应当载明当事人的违法行为，行政处罚的种类和依据、罚款数额、时间、地点，申请行政复议、提起行政诉讼的途径和期限以及行政机关名称，并由执法人员签名或盖章。

（2）普通程序：行政机关发现公民法人或其他组织有依法应当给予行政处罚的行为的，必须全面、客观、公正地调查、收集有关证据，必要时，可以依法律法规进行检查。执法人员进行调查或检查时，应当主动向当事人或有关人员出示执法证件。否则，当事人或有关人员有权拒绝接受调查或检查，询问或检查应当制作笔录。

调查终结，行政机关负责人应当对调查结果进行审查，根据不同情况，分别作出如下决定：（1）确有应受行政处罚的违法行为的，根据情节轻重及具体情况，作出行政处罚决定；（2）违法行为轻微，依法可以不予行政处罚的，不予行政处罚；（3）违法事实不能成立的，不予行政处罚；（4）违法行为涉嫌犯罪的，移送司法机关。

有下列情形之一，在行政机关负责人作出行政处罚决定前，应当先由从事行政处罚决定法制审核的人员进行法制审核，否则不得作出决定：（1）涉及重大公共利益的；（2）直接关系当事人或者第三人重大权益，经过听证程序的；（3）案件情况疑难复杂、涉及多个法律关系的；（4）法律、法规规定应当进行法制审核的其他情形。

作出下列行政处罚决定前，行政机关应告知当事人有要求听证的权利：（1）较大数额罚款；（2）没收较大数额违法所得、没收较大价值非法财物；（3）降低资质等级、吊销许可证件；（4）责令停产停业、责令关闭、限制从业；（5）其他较重的行政处罚；（6）法律、法规、规章规定的其他情形。

如果行政机关决定给予行政处罚，应制作《行政处罚决定书》，其中应当载明下列事项：（1）当事人姓名或名称、地址；（2）违反法律、法规、规章的事实和证据；（3）行政处罚的种类和依据；（4）行政处罚的履行方式和期限；（5）申请行政复议、提起行政诉讼的途径和期限；（6）作出行政处罚决定的行政机关名称和作出决定的日期；（7）加盖作出行政处罚决定的行政机关的印章。送达方式为：行政处罚决定书作出后，当事人在场，则当场可以交付给当事人；当事人不在场，行政机关应当按照民事诉讼法规定的送达程序进行送达。具体为：受送达人是公民的，若本人不在，交他的同住成年家属签收；受送达人是法人或者其他组织的，应当由法人的法定代表人、其他组织的主要负责人或者该法人、组织负责收件的人签收；受送达人有代理人的，可以送交其代理人签收；受送达人有指定代收人的，送交代收人签收。当事人书面同意电子送达的，行政机关可以采用传真、电子邮件等方式，送达《行政处罚决定书》。

受送达人或者他的同住成年家属拒绝接收的，送达人可以邀请有关基层组织或者所在单位的代表到场，说明情况，在送达回证上记明拒收事由和日期，由送达人、见证人签名或者盖章，留在受送达人的住所；也可以把诉讼文书留在受送达人的住所，并采用拍照、录像等方式记录送达过程，即视为送达。

当事人对行政处罚决定不服的，可以申请行政复议或者行政诉讼。

除100元以下罚款、不当场收缴事后难以执行以及边远、水上、交通不便地区到指定银行或电子支付系统缴纳罚款确有困难的，经当事人提出，执法人员可以当场收缴罚款外，其余罚款应由当事人收到处罚决定书之日起15日内到指定银行或通过电子支付系统缴纳。如当场收缴罚款，行政机关应出具财政部门统一制发的专业发票。

公开的行政处罚决定被依法变更、撤销、确认违法或确认无效的，行政机关应当在三日内撤回行政处罚决定信息并公开说明理由。

## 【案例1-8】

### M幼儿园与芜湖市弋江区教育局行政管理案

2018年9月25日，因群众举报，弋江区食品药品监督管理局发现M幼儿园（以下简称"幼儿园"）有超过保质期的酱油、紫菜进入食品处理区，遂立案调查。

2018年9月30日，弋江区教育局（以下简称"教育局"）暂时代管该园公章、"民办非企业单位法人登记证书"正副本各一本、"民办学校办学许可证"正副本各一本、"食品经营许可证"一本。

2019年2月13日，弋江区教育局向幼儿园作出《行政处罚事先告知书》（弋教罚告〔2019〕1号），载明："……我局拟对你单位作出以下行政处罚：一、责令限期改正，并予以警告；二、责令停止招生。"同时告知幼儿园享有陈述、申辩、要求听证的权利。

2020年6月23日，教育局作出《关于吊销M幼儿园"办学许可证"和终止办学的决定》（弋教民〔2020〕12号），该文件于2020年8月31日送达给幼儿园法定代表人汪某某。文件中载明："……我局于2019年2月13日下达《行政处罚事先告知书》（弋教罚告〔2019〕1号）。……经局党工委会研究决定吊销M幼儿园'办学许可证'，终止办学……"。

幼儿园对该决定不服，提起诉讼。

法院认为，教育局依法具有对辖区内实施初级中等以下教育的学校或者其他教育机构、幼儿园及其内部人员进行教育行政处罚的法定职责。但是，对于教育局于2019年2月13日作出的《行政处罚事先告知书》（弋教罚告〔2019〕1号）与其2020年6月23日作出的《关于吊销M幼儿园"办学许可证"和终止办学的决定》（弋教民〔2020〕12号）的行政处罚内容并不相同。

根据《教育行政处罚暂行实施办法》第二十五条规定，教育局向幼儿园作出行政处罚时，应告知其作出处罚决定的实施、理由和依据，并告知其依法享有陈述权、申辩权和其他权利。但是，教育局在向幼儿园送达《关于吊销M幼儿园"办学许可证"和终止办学的决定》（弋教民〔2020〕12号）前，未履行上述法定程序，故判决撤销教育局作出的《关于吊销M幼儿园"办学许可证"和终止办学的决定》（弋教民〔2020〕12号）。

**法律解读：**

由于行政机关作出行政处罚，直接关系行政相对人的利益，法律从审慎角度出发，要求行政机关作出行政处罚必须有法可依、程序合法。本案中教育局在作出行政处罚时，由于未依法履行告知义务，导致其作出的行政处罚决定被人民法院判决撤销。

**律师建议：**

教育行政机关在作出行政处罚时，应特别谨慎，严格按照行政处罚法规定的程序和期限进行，并履行告知义务。

**法规速递：**

《教育行政处罚暂行实施办法》

第二十五条　在作出处罚决定前，教育行政部门应当发出《教育行政处罚告知书》，告知当事人作出处罚决定的事实、理由和依据，并告知当事人依法享有的陈述权、申辩权和其他权利。

当事人在收到《教育行政处罚告知书》后七日内，有权向教育行政部门以书面方式提出陈述、申辩意见以及相应的事实、理由和证据。教育行政部门必须充分听取当事人的意见，对当事人提出的事实、理由和证据应进行复核，当事人提出的事实、理由或者证据成立的，教育行政部门应当采纳。教育行政部门不得因当事人的申辩而加重处罚。

## 七、单位受贿罪

单位受贿罪的犯罪主体是国家机关、国有公司、企业、事业单位、人民团体（除此以外，其他单位包括集体经济组织、外商投资企业和私营企业，都不能成为单位受贿罪的主体。）因此，教育行政部门也有可能成为单位受贿罪的犯罪主体。

国有单位的内设机构利用其行使职权的便利，索取、非法收受他人财物并归该内设机构所有或者支配，为他人谋取利益，情节严重的，可以单位受贿罪追究刑事责任。在经济往来中，在账外暗中收受各种名义的回扣、手续费的，以受贿罪论处。

本罪在行为上主要表现为上述单位索取、非法收受他人财物，为他人谋取利益，情节严重的行为，如国有商业银行利用发放贷款的职务便利，向申请贷款的单位或个人索要好处费。这里所说的"为他人谋取利益"，既包括谋取非法利益，也包括正当利益。至于是否为他人谋取到利益，不影响本罪的构成。

本罪的重要特征是将索取、非法收受的他人财物归单位所有。如果单位直接负责的主管人员和其他直接责任人员借单位名义索取、收受他人财物后私分、中饱私囊的，则不适用本条规定，而应根据对个人犯受贿罪的处刑规定追究刑事责任。

国家机关、国有公司、企业、事业单位、人民团体在经济往来中，在账外暗中收受各种名义的回扣、手续费，以受贿论处。这里的"手续费"，是指在经济活动中，除回扣以外，违反国家规定支付给对方的各种名义的钱或物，如佣金、信息费、顾问费、劳务费、辛苦费、好处费。

**【案例 1-9】**

### 尤溪县教育局、郑某某单位受贿案

2011年8月，郑某某调任尤溪县教育局（以下简称"教育局"）任局长一职。郑某某想为单位筹集资金，经其与中国银行尤溪县某支行（以下简称"中行尤溪县支行"）行长张某协商，教育局将其所管理的校安工程账户从工商银行尤溪县某支行转至中行尤溪县支行。中行尤溪县支行向教育局支付30万元。

2011年8月至11月，张某安排中行尤溪县支行的职工张某宗虚开发票筹集支付给教育局的资金。

2011年11月11日，校安工程办公室向尤溪县财政局提出校安工程账户在中行尤溪县支行开户申请，同日，教育局将校安工程账户转至中行尤溪县支行。郑某某安排教育局计财股股长陈某处理收取30万元后续事宜。

同年10月至2012年2月，中行尤溪县支行先后5次将总计30万元赞助款转入陈某的个人账户中。郑某某让陈某保管该笔款项，陈某将部分款项用于购买股票。2017年2月7日，陈某向尤溪县纪律检查委员会退出教育局收受中行尤溪县支行的27.3万元。

法院认为，教育局收受中行尤溪县支行赞助费30万元，并为其谋取利益，情节严重；郑某某作为教育局局长，系直接负责的主管人员，涉案金额达30万元，情节严重，教育局和郑某某的行为均已经构成单位受贿罪。判决如下：

（1）被告单位尤溪县教育局犯单位受贿罪，免予刑事处罚；

（2）被告人郑某某犯单位受贿罪，判处拘役6个月；

（3）扣押在尤溪县纪律检查委员会的被告单位尤溪县教育局的违法所得273000元，由尤溪县纪律检查委员会予以没收，上缴国库。

**法律解读：**

是否属于单位行为、构成单位犯罪，主要从两方面来把握：一是以单位名义实施犯罪，也就是由单位集体研究决定，或者由单位负责人或被授权的其他人员决定、同意；二是为单位谋利益或违法所得大部分归单位所有。本案中郑某某授意陈某代收的30万元，系为教育局集资，主观上并非为其个人牟取私利，故认定为单位受贿罪。反之，如果主观方面不是为了单位利益，而是名为单位、实为单位领导个人牟取私利，则应对单位具体参与人员以个人受贿罪定罪处罚。

**律师建议：**

行政机关在履行行政管理职责过程中，除了面对行政风险外，刑事犯罪中的单位受贿在行政机关中也很高发。而单位受贿罪往往与单位领导人个人受贿罪相伴而生，因此，在日常管理过程中，教育行政机关以及各职能岗位负责人要做到依法规范行事、恪尽职守，方可最大程度降低法律风险。

**法规速递：**

《中华人民共和国刑法》

第三百八十七条　国家机关、国有公司、企业、事业单位、人民团体，索取、非法收受他人财物，为他人谋取利益，情节严重的，对单位判处罚金，并对其直接负责的主管人员和其他直接责任人员，处五年以下有期徒刑或者拘役。

前款所列单位，在经济往来中，在账外暗中收受各种名义的回扣、手续费的，以受贿论，依照前款的规定处罚。

# 第二章

# 教育机构领导篇

无论是担任教育行政部门的负责人,还是作为学校的校长,都对其管辖范围内的事项有相应的管理权,同时,也负有相应的管理责任。因为在法律上,权力与责任往往对应存在。正因如此,作为教育行政部门和学校的领导,应重视管理工作,尽最大可能降低管理工作中出现的风险,特别是人事行政风险和刑事风险。

## 第一节 人事行政风险

教育局局长作为当地教育行政部门的主要领导,校长作为各教育机构的领导,对各自管理范围内的教育工作负责。从权力与责任角度来看,局长和校长掌握着领导者和管理者的权力,同时,也担负着领导者和管理者的责任。当学校发生重大事件被追究责任时,教育局局长和学校校长作为管理者往往难辞其咎。打开搜索引擎我们便不难发现,因学校出现问题而导致校长遭受处分的报道比比皆是。

【案例2-1】

**天津市河东区教育局局长郑某某违规接受宴请被免职**

2019年9月5日,天津通报6起违反中央八项规定精神典型问题。其中,天津市河东区教育局原党委副书记郑某某及教育系统其他7名领导干部接受有业务往来的某公司总经理何某某宴请,并于饭后分别接受何某某赠送的茶叶和啤酒,共计价值3200余元。2019年3月郑某某受到党内严重警告,2019年5月,郑某某被免职,其他7名违纪人员受到相应处理。

**【案例 2-2】**

## 福建一教育局 28 份工作周报除日期外内容均相同，局长被免职

2018年9月，中央扫黑除恶第四督导组在查阅南平市延平区教育局扫黑除恶专项斗争台账时，发现该局编印的28份周报除成文日期外，内容均相同。2018年9月，区教育局党组书记、局长李某某，副局长李某某分别受到诫勉谈话并被免职；2018年11月，区教育局安全股科员郑某受到党内警告处分。

**【案例 2-3】**

## 采购校服吃回扣，百色那坡一小学校长被处分

2021年6月14日，《中国纪检监察报》发布广西壮族自治区百色市那坡县百南乡中心小学校长黄某采购校服吃回扣事件。具体情况是，学校委托采购商杨某某负责对学生的校服进行统一订购，订购完成后由学校拨付订购款给杨某某，杨某某收到订购款后，再以手续费名义按照每套5元返还给学校。2016年至2018年，该小学共收到杨某某返还的手续费1.76万元。该款项由财务人员在账外保管，违规用于班务费、学校领导班子成员工作经费补助。校长黄某因此受到党内警告处分，违纪款被追回。

**【案例 2-4】**

## 阳泉市第十四中学校长私车公养、公车私用被处分

2018年9月至2019年5月，山西阳泉市第十四中学校长李某某利用职务便利，多次违规使用公务加油卡为自己的私家车加油。不仅如此，李某某还多次违规使用学校公务用车上下班。

阳泉市纪检委和监察委对此进行调查。2021年3月，李某某受到党内警告处分，被责令退缴相关费用。

**【案例 2-5】**

## 女中学生遭受校园霸凌，校长、副校长被处分

哈尔滨阿城区第四中学一女中学生前些时间遭遇校园霸凌，被众多同学当众拳打脚踢、扇耳光、围殴。

2021年4月15日当地教育部门通报,除对该校进行全区通报批评、年度考核一票否决外,该校校长孟某某受到行政警告处分,主管副校长王某某受到行政记过处分,涉事学生班级班主任被取消年度评优、晋级资格。

**【案例2-6】**

## 小学教师泼热水体罚学生被记过处分,校长被党内警告处分

安徽淮南市潘集区第四小学道德法制课教师鲁某,被家长反映存在往学生身上泼热水等体罚行为。事件被媒体曝光后在社会上产生强烈反响。2021年4月27日,潘集区教育局党委召开专题会议,针对教师鲁某体罚学生不当的事实,给予鲁某记过处分,2021年师德考核不合格,调离教师岗位,对该校校长黄某给予党内警告处分,并将处理情况在全区通报。

**【案例2-7】**

## 中学领导套取公款违规吃喝被免职

湖南耒阳市大市中学总务副主任林某某利用职务便利,购买其配偶所售白酒3件,共计5310元,用于学校的违规接待。经校长李某同意后,林某虚开发票,套取公款核销其违规购酒费用。2021年4月,校长李某、总务副主任林某某和其他责任人均受到党内警告处分、免职处理。

**法律解读:**

上述案例说明,首先,作为教育行政部门或教育机构的负责人,受到处分的原因并不局限于自身。除了个人行为外,作为管理人,其职权管辖范围内的组织或个人发生违法违规行为时,也极易被追究管理责任。其次,管理人受到的处分种类,有党纪处分、行政处分,更严重时,甚至还会被追究刑事责任。

**律师建议:**

教育行政部门或教育机构负责人,如果对降职、免职等处分不服时,注意应有区别地进行处理:如果是国家工作人员,具有公务员身份,在其受到免职处分后,无法提起行政诉讼,法律规定由教育行政机关作出最终裁决。如果是聘任制公务员或事业单位人员,因为辞职、辞退等履行聘用合同所发生的争议,可以提起人事争议仲裁;对人事争议仲裁裁决不服的,可以自收到仲裁裁决之日起十五日内向人民法院提起诉讼的,人民法院应当依法受理。

如果该负责人和单位之间签订的是劳动合同,则应适用我国《劳动合同法》和

《劳动争议调解仲裁法》的相关规定,在被辞退时,可以提起劳动争议仲裁。对劳动争议仲裁裁决不服的,可以自收到仲裁裁决之日起十五日内向人民法院提起诉讼。

**法规速递:**

《中华人民共和国行政诉讼法》

第十三条 人民法院不受理公民、法人或者其他组织对下列事项提起的诉讼:

(一)国防、外交等国家行为;

(二)行政法规、规章或者行政机关制定、发布的具有普遍约束力的决定、命令;

(三)行政机关对行政机关工作人员的奖惩、任免等决定;

(四)法律规定由行政机关最终裁决的行政行为。

《最高人民法院关于人民法院审理事业单位人事争议案件若干问题的规定》

第一条 事业单位与其工作人员之间因辞职、辞退及履行聘用合同所发生的争议,适用《中华人民共和国劳动法》的规定处理。

《中华人民共和国劳动法》

第七十七条 用人单位与劳动者发生劳动争议,当事人可以依法申请调解、仲裁、提起诉讼,也可以协商解决。

《中华人民共和国劳动争议调解仲裁法》

第五十条 当事人对本法第四十七条规定以外的其他劳动争议案件的仲裁裁决不服的,可以自收到仲裁裁决书之日起十五日内向人民法院提起诉讼;期满不起诉的,裁决书发生法律效力。

## 第二节 刑事风险

我们对网络公开的法律文书统计后发现,教育机构领导人高发的刑事犯罪主要有受贿罪、贪污罪、挪用公款罪、职务侵占罪、巨额财产来源不明罪、滥用职权罪、玩忽职守罪、私分国有资产罪、重大责任事故罪。

### 一、受贿罪

受贿罪的主体是国家工作人员,客观方面表现为利用职务上的便利,索取他人财物,或者非法收受他人财物,为他人谋取利益。

此处所说的"利用职务上的便利",是指利用本人职务范围内的权力,即利用自己职务上主管、负责或者承办某种公共事务的职权所造成的便利条件,既包括利用本人职务上主管、负责、承办某项公共事务的职权,也包括利用职务上有隶属、制约关系的其他国家工作人员的职权。

担任单位领导职务的国家工作人员通过不属自己主管的下级部门的国家工作人员的职务为他人谋取利益的，也应当认定为"利用职务上的便利条件"。

"索取他人财物"，是指行为人在职务活动中主动向他人索要财物。索贿是严重的受贿行为，比一般受贿具有更大的主观恶性和社会危害性，因此对索取他人财物的，法律没有规定要以"为他人谋取利益"为条件，不论是否为他人谋取利益，均可构成受贿罪。

"非法收受他人财物"，是指行贿人向受贿人主动给予财物时，受贿人非法收受他人财物的行为。

"为他人谋取利益"，是指受贿人利用职权为行贿人办事，即进行"权钱交易"。至于为他人谋取的利益是否正当，为他人谋取的利益是否实现，不影响受贿罪的成立。为他人谋取利益包括承诺、实施和实现三个阶段，只要具有其中一个阶段的行为，如国家工作人员收受他人财物时，根据他人提供的具体请托事项，承诺为他人谋取利益的，就具备了为他人谋取利益的要件。明知他人有具体请托事项而收受其财物的，视为承诺为他人谋取利益。

需要注意的是，根据《最高人民法院、最高人民检察院关于办理贪污贿赂刑事案件适用法律若干问题的解释》第十二条的规定，贿赂犯罪中的"财物"，包括货币、物品和财产性利益。财产性利益包括可以折算为货币的物质利益，如房屋装修、债务免除等，以及需要支付货币的其他利益如会员服务、旅游等。

如果教育行政部门或教育机构领导研究决定收受、私分回扣款，虽署名为单位，但实为单位领导个人牟取私利，同样应以个人受贿定罪处罚[①]。

另外，根据《最高人民法院、最高人民检察院关于办理受贿刑事案件适用法律若干问题的意见》（法发〔2007〕22号），以下几种形式也构成受贿。

1. 以交易形式收受贿赂

国家工作人员利用职务上的便利，为请托人谋取利益，以下列交易形式收受请托人财物的，以受贿论处：

（1）以明显低于市场的价格向请托人购买房屋、汽车等物品的；

（2）以明显高于市场的价格向请托人出售房屋、汽车等物品的；

（3）以其他交易形式非法收受请托人财物的。

受贿金额按照交易时当地市场价格与实际支付价格的差额计算。

---

① 《最高人民法院司法观点集成（新编版）·刑事卷Ⅳ》，人民法院出版社2017年9月版，第2329页，观点编号1148。

## 2. 收受干股

干股是指未出资而获得的股份。国家工作人员利用职务上的便利为请托人谋取利益，收受请托人提供的干股的，以受贿论处。进行了股权转让登记，或者相关证据证明股份发生了实际转让的，受贿数额按转让行为时股份价值计算，所分红利按受贿孳息处理。股份未实际转让，以股份分红名义获取利益的，实际获利金额应被认定为受贿金额。

## 3. 合作开办公司

国家工作人员利用职务上的便利，为请托人谋取利益，由请托人出资，"合作"开办公司或进行其他"合作"投资的，以受贿论处。受贿数额为请托人给国家工作人员的出资额。国家工作人员利用职务上的便利，为请托人谋取利益，以合作开办公司或者其他合作投资的名义获取"利润"，没有实际出资和参与管理、经营的，以受贿论处。

## 4. 委托投资证券、期货或其他委托理财

国家工作人员利用职务上的便利，为请托人谋取利益，以委托请托人投资证券、期货或者其他委托理财的名义，未实际出资而获取"收益"，或者虽然实际出资，但获取"收益"明显高于出资应得收益的，以受贿论处。

## 5. 以赌博形式收受贿赂

根据《最高人民法院 最高人民检察院关于办理赌博刑事案件具体应用法律若干问题的解释》第七条规定，国家工作人员利用职务上的便利为请托人谋取利益，通过赌博方式收受请托人财物的，构成受贿。但是对于此种形式下的受贿，应结合赌博的背景、场合、时间、次数、赌资来源、赌博参与者有无事先同谋以及输赢钱物的具体情况和金额大小来具体认定。

## 6. 特定关系人①"挂名"领取薪酬

国家工作人员利用职务上的便利，为请托人谋取利益，要求或者接受请托人以给特定关系人安排工作为名，使特定关系人不实际工作却获取所谓薪酬的，以受贿论处。

## 7. 由特定关系人收受贿赂

国家工作人员利用职务上的便利，为请托人谋取利益，授意请托人将有关财物给予特定关系人的，以受贿论处。特定关系人与国家工作人员通谋，共同实施前款行为的，对特定关系人以受贿罪的共犯论处。特定关系人以外的其他人与国家工作人员通谋，由国家工作人员利用职务上的便利，为请托人谋取利益，收受请托人财物后双方

---

① 指与国家工作人员有近亲属、情妇（夫）以及其他共同利益关系的人。

共同占有，以受贿罪的共犯论处。

8. 在职时为请托人谋利，离职后收受财物

国家工作人员利用职务上的便利，为请托人谋取利益之前或之后，约定在其离职后收受请托人财物，并在离职后收受的，以受贿论处。若离职前后连续收受请托人财物的，离职前后收受部分均计入受贿金额。

尽管有上述规定，但是，国家工作人员收受请托人财物后及时退还或者上缴的，不构成受贿。

9. 逢年过节收受下级单位"慰问金"

有种常见的现象是，逢年过节时，下级单位经常以给上级单位及工作人员送"慰问金""福利"等财物的方式，表达心意。收受钱物的一方是否构成受贿呢？对此，我们认为应区别对待：（1）如果是仅仅出于人情往来，不具有为他人谋取利益的意图及行为，属于不正之风，应按一般的违纪处理，不应认定为受贿犯罪；（2）如果只是借逢年过节这些传统节日的名义，明知他人有具体请托事项，或者根据他人提出的具体请托事项、承诺为他人谋取利益而收受他人财物的，则不管是单位还是个人，均应认定为受贿行为。

关于贪污、受贿中的"数额较大""数额巨大"有如下认定。

《最高人民法院 最高人民检察院关于办理贪污贿赂刑事案件适用法律若干问题的解释》第一条规定，贪污或者受贿数额在三万元以上不满二十万元的，应当认定为刑法第三百八十三条第一款规定的"数额较大"，依法判处三年以下有期徒刑或者拘役，并处罚金。

第二条规定，贪污或者受贿数额在二十万元以上不满三百万元的，应当认定为刑法第三百八十三条第一款规定的"数额巨大"，依法判处三年以上十年以下有期徒刑，并处罚金或者没收财产。

第三条规定，贪污或者受贿数额在三百万元以上的，应当认定为刑法第三百八十三条第一款规定的"数额特别巨大"，依法判处十年以上有期徒刑、无期徒刑或者死刑，并处罚金或者没收财产。

根据《最高人民法院 最高人民检察院关于办理贪污贿赂刑事案件适用法律若干问题的解释》第十九条，对贪污罪、受贿罪判处三年以下有期徒刑或者拘役的，应当并处十万元以上五十万元以下的罚金；判处三年以上十年以下有期徒刑的，应当并处二十万元以上犯罪数额二倍以下的罚金或者没收财产；判处十年以上有期徒刑或者无期徒刑的，应当并处五十万元以上犯罪数额二倍以下的罚金或者没收财产。对刑法规定并处罚金的其他贪污贿赂犯罪，应当在十万元以上犯罪数额二倍以下判处罚金。

【案例 2-8】

## 李某平受贿案

2004年3月至2019年1月,李某平先后担任无锡市崇安区教育局副局长、局长和无锡市梁溪区教育局局长,其间李某平利用职务之便及其职权、地位形成的便利条件,为傅某、王某、钱某、陆某等人在注册验资、企业经营、承接业务、款项支付、工作调动、学生入学等方面谋取利益,多次收受他人给予的现金(人民币、美元)、购物卡、金条、字画、相机等财物,款物合计价值103万元。

法院认为,李某平作为国家工作人员,利用担任教育局副局长、局长职务上的便利,为他人谋取利益,非法收受他人财物,又利用职权、地位形成的便利条件,通过其他国家工作人员职务上的行为,为请托人谋取不正当利益,非法收受他人财物合计价值103万元,其行为已构成受贿罪。李某平被留置调查期间,主动供述未被掌握的受贿犯罪事实,是自首,可以从轻处罚。李某平自愿认罪认罚,可以从宽处理。案发后,李某平亲属积极为其退清赃款,亦可酌情从轻处罚。

最终,法院判决李某平犯受贿罪,判处有期徒刑三年三个月,对其受贿物品及受贿赃款,予以没收,上缴国库。

**法律解读:**

本案中的涉案金额已经属于数额巨大,根据相关司法解释,应该判处三年以上十年以下有期徒刑,并处罚金或者没收财产。李某平在被调查期间主动自首、自愿认罪认罚以及案后发其亲属积极退赃的行为,符合受贿罪可以从轻处罚的量刑情节,并最终争取到法院三年三个月的从轻判决。

**律师建议:**

刑事案件关系人身自由甚至是生命,侦查机关一旦启动刑事立案,往往是对案件犯罪事实已经有了一定的掌握。而普通人在面对刑事审讯时,心理较以往更为脆弱。家属应及时为其委托刑事辩护律师,帮助了解案情,并最终为其争取罪轻甚至无罪判决。当然,冰冻三尺非一日之寒,我们每一位公民在日常生活工作中,严于律己,遵纪守法,才是对自己刑事风险最根本的措施。

**法规速递:**

《中华人民共和国刑法》

第三百八十三条 对犯贪污罪的,根据情节轻重,分别依照下列规定处罚:

(一)贪污数额较大或者有其他较重情节的,处三年以下有期徒刑或者拘役,并处罚金;

(二)贪污数额巨大或者有其他严重情节的,处三年以上十年以下有期徒刑,并处罚金或者没收财产；

（三）贪污数额特别巨大或者由其他特别严重情节的，处十年以上有期徒刑或者无期徒刑，并处罚金或者没收财产；数额特别巨大，并使国家和人民利益遭受特别重大损失的，处无期徒刑或者死刑，并处没收财产。

对多次贪污未经处理的，按照累计贪污数额处罚。

犯第一款罪，在提起公诉前如实供述自己罪行、真诚悔罪、积极退赃，避免、减少损害结果的发生，有第一项规定情形的，可以从轻、减轻或者免除处罚；有第二项、第三项规定情形的，可以从轻处罚。

犯第一款罪，有第三项规定情形被判处死刑缓期执行的，人民法院根据犯罪情节等情况可以同时决定在其死刑缓期执行二年期满依法减为无期徒刑后，终身监禁，不得减刑、假释。

第三百八十五条　国家工作人员利用职务上的便利，索取他人财物的，或者非法收受他人财物，为他人谋取利益的，是受贿罪。

国家工作人员在经济往来中，违反国家规定，收受各种名义的回扣、手续费，归个人所有的，以受贿论处。

第三百八十六条　对犯受贿罪的，根据受贿所得数额及情节，依照本法第三百八十三条的规定处罚。索贿的从重处罚。

## 二、贪污罪

贪污罪的主体是国家工作人员，即"国家机关中从事公务的人员"，"国有公司、企业、事业单位、人民团体中从事公务的人员和国家机关、国有公司、企业、事业单位委派到非国有公司、企业、事业单位、社会团体从事公务的人员，以及其他依照法律从事公务的人员，以国家工作人员论"。

我国国家工作人员可以分为以下四类。

1. 国家机关中从事公务的人员，是指在国家机关中行使国家赋予该国家机关职权的人员，以及在这些国家机关中履行管理职责的人员。

根据我国宪法和有关法律法规的规定，国家机关包括：

（1）国家的权力机关，即各级人民代表大会及其常务委员会，以及各级人民代表大会及其常务委员会下设的工作机构、办事机构。

（2）国家的监察机关，即国家监察委员会以及各级监察委员会。

（3）国家的行政机关，即中央、地方各级政府及其下属机构、办事机构。

（4）国家的审判机关，即各级人民法院及其派出的审判机构。

（5）国家的检察机关，即各级人民检察院及其派出的检察机构。

（6）军队，即中国人民解放军和中国人民武装警察部队序列的各部门、各机构。

（7）中国共产党的各级机关及其派出机构。

（8）中国人民政治协商会议的各级机关及其派出机构。

2. 国有公司、企业、事业单位、人民团体中从事公务的人员，是指在上述单位中履行经营、管理职责或者履行经管单位财务等职责的人员。

（1）国有公司、企业是指国家所有的公司、企业以及直接隶属于国家机关、行使一定行政管理职能的企业、事业单位，如烟草公司等。对国有参股、合资、合作的公司、企业，不应认为是刑法意义上的国有公司、企业。

（2）国有的事业单位、人民团体，是指国家出资兴办的事业单位和人民团体，如公立大学、医院以及妇联、共青团等。

3. 国家机关、国有公司、企业、事业单位委派到非国有公司、企业、事业单位、社会团体从事公务的人员。非国有的公司、企业、事业单位、社会团体是指国有公司、企业、事业单位、社会团体以外的各种公司、企业、事业单位以及各种依法设立的学会、协会、基金会等社会团体，也包括上述单位参与国有资产投资形成的企业等。

委派人员不仅包括国有公司、企业、事业单位有投资而委派的经营、管理人员，也包括没有国有资产投资，但为了加强对非国有单位人员指导、监督而委派的人员。委派人员不一定具备国家机关工作人员的身份，但只要接受了委派，代表委派单位行使经营管理、督导等职权者就以国家工作人员论。这些人员包括国有单位从现有人员中派出的，或者从外单位调入的，或者从社会上聘用后委派到非国有单位从事上述公务的人员。

对于"个人贪污数额"，在共同贪污犯罪中该如何认定呢？根据 2003 年 11 月 13 日《全国法院审理经济犯罪案件工作座谈会纪要》的规定，在共同贪污犯罪案件中，对"个人贪污数额"应理解为个人所参与或者组织、指挥共同贪污的数额，不能只按个人实际分得的赃款数额来认定。对共同贪污犯罪中的从犯，应当按照其所参与的共同贪污的数额确定量刑幅度，并依照我国《刑法》第二十七条第二款的规定，从轻、减轻或者免除处罚。

根据《最高人民法院 最高人民检察院关于办理贪污贿赂刑事案件适用法律若干问题的解释》第十六条规定，国家工作人员出于贪污、受贿的故意，非法占有公共财物、收受他人财物之后，将赃款赃物用于单位公务支出或者社会捐赠的，不影响贪污罪、受贿罪的认定，但量刑时可以酌情考虑。这是因为贪污受贿犯罪行为已经实施完毕，因此，赃款赃物的事后处分，并不能影响刑事定罪。

根据《最高人民法院关于审理挪用公款案件具体应用法律若干问题的解释》第六条的规定，携带挪用的公款潜逃的，按照贪污罪定罪处罚。

## 【案例 2-9】

### 杨某贪污案

杨某在任长岭县教育局计划财务科科长期间，主管长岭县各中小学校的经费拨款、财务支出审批、审计等工作。

2010 年至 2011 年，杨某利用职务上的便利，将自己所有的小城黑杨树苗，假借科左中旗林场分厂的名义，与长岭镇中心校等全县 20 所乡镇小学签订采购树苗合同，要求每个学校花 2 万元购买小城黑杨树 1500 株，实际出售给各学校树苗共计 30400 棵。在签订合同时，杨某利用职权给各学校签批了大项支出审批表，同意各学校支出该笔费用。为使各学校有钱支付树苗款，杨某利用职权，将 12 所学校存在县教育局的校田地承包款拨回给各学校，给两所无钱支付树苗款的学校以取暖费的名义各拨款 2 万元用以购买树苗，其余学校均使用教育经费支付购树苗款，杨某共收取各学校树苗款 40 万元。杨某所出售的 30400 棵树苗总价值为 364800 元，共收取各学校树苗款 40 万元，即杨某利用职务之便，非法占有国有资产 35200 元。

法院认为，杨某身为国家工作人员，利用职务上的便利，非法占有公共财物，其行为已经构成贪污罪。杨某犯罪后主动到检察机关投案，并如实供述犯罪事实，属自首，且涉案赃款已经全部退缴，未给国家财产造成损失，应依法对杨某从轻处罚。经社区矫正部门考察，杨某无前科劣迹，平时表现良好，没有再犯罪危险，可以适用缓刑。判决杨某犯贪污罪，判处有期徒刑两年，缓刑三年（缓刑考验期限从判决确定之日起计算），依法追缴杨某非法所得 35200 元。

**法律解读：**

本案中杨某贪污金额三万元以上，符合相关司法解释中对贪污"数额较大"的认定，但是在案发后，杨某主动投案自首、积极退赃，在认为判决过重时利用我国刑事诉讼法赋予被告人的上诉权利，及时上诉，从而为自己争取到从轻处罚的空间。

**律师建议：**

本案的背景是，杨某案发后，经吉林省长岭县人民法院第一次审理，被判决有期徒刑六年。之后，杨某不服提起上诉，中级人民法院裁定撤销一审判决，发回重审。经重新审理后，杨某被法院判决有期徒刑二年，缓刑三年。以此为鉴，建议国家机关工作人员在工作中，对不确定是否构成犯罪的行为，应及时咨询法律专业人士，避免犯罪行为发生。在事发后，应及时寻求法律专业人士的帮助，以最大程度减少刑事责任。

**法规速递：**

《中华人民共和国刑法》

第三百八十二条　国家工作人员利用职务上的便利，侵吞、窃取、骗取或者以其他手段非法占有公共财物的，是贪污罪。受国家机关、国有公司、企业、事业单位、人民团体委托管理、经营国有财产人员，利用职务上的便利，侵吞、窃取、骗取或者以其他手段非法占有国有财物的，以贪污论。与前两款人员勾结，伙同贪污的，以共犯论处。

第三百八十三条　对犯贪污罪的，根据情节轻重，分别依照下列规定处罚：

（一）贪污数额较大或者有其他较重情节的，处三年以下有期徒刑或者拘役，并处罚金；

（二）贪污数额巨大或者有其他严重情节的，处三年以上十年以下有期徒刑，并处罚金或者没收财产；

（三）贪污数额特别巨大或者有其他特别严重情节的，处十年以上有期徒刑或者无期徒刑，并处罚金或者没收财产；数额特别巨大，并使国家和人民利益遭受特别重大损失的，处无期徒刑或者死刑，并处没收财产。

对多次贪污未经处理的，按照累计贪污数额处罚。

犯第一款罪，在提起公诉前如实供述自己罪行、真诚悔罪、积极退赃，避免、减少损害结果的发生，有第一项规定情形的，可以从轻、减轻或者免除处罚；有第二项、第三项规定情形的，可以从轻处罚。

犯第一款罪，有第三项规定情形被判处死刑缓期执行的，人民法院根据犯罪情节等情况可以同时决定在其死刑缓期执行二年期满依法减为无期徒刑后，终身监禁，不得减刑、假释。

第三百九十四条　国家工作人员在国内公务活动或者对外交往中接受礼物，依照国家规定应当交公而不交公，数额较大，依照贪污罪相关规定定罪处罚。

### 三、挪用公款罪

挪用公款罪的犯罪主体只能是国家工作人员。另外，根据《全国人民代表大会常务委员会关于〈中华人民共和国刑法〉第九十三条第二款的解释》，村民委员会等村基层组织人员在协助人民政府从事行政管理工作中，利用职务上的便利，挪用公款构成犯罪的，适用本条挪用公款罪的规定，也可以成为挪用公款罪的主体。

挪用公款罪在客观方面的表现是利用职务上的便利实施以下三种行为之一：

（1）挪用公款归个人使用，进行非法活动的。这里所说的"挪用公款归个人使用"，包括挪用者本人使用或者给其他人使用。为私利以个人名义将挪用的公款给其他单位使用的，应视为挪用公款归个人使用。"进行非法活动"，是指进行违法犯罪活动，如赌博、走私。

（2）挪用公款归个人使用数额较大，进行营利活动的。这里所说的"进行营利活动"，是指进行经商办企业、投资股市、放贷等经营性活动。

（3）挪用公款数额较大归个人使用，超过三个月未还的。这种挪用主要指用于个人生活，如挪用公款盖私房、买车或者进行挥霍。这里所说的"未还"，是指案发前（被司法机关、主管部门或者有关单位发现前）未还。如果挪用公款数额较大，超过三个月后在案发前已全部归还本息的，不作为犯罪处理。

《最高人民法院 最高人民检察院关于办理贪污贿赂刑事案件适用法律若干问题的解释》第六条规定，挪用公款归个人使用，进行营利活动或者超过三个月未还，数额在5万元以上的，应当认定为挪用公款罪中的"数额较大"；数额在500万元以上的，应当认定为挪用公款罪中的"数额巨大"；具有下列情形之一的，应当认定为"情节严重"：①挪用公款数额在200万元以上的；②挪用救灾、抢险、防汛、优抚、扶贫、移民、救济特定款物，数额在100万元以上不满200万元的；③挪用公款不退还，数额在100万元以上不满200万元的；④其他严重的情节。

行为人在主观方面具有挪用的故意，即准备以后归还，不打算永久占有。这是挪用公款罪与贪污罪的根本区别。

另外，《全国人民代表大会常务委员会关于〈中华人民共和国刑法〉第三百八十四条第一款的解释》中，对于挪用公款"归个人使用"的含义做了专门解释。有下列情形之一的，属于挪用公款"归个人使用"：（1）将公款供本人、亲友或者其他自然人使用的；（2）以个人名义将公款供其他单位使用的；（3）个人决定以单位名义将公款供其他单位使用，谋取个人利益。

对挪用公款罪，处五年以下有期徒刑或者拘役；情节严重的，处五年以上有期徒刑。挪用公款数额巨大不退还的，处十年以上有期徒刑、无期徒刑。这里所说的"不退还"，是指主观上想还而还不了的。如果在主观上就想非法占有挪用款，则构成贪污罪，应当按照贪污罪定罪处罚。

对挪用救灾、抢险、防汛、优抚、扶贫、移民、救济款物归个人使用的，从重处罚。此处所规定的"从重处罚"，是指根据挪用特定款物行为的情节，分别适用第一款规定的量刑幅度，在各量刑幅度内处较重刑罚。

对挪用公款罪，《最高人民法院关于审理挪用公款案件具体应用法律若干问题的解释》进行了具体阐述。

首先，关于"挪用公款归个人使用"，包括挪用者本人使用或者给他人使用。而"他人"不仅包括自然人，也包括私有公司或企业。

其次，对于挪用公款罪的认定有三种情形。

（1）挪用公款归个人使用，数额较大、超过3个月未还的，构成挪用公款罪。挪用正在生息或者需要支付利息的公款归个人使用，数额较大，超过3个月，但在案发前全部归还本金的，可以从轻处罚或免除处罚。给国家、集体造成的利息损失应予追缴。挪用公款数额巨大，超过3个月，案发前全部归还的，可以酌情从轻处罚。

（2）挪用公款数额较大，归个人进行营利活动的，构成挪用公款罪，不受挪用时间和是否归还的限制。在案发前部分或者全部归还本息的，可以从轻处罚；情节轻微的，可以免除处罚。挪用公款存入银行、用于集资、购买股票、国债等，属于挪用公款进行营利活动。所获取的利息、收益等违法所得，应当追缴，但不计入挪用公款等数额。

（3）挪用公款归个人使用，进行赌博、走私等非法活动的，构成挪用公款罪，不受"数额较大"和挪用时间的限制。挪用公款给他人使用，不知道使用人用公款进行营利活动或者用于非法活动，数额较大、超过3个月未还的，构成挪用公款罪；明知使用人用于营利活动或者非法活动的，应当认定为挪用人挪用公款进行营利活动或者非法活动。

再次，对于挪用公款数额的认定，该解释第三条规定：挪用公款归个人使用，"数额较大、进行营利活动的"，或者"数额较大、超过三个月未还的"，以挪用公款1万元至3万元为"数额较大"的起点，以挪用公款15万元至20万元为"数额巨大"的起点。

挪用公款"情节严重"，是指挪用公款数额巨大，或者数额虽未达到巨大，但挪用公款手段恶劣；多次挪用公款；因挪用公款严重影响生产、经营，造成严重损失等情形。

"挪用公款归个人使用，进行非法活动等"，以挪用公款5000元至10000元为追究刑事责任的数额起点。挪用公款5万元至10万元以上的，属于挪用公款归个人使用，进行非法活动"情节严重"的情形之一。

多次挪用公款不还，挪用公款数额累计计算；多次挪用公款，并以后次挪用的公款归还前次挪用的公款，挪用公款数额以案发时未还的实际数额认定。挪用公款给他人使用，使用人与挪用人共谋，指使或者参与策划取得挪用款的，以挪用公款罪的共犯定罪处罚。

最后，"挪用公款数额巨大不退还的"，是指挪用公款数额巨大，因客观原因在一审宣判前不能退还的。

## 【案例 2-10】

### 何某川挪用公款案

何某川在担任福贡县石月亮完小会计期间，利用职务上的便利，于2017年7月至2018年7月，将代扣石月亮完小教职工个人公积金、职业年金、养老保险、绩效工资、临时工工资等共计人民币1879287.11元，从学校基本户和零余额账户中以电费、货款、公积金、教材费、临时工工资、志愿者工资等名义转账到其个人账户中。其中158161.29元用于个人消费及贷款回收，其余被其用在非法网站"优游娱乐网"购买3D、优游分分彩，在"海鸥平台"购买"北京赛车"，在地方购买"黑彩"。其间，何某川用中奖的钱归还了部分被挪用的公款。至2018年8月福贡县教育局财物内审工作组内审发现时，仍然有618972.21元没有归还。

2018年11月至2019年3月，何某川又从学校基本户和零余额账户中把公款打入其基本户138975.20元，打入其他4人账户用于归还贷款339191.63元，以上合计从单位账户打入私人账户478166.83元，其中部分用于个人消费，其他用于购买网络彩票和社会上的"黑彩"。除部分归还外，截至审理时，仍有243191.63元没有归还单位。

法院认为，何某川在担任福贡县石月亮完小会计期间，利用职务便利挪用公款862163.84元，归个人使用，其行为触犯了《中华人民共和国刑法》第三百八十四条之规定，构成挪用公款罪。考虑到何某川到案后如实供述自己的罪行，主动交代调查组尚未掌握的违法犯罪事实，系自首，且自愿认罪认罚，依法予以从轻处罚。鉴于其案发后积极归还大部分挪用公款，认罪悔罪态度较好，可酌情从轻处罚并可适用缓刑。

最终，法院判决何某川犯挪用公款罪，判处有期徒刑二年零六个月，缓刑三年。扣押在案的何某川赃款35000元，依法没收，上缴国库。尚未退交的赃款208191.63元，继续追缴后，上缴国库。

**法律解读：**

本案中何某川挪用公款金额高达180多万元，但是在案发后，主动自首，积极退赃，认罪认罚，争取法院从轻处罚，最终法院判决有期徒刑二年，缓刑三年。可见案发后的主动认罪认罚的态度以及积极减轻或弥补犯罪行为造成的损失，非常重要。

**律师建议：**

挪用公款罪，往往是由小及大、日积月累直至东窗事发。单位管理人应加强财务监管措施，防止个人掌控全部财务处分权力。

**法规速递：**

《中华人民共和国刑法》

第三百八十四条 国家工作人员利用职务上的便利，挪用公款归个人使用，进行非法活动的,或者挪用公款数额巨大、进行营利活动的,或者挪用公款数额巨大、超过三个月未还的,是挪用公款罪,处五年以下有期徒刑或者拘役;情节严重的,处五年以上有期徒刑。挪用公款数额巨大不退还的,处十年以上有期徒刑或者无期徒刑。

挪用用于救灾、抢险、防汛、优抚、扶贫、移民、救济款物归个人使用的,从重处罚。

### 四、职务侵占罪

职务侵占罪的主体是公司、企业或者其他单位的工作人员,但不局限于单位的正式工作人员,也就是不以行为人是正式工、合同工还是临时工为划分标准,而应当从其所在岗位和所担负的工作上看其有无主管、管理或者经手单位财物的职责。只要经公司、企业或者其他单位聘用,并赋予该人员主管、管理或经手本单位财物的权力,无论是正式职工还是合同工或临时工,都可以成为职务侵占罪的犯罪主体。

职务侵占罪的行为人必须利用职务上的便利。"利用职务上的便利",主要是指利用自己在职务上所具有的主管、管理或者经手本单位财物的便利条件,"主管"是指行为人在一定范围内拥有调配、处置本单位财产的权力;"管理"是指行为人对本单位财物直接负有保管、处理、使用的职责,也就是对本单位财产具有一定的处分权;"经手"是指行为人虽然不负有主管或者管理本单位财物的职责,但因工作需要而在特定的时间、空间内实际控制本单位财物。比如在教育机构,校长有在一定范围内调配、处置单位财产的权力,会计有管理单位财务的职责,出纳有经手、管理单位钱财的职责等。

应当注意的是,利用职务上的便利,不是指利用与其职责无关、只因工作关系而熟悉作案环境、条件,或者凭工作人员身份便于出入某单位,较易接近作案目标或者对象等便利条件。例如,学校会计利用管账机会做假账骗取公司财物,出纳利用管钱机会侵吞单位钱款,均属于职务侵占行为。而如果学校会计利用与出纳一起工作的机会,趁出纳不在将其所保管的钱柜中的现金取走占为己有的,则因为没有利用其会计职务的便利而不能构成职务侵占罪。

职务侵占罪应当以非法占有为目的,实施了侵占行为。一般是指采用侵吞、窃取、骗取等各种手段将本单位财物占为己有,既包括将合法已持有的单位财物视为己物而加以处分、使用、变持有为所有的行为,又包括不占有单位财物但利用职务之便骗取、窃取、侵吞、私分单位财物的行为。

本罪要求达到数额较大的标准。

对于职务侵占罪中"数额较大""数额巨大"的认定,根据《最高人民法院 最高人民检察院关于办理贪污贿赂刑事案件适用法律若干问题的解释》的规定,职务侵占罪的"数额较大""数额巨大"的数额起点,按照受贿罪、贪污罪相对应的数额标准规定的二倍、五倍执行。

《最高人民法院 最高人民检察院关于常见犯罪的量刑指导意见》中，对职务侵占罪规定了以下量刑起点：

（1）达到数额较大起点的，可以在两年以下有期徒刑、拘役幅度内确定量刑起点。

（2）达到数额巨大起点的，可以在五年至六年有期徒刑幅度内确定量刑起点。

## 【案例 2-11】

### 刘某峰职务侵占案

2018年7月，刘某峰被青海楚商高级中学有限公司聘为教师，同年9月28日被任命为该校德育副校长（校委会成员），全面负责学校的德育工作，并担任高一年级六班班主任。

从2019年1月开始，刘某峰利用自己担任班主任的职务便利，在未收到学校通知的情况下，向本班级学生家长收取学费，截至2019年2月28日，共收取学生学费94399元，刘某峰将该学费用于偿还自己债务。

2018年9月至2019年2月，刘某峰利用自己德育副校长的职务便利，向各违纪学生收取违纪保证金共计24000元，刘某峰将该违纪保证金用于个人日常开支及偿还债务。

法院认为，刘某峰身为楚商高级中学德育副校长，利用自己管理、经手学费、违纪保证金的职务便利，将收取的楚商高级中学学生学费、学生保证金共计118399元据为己有，数额较大，其行为已构成职务侵占罪。

鉴于刘某峰自愿如实供述自己的罪行，承认指控的犯罪事实，愿意接受处罚，可以对其从轻处罚。法院判决刘某峰犯职务侵占罪，判处有期徒刑一年。责令刘某峰退赔楚商高级中学学生学费、学生违纪保证金共计118399元。

**法律解读：**

本案中刘某峰利用自己身兼班主任和德育副校长的工作便利，收取学生学费和违纪保证金并据为己有，构成职务侵占。在案发后，刘某峰如实交代罪行，认罪认罚，如果能够积极退赃，量型可能会更轻一些。

**律师建议：**

各教育机构应该做好内部管理和监督，最大限度地做到信息透明，防止出现个别人员利用职务便利实施损害学校声誉和利益的犯罪行为。

**法规速递：**

《中华人民共和国刑法》

第二百七十一条 公司、企业或者其他单位的工作人员，利用职务上的便利，将本单位财物非法占为己有，数额较大的，处三年以下有期徒刑或者拘役，并处罚金；数额巨大的，处三年以上十年以下有期徒刑，并处罚金；数额特别巨大的，处十年以上有期徒刑或者无期徒刑，并处罚金。

### 五、巨额财产来源不明罪

巨额财产来源不明罪，是指国家工作人员的财产、支出明显超过合法收入，差额巨大，本人不能说明其来源的犯罪行为。

此处"国家工作人员的财产"是指国家工作人员私人所有的房屋、车辆、存款、现金、股票、生活用品等。"支出"是指各种消费以及其他开支。"超过合法收入"是指国家工作人员的财产、支出数额，明显超过其工资、奖金、津贴以及其他依照国家规定取得的报酬的数额。不仅包括财产和支出两项综合明显超过其合法收入，也包括财产或者支出其中一项明显超过其合法收入的情况。

"不能说明"包括以下情况：（1）行为人拒不说明财产来源；（2）行为人无法说明财产的具体来源；（3）行为人所说的财产来源经司法机关查证并不属实；（4）行为人所说的财产来源因线索不具体等原因，司法机关无法查实，但能排除存在来源合法的可能性和合理性的。①

"不能说明来源"是指行为人不能说明其支出明显超过合法收入、差额巨大的财产是如何获得的。既包括本人拒不向调查的司法机关说明，也包括"说明"内容经调查证明是虚假的情况。

"非法所得"，一般是指行为人的全部财产与能够认定的所有支出的总和减去能够证实的有真实来源的所得。

在清查、核实行为人财产来源时，如果能够查清其财产是以贪污、受贿或其他犯罪方法取得的，应当按照贪污、受贿或其他罪名追究刑事责任。只有在确实无法查清其巨额财产非法来源，本人又不能说明的情况下，才应按巨额财产来源不明罪进行追究。

【案例 2-12】

#### 马某受贿案、巨额财产来源不明案

2004 年至 2014 年，马某利用担任长春市教育局副局长、长春市职业技术学院党委书记兼院长、长春市教育局党委书记兼局长的职务便利，为请托人承揽长春市教育

---

① 《全国法院审理经济犯罪案件工作座谈会纪要》（2003 年 11 月 13 日）。

系统建设工程、职务任免、调转招录、学生择校及督导考核、审批协调等方面提供帮助，非法收受他人财物共计折合人民币1470.264万元。

马某及其家庭拥有各类财产总计折合人民币3388.330325万元；马某家庭消费支出和其他开支折合人民币175.877306万元。其中折合人民币1470.264万元的财产为受贿所得；人民币164万元为非法所得；人民币964.592839万元来源合法。另有折合人民币965.350792万元的财产不能说明其合法来源。

法院审理后认为，马某身为国家工作人员，利用职务便利，为相关单位和个人谋取利益，多次非法收受他人给予的财物，数额特别巨大；其财产明显超出合法收入，差额特别巨大，且不能说明合法来源，其行为已分别构成受贿罪、巨额财产来源不明罪。鉴于马某主动交代办案机关尚未掌握的大部分受贿犯罪事实，具有坦白情节，案发后积极配合办案机关追缴赃款赃物，认罪态度较好，故对其从轻处罚。

最终，法院判决被告人马某犯受贿罪，判处无期徒刑，剥夺政治权利终身，并处没收个人全部财产；犯巨额财产来源不明罪，判处有期徒刑六年，决定执行无期徒刑，剥夺政治权利终身，并处没收个人全部财产。对扣押在案的赃款赃物，依法上缴国库，不足部分，继续追缴。

**法律解读：**

实践中，由于贪污、贿赂犯罪隐蔽性较强，证据难以获得，而原来的巨额财产来源不明罪最高刑期只有五年有期徒刑，从而使得很多贪官逃避了法律应有的制裁。2009年刑法修正案（七）对巨额财产来源不明罪的刑期做了修改，提高了巨额财产来源不明罪的最高法定刑，增加"差额特别巨大的，处五年以上十年以下有期徒刑"。

**律师建议：**

堂堂正正做人，光明正大做事，严于律己，就不会有犯此罪的风险。

**法规速递：**

《中华人民共和国刑法》

第三百九十五条　国家工作人员的财产、支出明显超过合法收入，差额巨大的，可以责令该国家工作人员说明来源，不能说明来源的，差额部分以非法所得论，处五年以下有期徒刑或者拘役；差额特别巨大的，处五年以上十年以下有期徒刑。财产的差额部分予以追缴。

## 六、滥用职权罪

所谓"滥用职权罪"，是指国家机关工作人员超越职权，违法决定、处理其无权决定、处理的事项，或者违反规定处理公务，致使公共财产、国家和人民利益遭受重大损失的犯罪。可以理解为，滥用职权的行为只有致使公共财产、国家和人民利益遭受重大损失的，才构成犯罪。

2013年1月《最高人民法院 最高人民检察院关于办理渎职刑事案件适用法律若干问题的解释（一）》第一条第一款规定了滥用职权罪的门槛，即明确了刑法第三百九十七条第一款中滥用职权"致使公共财产、国家和人民利益遭受重大损失"的认定，具体包括4种情形：（1）造成死亡1人以上，或者重伤3人以上，或者轻伤9人以上，或者重伤2人、轻伤3人以上，或者重伤1人、轻伤6人以上的；（2）造成经济损失30万元以上的；（3）造成恶劣社会影响的；（4）其他致使公共财产、国家和人民利益遭受重大损失的情形。

该司法解释中还规定，具有下列情形之一的，应当认定为《刑法》第三百九十七条规定的"情节特别严重"：（1）造成伤亡达到前款第（一）项规定人数3倍以上的；（2）造成经济损失150万元以上的；（3）造成前款规定的损失后果，不报、迟报、谎报或者授意、指使、强令他人不报、迟报、谎报事故情况，致使损失后果持续、扩大或者抢救工作延误的；（4）造成特别恶劣社会影响的；（5）其他特别严重的情节。

在司法实务中，对于造成的有形损失比如经济损失、人员伤亡的认定，较为容易。但是，对于无形损失的认定，难度较大。比如上面司法解释中第三项"造成恶劣社会影响"就属于无形损失。对此类无形损失的认定，应当根据被告人滥用职权行为造成的危害后果、社会影响等客观实际，结合滥用职权行为的形式、手段等因素综合分析判断。

最高人民法院《刑事审判参考》第1089号指导案例显示，对于滥用职权中"造成恶劣社会影响"的认定，可以从以下五个方面予以考虑：（1）渎职行为严重损害国家机关形象，致使政府公信力下降的；（2）渎职行为引发新闻媒体广泛关注，引起强烈社会反响的；（3）渎职行为造成大规模上访、暴力冲突等事件，影响国家机关正常职能活动的；（4）渎职行为诱发民族矛盾纠纷，严重影响民族团结、社会稳定的；（5）渎职行为造成其他恶劣社会影响的。

## 【案例2-13】

### 杨某滥用职权案

2008年至2013年，杨某在担任南华一中校长期间，违反国有资产及行政事业性收费管理规定，擅自决定将佳雄公司打入南华一中账户的南华一中国有资产（88间商铺、学生宿舍、学生食堂）18年承包收益款500万元及南华一中收取的择校费290.49

万元截留未上缴财政，擅自决定违规收取补习费 77.22 万元，以上 3 项合计 867.71 万元，其安排财务人员将资金存放在南华一中对公账户及财务人员个人账户形成"小金库"，并违规以拨给工会开支、发放职工奖励及补助、为职工支付旅游考察、为职工购置服装、用于接待等名目开支，共造成公共财产损失 196.26294 万元。

法院认为，杨某担任南华一中校长期间，滥用职权违反规定，情节特别严重，其行为已构成滥用职权罪。判决杨某犯国有事业单位人员滥用职权罪，判处有期徒刑三年，缓刑四年。杨某退交的赃款 3450 元，依法上缴国库，其余损失 195.91794 万元，依法继续追缴。

**法律解读：**

滥用职权的行为，必须是行为人手中有"权"，并且滥用权力与危害结果有直接的因果关系，如果行为人手中并无此权力，或者虽然有权但行使权力与危害结果没有直接的因果关系，则不能构成本罪。

**律师建议：**

没有监督的权力，必然导致滥用。应设置监督和审计制度，防范权力滥用。

**法规速递：**

《中华人民共和国刑法》

第一百六十八条 国有公司、企业的工作人员，由于严重不负责任或者滥用职权，造成国有公司、企业破产或者严重损失，致使国家利益遭受重大损失的，处三年以下有期徒刑或者拘役；致使国家利益遭受特别重大损失的，处三年以上七年以下有期徒刑。

国有事业单位的工作人员有前款行为，致使国家利益遭受重大损失的，依照前款的规定处罚国有公司企业、事业单位的工作人员，徇私舞弊、犯前两款罪的，依照第一款的规定从重处罚。

第三百九十七条 国家机关工作人员滥用职权，致使公共财产、国家和人民利益遭受重大损失的，处三年以下有期徒刑或者拘役；情节特别严重的，处三年以上七年以下有期徒刑。本法另有规定的，依照规定。国家机关工作人员徇私舞弊，犯前款罪的，处五年以下有期徒刑或者拘役；情节特别严重的，处五年以上十年以下有期徒刑。本法另有规定的，依照规定。国家机关工作人员徇私舞弊，犯前款罪的，处五年以下有期徒刑或者拘役；情节特别严重的，处五年以上十年以下有期徒刑。本法另有规定的，依照规定。

## 七、玩忽职守罪

"玩忽职守罪"，是指国家机关工作人员严重不负责任，不履行或者不认真履行其职责,致使公共财产、国家和人民利益遭受重大损失的犯罪。

犯罪主体均为国家机关工作人员。这里所称"国家机关工作人员",是指在国家机关中从事公务的人员。"国家机关",是指国家权力机关、行政机关、监察机关、司法机关、军事机关。

玩忽职守的行为只有"致使公共财产、国家和人民利益遭受重大损失"的,才能构成犯罪。是否造成"重大损失"是区分罪与非罪的重要标准,未造成重大损失的,属于一般工作过失的渎职行为,可以由有关部门给予批评教育或者处分。

玩忽职守罪客观方面表现为不履行、不正确履行或者放弃履行职责,致使公共财产、国家和人民利益遭受重大损失的行为。

《最高人民法院 最高人民检察院关于办理渎职刑事案件适用法律若干问题的解释(一)》中的规定,同样适用于对玩忽职守罪的认定。

【案例2-14】

## 苍某永玩忽职守案

2010年3月6日起,被告人苍某永任永清县教育局安全股股长。安全股有对各学校安全工作进行指导、监督、检查和考核等内容的工作职责。2013年,永清县教育局另安排安全股为永清县刘街乡属地学校安全管理工作的责任股室,苍某永为负责人。

永清县春蕾幼儿园位于永清县刘街乡徐街村。2009年3月,该园取得永清县教育局颁发的"中华人民共和国民办学校办学许可证",学校类型为幼儿园,办学内容为学前教育,郑某甲任校长。春蕾幼儿园开办期间,未向教育行政部门报批租用了徐街村委会三间房屋作为小学一年级教室使用。因该房屋在使用中出现漏雨、房梁松动、后房山墙下沉等情形,2014年2月,郑某甲找人对房屋进行了修缮,在房屋的铁梁下支撑一根铁管用以加固,后继续作为一年级教室和宿舍使用。

2014年6月20日,苍某永等人到春蕾幼儿园进行实地安全检查,填写了安全检查档案。但苍某永等人未对春蕾幼儿园未经审批的三间房屋进行检查。

2014年12月13日下午4时许,春蕾幼儿园未经审批用作一年级教室的三间房屋坍塌,致使三名被砸学生经抢救无效死亡。经鉴定,房屋修缮时进行的不当支顶以及屋架下弦采用塑性、韧性、冲击韧性及冷弯性能极差的钢材,是造成该建筑屋架瞬间垮塌的主要原因。

法院审理后认为,苍某永作为永清县教育局安全股股长,在履行安全检查职责过程中严重不负责任,未能发现春蕾幼儿园超审批范围使用结构不安全的房屋作为教室。

苍某永对该教室坍塌致三名学生死亡的严重情节应负相应责任。考虑到仓某永有自首、悔罪情节，判决苍某永犯玩忽职守罪，判处有期徒刑六个月。

**法律解读：**

玩忽职守的行为，必须是违反国家的工作纪律和规章制度的行为，通常表现是工作马虎草率，极端不负责任；或是放弃职守，对自己应当负责的工作撒手不管等。

**律师建议：**

以认真负责的态度对待工作、履行职责，是防范玩忽职守犯罪发生的根本。

**法规速递：**

《中华人民共和国刑法》

第三百九十七条　国家机关工作人员玩忽职守，致使公共财产、国家和人民利益遭受重大损失的，处三年以下有期徒刑或者拘役；情节特别严重的，处三年以上七年以下有期徒刑。本法另有规定的，依照规定。

国家机关工作人员徇私舞弊，犯前款罪的，处五年以下有期徒刑或者拘役；情节特别严重的，处五年以上十年以下有期徒刑。本法另有规定的，依照规定。

## 八、私分国有资产罪

本罪的犯罪主体是国家机关、国有公司、企业、事业单位、人民团体。

本罪在客观方面表现为，违反国家规定，以单位名义将国有资产集体私分给个人。

这里所说的"违反国家规定"，是指违反国家有关管理、使用、保护国有资产方面的法律、行政法规规定。

"国有资产"，是指国家依法取得和认可的，或者国家以各种形式对企业的投资和投资收益、国家向行政事业单位拨款等形成的资产。

"以单位名义将国有资产集体私分给个人"是指由单位负责人决定，或者单位决策机构集体讨论决定，将国有资产分给单位所有职工。如果不是分给所有职工，而是几个负责人暗中私分，则不应以本条定罪处罚，而应以贪污罪追究私分者的刑事责任。

集体私分国有资产必须达到数额较大，才能构成犯罪。

国有单位管理、使用、经营中的国有资产只能用于履行相关职能，不得用于谋取本单位、本部门的私利，更不允许私分。但是一些国有单位，利用经营、管理国有资产的便利，违反国家规定，将国有资产以奖金、劳务费、提成等各种名目集体私分的案件时有发生。这种行为实际上是侵吞国有资产的行为，严重损害了国家利益，也造成分配领域的混乱与不公。

此外，集体私分的手段也越来越复杂，往往是先以合法的理由将国有资产转化为单位小金库的资产，然后再以各种名义发给个人，设立私分国有资产罪，正是为了加强对国有资产的保护，惩治私分国有资产的行为。

**【案例 2-15】**

## 韩某、朱某等私分国有资产案

2013 年春季学期至 2014 年春季学期，仁寿县彰加镇初级中学校长韩某召集朱某、戴某、吴某等人召开校委会，研究决定收取学生伙食费的标准，后召开校财经领导小组会议，研究决定将学生伙食费结余部分，以学校的名义给全校教职工发放各种补助，另外单独给个别校领导及财经领导小组成员以各种名目发补助、劳务费等；在此期间，学校共收取学生伙食费共计 266.8331 万元，违规发放各种补助 97.9595 万元，其中有 21.44 万元以各种虚假名义发放给校财经领导小组成员及个别校领导，其中韩某领取 2.55 万元、朱某领取 2.65 万元、戴某领取 2.8 万元。案发后，被告人韩某、朱某、戴某将各自领取的款项全部退缴县财政。

法院认为，被告人韩某、朱某、戴某系仁寿县彰加镇初级中学工作人员，该校是全额拨款的国有事业单位，全部的收入应被纳入财政统一管理、核算，而该校违反学校食堂不得营利的管理规定，由单位财务领导成员决策，明知是违反国家规定多收取的学生餐费而以单位的名义收取，并将违规多收取的学生餐费账外设账，除去食堂开支外，以单位名义，将剩余款项以福利、补助等形式集体私分给学校教职员工共计 97.9595 万元，其中以发劳务费、补助费等名目将 21.44 万元单独发给个别领导，数额较大，其行为侵犯了国家资产管理制度和财产所有权，被告人韩某、朱某、戴某是私分国有资产的主管人员和直接责任人，其行为均已构成了私分国有资产罪。

在共同犯罪中，韩某身为校长，对私分国有资产起了决定性的作用，系主犯；朱某是学校分管总务的副校长，直接分管学生食堂，被告人戴某是学校总务主任兼学生食堂会计，二人起了次要作用，系从犯，应从轻处罚。

鉴于三被告人犯罪的主观恶意较小，且如实供述其罪行，系坦白，依法可以从轻处罚，积极退赃，有悔罪表现，可酌定从宽处罚。判决韩某犯私分国有资产罪，判处有期徒刑一年六个月，缓刑一年六个月，并处罚金人民币一万元；朱某犯私分国有资产罪，判处有期徒刑一年，缓刑一年，并处罚金人民币一万元。追缴韩某、朱某违法所得，上缴国库。

**法律解读：**

在实践中，私分国有资产的现象时有发生，由于涉及人数多，社会危害性并不比贪污小，只是因为受到"法不责众"思想的影响，大多数情况下人们对这种行为的社会危害性，并没有给予重视。

**律师建议：**

不属于自己的坚决不碰，守好自己的道德底线，才是防范刑事风险的根本。

**法规速递：**

《中华人民共和国刑法》

第三百九十六条　国家机关、国有公司、企业、事业单位、人民团体，违反国家规定，以单位名义将国有资产私分给个人，数额较大的，对其直接负责的主管人员和其他直接责任人员，处三年以下有期徒刑或者拘役，并处或者单处罚金；数额巨大的，处三年以上七年以下有期徒刑，并处罚金。

### 九、重大责任事故罪

重大责任事故罪的主体是在各类生产经营活动中从事生产、作业及其指挥管理的人员，只要其在生产、作业中违反有关安全管理的规定，对造成的重大人身伤亡或者其他严重后果由于疏忽大意没有预见，或者虽然预见但轻信可以避免而没有采取相应的措施，造成不特定人员伤亡或者公私财产重大损害即构成本罪。

对于上文中"重大伤亡"和"严重后果"两个标准，只要具备其一便构成犯罪。其中，造成其他严重后果，是指除重大伤亡事故以外的其他后果，包括重大财产损失等。

**【案例2-16】**

#### 阿不来提·卡德尔等重大责任事故、玩忽职守案

被告人阿不来提·卡德尔，男，59岁，系原新疆石油管理局总工会文化艺术中心友谊馆副主任

被告人陈惠君，女，39岁，系原友谊馆服务组组长

被告人努斯拉提·玉素甫江，女，43岁，系原友谊馆服务员

被告人刘竹英，女，46岁，系原友谊馆服务员

被告人蔡兆锋，男，58岁，系原新疆石油管理局总工会文化艺术中心友谊馆主任兼指导员

被告人孙勇，男，35岁，系原新疆石油管理局总工会文化艺术中心主任

被告人赵忠铮，男，45岁，系原新疆石油管理局总工会文化艺术中心教导员

被告人岳霖，女，41岁，系原新疆石油管理局总工会副主席

被告人方天录，男，60岁，系原新疆石油管理局副局长

被告人赵兰秀，女，54岁，系原克拉玛依市副市长

被告人唐健，男，54岁，系原克拉玛依市教委副主任、新疆石油管理局教育培训

校园人：你不能不知道的法律知识

中心副主任

被告人况丽，女，40岁，系原新疆石油管理局教育培训中心党委副书记兼纪委书记

被告人朱明龙，男，52岁，系原克拉玛依市教委普教科科长

被告人赵征，女，44岁，系原克拉玛依市教委普教科副科长

1994年12月7日下午，新疆维吾尔自治区教委基本普及九年义务教育、基本扫除青壮年文盲评估验收团到克拉玛依市检查工作。12月8日18时，由克拉玛依市教委、新疆石油管理局教育培训中心组织在文化艺术中心友谊馆举办专场文艺汇报演出。全市七所中学、八所小学的教师、学生及有关领导共796人参加。

演出至18时20分左右，舞台正中偏后北侧上方倒数第二道光柱灯（1000W）烤燃纱幕起火。火灾发生后，由于电工被派出差，火情没有及时处理，迅速蔓延至剧厅，火势越来越猛，产生大量有毒、有害气体。而通往剧场的七个安全门，仅开一个。演出现场的组织者赵兰秀、方天录不积极组织指挥疏散，火灾现场秩序大乱，致使323人死亡、132人受伤，直接经济损失3800余万元。

立案侦查证实这起特大火灾的发生，是由于上述被告人严重违反规章制度，工作严重不负责任，玩忽职守造成。

被告人阿不来提·卡德尔身为友谊馆副主任，在主管行政业务工作中，严重违反消防安全管理规定，对消防部门的三次防火安全检查中提出的问题不加整改；对舞台幕布曾发生过的火灾险情，没有采取措施消除隐患。卡德尔明知12月8日有演出活动，还将电工派外出差；演出现场七个安全门仅开一个。火灾发生后没积极采取措施组织疏散抢救，是这次重大责任事故的主要直接责任者。

被告人陈惠君、努斯拉提·玉素甫江、刘竹英作为友谊馆服务人员对工作严重不负责任，演出期间，陈惠君、努斯拉提未在场内巡回检查。火灾发生后，不履行应尽的职责及时打开安全门，而是一起逃出馆外。被告人刘竹英脱岗外出。以上三名被告人是造成事故惨重伤亡后果的直接责任者。

被告人蔡兆锋不重视安全工作，未对职工进行安全教育，对友谊馆存在的安全隐患不加整改，不制定应急防范措施，对火灾事故的发生负有直接责任。

被告人孙勇、赵忠铮身为文化艺术中心领导，工作严重不负责任，对友谊馆存在的安全隐患不督促检查予以消除，对火灾事故的发生负有直接责任。

被告人岳霖分管文化艺术中心的工作，工作严重不负责任，明知友谊馆存在安全隐患，未要求检查整改，未正确履行自己的职责，对火灾事故的发生负有责任。

被告人赵兰秀、方天录系迎接"两基"评估验收工作及演出现场的主要领导人，发生火情时，没有组织和指挥疏散，对事故伤亡后果负有直接责任。

被告人唐健、况丽、朱明龙、赵征是此次演出活动的具体组织者和实施者，对未成年人的人身安全疏忽大意。唐、况、朱在发生火灾时，未组织疏散学生，而只顾自己逃生，对严重伤亡后果负有直接责任。

1995年8月14日克拉玛依市中级人民法院审理认为，上述被告人的行为分别构成重大责任事故罪、玩忽职守罪。依照《中华人民共和国刑法》第一百一十四条、第一百八十七条的规定，分别判决：

1. 被告人阿不来提·卡德尔犯重大责任事故罪，判处有期徒刑七年。
2. 被告人陈惠君犯重大责任事故罪，判处有期徒刑七年。
3. 被告人努斯拉提·玉素甫江犯重大责任事故罪，判处有期徒刑六年。
4. 被告人刘竹英犯重大责任事故罪，判处有期徒刑六年。
5. 被告人蔡兆锋犯玩忽职守罪，判处有期徒刑五年。
6. 被告人孙勇犯玩忽职守罪，判处有期徒刑四年。
7. 被告人赵忠铮犯玩忽职守罪，判处有期徒刑四年。
8. 被告人岳霖犯玩忽职守罪，判处有期徒刑四年。
9. 被告人赵兰秀犯玩忽职守罪，判处有期徒刑四年零六个月。
10. 被告人方天录犯玩忽职守罪，判处有期徒刑五年。
11. 被告人唐健犯玩忽职守罪，判处有期徒刑五年。
12. 被告人况丽犯玩忽职守罪，判处有期徒刑四年。
13. 被告人朱明龙犯玩忽职守罪，判处有期徒刑四年。
14. 被告人赵征犯玩忽职守罪，免予刑事处分。

一审判决后，除赵征外其余13名被告人均不服，提出上诉。

1995年9月19日，新疆维吾尔自治区高级人民法院审理裁定，驳回上诉，维持原判。

**法律解读：**

教育行业安危关系着祖国的未来，教育活动中对各种意外灾害和事故的防范，细致到何种程度都不为过。本案虽然已经过去20多年，却值得教育行政部门管理者和教育机构一线管理者们永远铭记。逝者难追，受害人们用生命为世人敲响长鸣的警钟。

**律师建议：**

对教育工作管理权，不仅应设置有效的定期监督，更应制定严格的问责机制。

【案例2-17】

## 李某某重大责任事故案

2004年，李某某与他人合资在徐州经济技术开发区成立徐州黄山外国语学校，并担任该校校长和法定代表人,负责该校安全生产等工作。其间,被告人李某某聘用无"特种设备作业人员证"的徐州市大黄山镇湖庄村村民王某某为该校司炉工,负责操作该校立式燃煤蒸汽锅炉。

2012年11月3日9时许,王某某因违章操作,在锅炉高温且严重缺水的情况下,直接加水造成锅炉爆炸,致使王某某本人和厨师马某某当场死亡,现场附近人员汪某某、董某某、王某甲、孙某和赵某某等五人不同程度受伤。

经徐州市政府联合事故调查组认定,该事故是一起生产安全责任事故,李某某作为学校主要负责人,未依法履行安全生产管理职责,长期聘用无证人员上岗作业,对该起事故负重要责任。

法院经审理后认为,李某某违反安全管理规定,致发生重大伤亡事故,其行为已构成重大责任事故罪。鉴于李某某案发后主动归案如实供述犯罪事实,认定为自首,可从轻处罚。李某某积极赔偿死者家属经济损失,有悔罪表现,判决李某某犯重大责任事故罪,判处有期徒刑一年,缓刑二年。

**法律解读:**

在实践中,有些企业、事业单位或个体经营户招用工作人员,不做技术培训,也不进行必要的安全教育,直接安排其从事生产、作业,导致职工在不了解安全管理规定的情况下违规操作,从而发生重大责任事故。这种情况下发生事故的单位和经营组织、经营户的直接责任人员,应被追究重大责任事故罪。

**律师建议:**

管理者在生产经营中,应具备较强的安全意识,永远把生命和健康利益放在最优先级别,按照操作流程和安全规定生产作业。

**法规速递:**

《中华人民共和国刑法》

第一百三十四条 在生产、作业中违反有关安全管理的规定,因而发生重大伤亡事故或者造成其他严重后果的,处三年以下有期徒刑或者拘役;情节特别恶劣的,处三年以上七年以下有期徒刑。

# 第三章

# 教育机构篇

教育机构在日常教育活动中,由于种种原因,时常会面临各种纠纷,这也就意味着教育机构会面临不同的法律风险。除了和其他行业一样,存在买卖合同纠纷、租赁合同纠纷、建设工程施工合同纠纷、借款合同纠纷、劳动争议、人事争议外,教育机构领域还有以下这些高发的纠纷。

## 第一节 学校侵犯学生受教育权纠纷

【案例3-1】

### 学校违法开除学生,侵犯学生受教育权

严某是某中学初二年级的学生,数学考试时偷偷将写着公式的纸条带入考场,被监考老师发现后予以没收。后学校认为严某考试作弊,态度恶劣,对其作出开除的处分。

**法律解读:**

如果严某考试作弊,严重违反学校纪律,其受到学校处分理所当然,但学校用开除的方法来惩罚严某的行为并不符合法律规定。小学到初中是义务教育阶段,接受九年义务教育是适龄儿童、少年的法定权利,家长和学校有义务保障其受教育权的实现,学校无权对其作出开除处分以剥夺孩子在校接受教育的权利。对违反校规的学生进行处理是学校的法定职责之一,但学校应当在法律允许的范围内,根据相关规章制度对其进行惩罚,并要求家长严加管教,而不应随意开除学生。

**律师建议:**

1. 义务教育阶段,学校应当帮助学生树立正确的价值观,对学生进行正确的

引导。

2. 学校应当制定明确的奖惩机制，对于考试作弊的学生进行道德教育，并配以相应的惩罚措施，端正学生的学习态度。

**法规速递：**

《中华人民共和国宪法》

第四十六条第一款　中华人民共和国公民有受教育的权利和义务。

《中华人民共和国义务教育法》

第二条第三款　义务教育是国家统一实施的所有适龄儿童、少年必须接受的教育，是国家必须予以保障的公益性事业。

第二十七条　对违反学校管理制度的学生，学校应当予以批评教育，不得开除。

## 【案例3-2】

### 学校拒收残疾学生入学，侵犯学生受教育权

小军因儿时发生意外导致右腿残疾，平时走路都需要他人帮助，每天上学都是被父母送到学校，然后再由同学搀扶到教室里。2015年3月，由于父母工作单位调动，小军不得不转学到另一所中学学习。可是，该校却以小军身患残疾为由，不同意小军进入学校学习。

**法律解读：**

受教育权是我国宪法和法律赋予公民的法定权利，不得因政治、民族、家庭出身、身体素质等原因而遭受歧视。所以，学校不得因小军身体有残疾为由拒绝小军入学就读，相反，学校应为像小军这样的特殊孩子创造适合的学习条件，保证他们正常而平等地接受教育。

**律师建议：**

对于残疾人，我国已形成了专门的法律制度来保障其在政治、经济、文化、社会和家庭生活等方面享有同其他公民平等的权利。学校应当严格按照国家有关法律规定接收残疾人入学，并为其提供必要的帮助。

**法规速递：**

《中华人民共和国宪法》

第四十六条　中华人民共和国公民有受教育的权利和义务。

国家培养青年、少年、儿童在品德、智力、体质等方面全面发展。

《中华人民共和国义务教育法》

第五十七条　学校有下列情形之一的，由县级人民政府教育行政部门责令限期改

正;情节严重的,对直接负责的主管人员和其他直接责任人员依法给予处分:

(一) 拒绝接收具有接受普通教育能力的残疾适龄儿童、少年随班就读的;

(二) 分设重点班和非重点班的;

(三) 违反本法规定开除学生的;

(四) 选用未经审定的教科书的。

## 【案例 3-3】

### 学生无钱购买学习资料,学校侵犯学生受教育权

小海的父母都是农民,平时靠做农活维持家庭生活,日子过得一直很艰难。小海上初中后,要交的资料费也越来越多,而小海的家里实在承受不了这么大的经济压力。于是,小海找到学校说明家里的情况,并称自己不买那些资料了,以便给家里减轻些负担,但学校的答复是:如果小海家庭经济困难,就不要再继续读书了。小海的父母无奈之下只能四处找亲戚朋友借钱,好让小海继续读书。

**法律解读:**

义务教育的本质是免费,但由于我国的特殊国情和经济发展状况,义务教育难以在短期内实现全部免费。但是,任何实施义务教育的学校都不能以适龄儿童、少年家庭经济困难、付不起学杂费为由,拒绝为其提供义务教育。

小海因为家庭经济困难而无力交资料费,这不能成为学校拒收学生的理由。案例中学校的做法是不正确的,学校应该帮助经济有困难的小海,采用适当减免其费用或提供助学金等方式积极帮助他继续完成学业,而不是劝他停学。

**律师建议:**

对于贫困的学生,我国设立了助学金制度,以帮助其就学。助学金的发放对象包括经济困难地区、边远地区的小学及其他寄宿小学的家庭经济困难的学生。对于家庭经济困难的小海来说,可以向学校申请助学金。

**法规速递:**

《中华人民共和国义务教育法》

第六条 国务院和县级以上地方人民政府应当合理配置教育资源,促进义务教育均衡发展,改善薄弱学校的办学条件,并采取措施,保障农村地区、民族地区实施义务教育,保障家庭经济困难的和残疾的适龄儿童、少年接受义务教育。

国家组织和鼓励经济发达地区支援经济欠发达地区实施义务教育。

《中华人民共和国未成年人保护法》

第二十八条第一款 各级人民政府应当保障未成年人受教育的权利,并采取措施

保障家庭经济困难的、残疾的和流动人口中的未成年人等接受义务教育。

《国务院关于基础教育改革与发展的决定》

15. 各级人民政府要完善并落实中小学助学金制度。从2001年开始，对贫困地区家庭经济困难的中小学生进行免费提供教科书制度的试点，在农村地区推广使用经济适用型教材。采取减免杂费、书本费、寄宿费等办法减轻家庭经济困难学生的负担。

## 第二节　教育机构责任纠纷

幼儿园、学校和其他教育机构的侵权责任，是指在幼儿园、学校和其他教育机构的教育、教学活动中或者在其负有管理责任的校舍、场地、其他教育教学设施、生活设施中，由于幼儿园、学校或者其他教育机构未尽教育、管理职责，致使学习或者生活的无民事行为能力人和限制民事行为能力人遭受损害或者致他人损害的，学校、幼儿园或者其他教育机构应当承担的与其过错相应的侵权责任。

导致在校无民事行为能力人和限制民事行为能力人人身损害发生的原因很多，主要有以下几种情况：

（1）因幼儿园、学校和其他教育机构的教学和生活设施、设备不符合安全标准或者管理、维护不当引起的人身损害；

（2）因幼儿园、学校和其他教育机构提供的食品、药品、饮用水、教学用具或者其他物品不合格引起的人身损害；

（3）因幼儿园、学校和其他教育机构教师或者其他工作人员体罚、变相体罚学生或者其他侮辱学生人格尊严的行为引起的人身损害；

（4）幼儿园、学校和其他教育机构组织学生进行实验教学或者劳动时发生的人身损害；

（5）学生之间互相嬉戏、玩耍造成的人身损害；

（6）幼儿园、学校和其他教育机构组织学生外出活动时出现的人身损害；

（7）校外人员在校内造成的人身损害；

（8）因学生自身原因造成的人身损害；

（9）其他因幼儿园、学校和其他教育机构未尽到教育、管理职责而发生的人身损害。

那么，当幼儿园、学校等教育机构的学生在校内受到人身损害，教育机构应该如何承担责任呢？《中华人民共和国民法典》对幼儿园、学校或其他教育机构规定了三种不同的责任,分别适用过错推定原则、过错责任原则、补充责任原则。

(1) 过错推定原则:当无民事行为能力人①在幼儿园或学校等教育机构学习、生活期间受到人身损害,法律首先会推定教育机构存在过错。教育机构只有举证证明自己无过错,才可以免除责任。

(2) 过错责任原则:当限制民事行为能力人②在学校等教育机构学习、生活期间受到人身损害,只有举证证明教育机构存在过错,教育机构才承担法律责任;反之,如果证明不了教育机构存在过错,教育机构则无须承担责任。

(3) 过错补充责任原则:即当无民事行为能力人或者限制民事行为能力人在幼儿园、学校或其他教育机构学习、生活期间,因幼儿园、学校等教育机构以外的第三人实施的行为而遭受人身损害,应当由第三人承担责任。但是,如果有证据证明幼儿园、学校或其他教育机构未尽到管理职责从而导致学生受到侵害,教育机构未尽到管理职责的行为(比如:学校门卫管理制度欠缺或者门卫管理不善,导致校外人员随意进入学校殴打学生,或者学校为改善经济条件将学校校舍、场地租给他人使用,甚至将学校操场辟为停车场,致使校内常有车辆来往,出现车辆撞伤、撞死学生等),是造成损害发生的间接原因,教育机构应承担补充责任。

所谓"补充责任",是指首先应由第三人承担侵权责任,只有在无法找到第三人或者第三人没有能力全部承担侵权责任时,才由教育机构承担侵权责任。教育机构履行赔偿义务后,可以就赔偿部分向第三人追偿。如果第三人已经全部承担侵权责任,则幼儿园、学校或者其他教育机构不再承担侵权责任。

【案例3-4】

## 被玩具伤害,刘某1与阳光幼儿园教育机构责任纠纷

刘某1是阳光幼儿园大四班学生。2019年10月15日上午10时许,刘某1在园内玩耍时,被上抛后自然下落的玩具击伤右眼。幼儿园工作人员发现后随即陪同刘某1至北京华信医院进行检查,并通知了刘某1家长。后经医院诊断,刘某1右眼钝挫伤,右眼外伤性散瞳症,右眼前房积血,右眼外伤性虹膜睫状体炎,右眼继发性青光眼。刘某1家长诉至法院,要求幼儿园赔偿医疗费、营养费、护理费、鉴定费、交通费若干,并举证医疗费发票、收费清单若干张。

经查看事发时监控录像发现,事发时共有6名女性工作人员在场。现场共计约50

---

① 不满八周岁的未成年人,是无民事行为能力人。
② 八周岁以上的未成年人,是限制民事行为能力人。

名儿童，有玩球的，有相互打闹的，有向天上抛玩具的。阳光幼儿园确认刘某1是在园区内被上抛后坠落的玩具碰伤右眼。

阳光幼儿园主张，事发时有八名幼儿园老师在场，户外活动完全符合监护规定。刘某1当时所玩的玩具也是合格玩具，本次事件属于意外事件。

法院认为，无民事行为能力人在幼儿园、学校或者其他教育机构学习、生活期间受到人身损害的，幼儿园、学校或者其他教育机构应当承担责任，但能够证明尽到教育、管理职责的，不承担责任。

本案中，原告刘某1系学龄前儿童，无危险辨识能力，在幼儿园内受伤，幼儿园依法应当承担赔偿责任。幼儿园虽辩称已尽到教育、管理职责，但综合本案情况可以认定，被告幼儿园并未尽到足够的注意及安全保护义务，根据现场监控视频可知，被告幼儿园在儿童活动时设置的管理、照顾人员不尽合理，未及时对儿童的危险行为进行劝阻及管理，视频中两个着黄色上衣的管理人员站在一起，很明显未对活动场所内的儿童尽到足够的照顾和看管义务。该情况足以说明被告在教育管理职责方面仍有疏漏，而上述情形也正是本案伤害发生的原因之一，故被告应对原告的合理损失予以赔偿。

判决：（1）被告阳光幼儿园于本判决生效后十日内赔偿原告刘某1医疗费、鉴定费、护理费、营养费、交通费共计12869.83元；（2）驳回原告刘某1其他诉讼请求。

**法律解读：**

当无民事行为能力人在校内受到损害，适用过错推定原则，对教育机构课以更重的举证责任。这是因为无民事行为能力人智力发育还很不成熟，在对事物的认知和判断上存在较大不足，不能辨认或者不能充分理解自己行为的后果，必须加以特别保护，所以，学校应更多地履行保护孩子身心健康的义务。

另外，无民事行为能力人在幼儿园、学校或者其他教育机构学习、生活期间，其行为和活动已经超越了监护人的控制范围。如果其受到人身损害，基本无法对事故发生的情形进行准确的描述，在这种情况下，要让无民事行为能力人或者其监护人来证明学校的过错，几乎是不可能的。因此采用过错推定原则，学校只要举证反驳，证明已经尽到了相当的注意义务并且实施了合理的行为，就可以免除责任。

而与无民事行为能力人相比，限制民事行为能力人的心智已渐趋成熟，对事物已有一定的认知和判断能力，能够在一定程度上理解自己行为的后果，对一些容易遭受人身损害的行为，也有了充分认识，应当鼓励其广泛地参加各类学校活动和社会关系，以利于其更好地学习和成长。如果适用过错推定原则，课以学校较重的举证负担，就可能发生学校为避免发生意外事故而采取消极预防的手段，如减少学生体育活动、劳动实践,不再组织春游、参观等校外活动,严格限制学生在校时间,甚至不允许学生在课间互相追逐打闹等措施,最终反而不利于学生的成长、成熟。因此,从有利于学生成长的角度出发,对限制民事行为能力人,教育机构承担过错责任更为适宜。

**律师建议:**

建议教育机构为未成年学生购买人身意外保险,通过保险方式转移法律风险。

**法规速递:**

《中华人民共和国民法典》

第一千一百九十九条 无民事行为能力人在幼儿园、学校或者其他教育机构学习、生活期间受到人身损害的,幼儿园、学校或者其他教育机构应当承担侵权责任;但是,能够证明尽到教育、管理职责的,不承担侵权责任。

## 【案例 3-5】

### 学生在校摔伤引发的人身损害纠纷

王某是某市某区某小学六年级的学生,2021年1月10日下午4时许,王某被老师安排打扫4楼卫生间。开始王某倚靠在厕所窗台,被班主任老师劝下,之后老师离开卫生间,其他同学打扫完后离开了,仅有王某一人在厕所内打扫。之后不知何故,王某从卫生间厕所坠楼,致使全身多处受伤,后被送到该区第一人民医院治疗,又转院至该市医科大学附属第一医院治疗,于2021年3月28日出院,共治疗808天。之后经鉴定,王某本次的损伤被评为九级和十级伤残各一处。本次损伤对其以后的生育会产生影响,肾功能也有损伤后遗症。

王某的监护人将学校诉至法院,一审法院认为无法认定王某坠楼的真实原因,但根据公平原则,考虑到双方的经济承受能力,由校方补偿王某的损失301787.20元。

二审中,法院查明学校在放置拖布的位置上存在一定的问题,使得学生只有爬上窗台才能拿到拖布,存在安全隐患。由于学校在管理和保护措施方面存在漏洞与不足,应当承担过错赔偿责任,考虑到损失承担能力,由学校承担全部赔偿责任为宜。

**法律解读:**

在这起事件中,学校存在两个疏忽:一是老师在发现学生有不当的打扫行为予以制止后,并未留在厕所内继续监督或关上窗户避免学生在此攀爬,而是先行离开。二是学校拖布放置的位置过高,使得学生要踩着窗台才能取到,存在安全隐患,从而导致法院认定学校存在过错。

**律师建议：**

1. 不要安排低年级的学生打扫可能存在危险的场所，避免发生意外。

2. 教导学生不作攀爬、嬉闹、追逐等危险行为。

3. 如果安排学生打扫，应注意将各种保洁用品和设备设施摆放在适合学生取放的高度。

**法规速递：**

《中华人民共和国民法典》

第一千二百条　限制民事行为能力人在学校或者其他教育机构学习、生活期间受到人身损害，学校或者其他教育机构未尽到教育、管理职责的，应当承担侵权责任。

【案例 3-6】

## 学生课间打闹引发的人身损害纠纷

2018 年 5 月 26 日，晚自习前，就读于某县某中学初二的杨某在该校初二（6）班教室外的走廊上吃面条时，同学黄某（两人平时关系较好）与他开玩笑，在其臀部打了一下杨某。杨某生了气，陈某因与杨某、黄某均系好友，见状就去劝阻，杨某误以为陈某帮了黄某，就转怒于陈某，趁陈某不备将其刺伤。陈某受伤后，学校随即通知了双方家长，通报了情况，并安排陈某到当地县人民医院治疗。之后，陈某起诉杨某及其监护人主张赔偿，杨某及其监护人认为学校也应承担赔偿责任。

法院认为，该事故是发生在校园内学生自由活动和休息时间，此时是通过校规校纪、中学生日常行为规范和中学生守则来约束学生，无须教师亲自直接管理和保护学生。事故发生后，学校及时与学生家长取得联系，并积极施救，避免了不良后果的加重和损失的扩大，最大限度地履行了教育、管理、保护的义务，对事故的发生没有过错，杨某及其监护人提出的学校也应承担赔偿责任的理由不能成立，不予支持。

**法律解读：**

公民由于过错侵害他人人身的，应当承担民事责任。杨某未能处理好同学间的关系，遇事不冷静，致伤陈某，应当承担赔偿责任。由于杨某属于限制民事行为能力人，该民事责任依法应由其监护人承担。在该事故中，陈某没有故意或重大过失，不应减轻赔偿义务人杨某的赔偿责任。

未成年人在教育机构受到人身伤害，教育机构赔偿与否，关键要看教育机构是否存在过错。

**律师建议：**

1. 对于在教育机构内发生的学生伤害事故，教育机构应调查事故起因、过程和结果，以及校方是否存在过错，从而判断是否应当承担赔偿责任。

2. 如果教育机构对事故的发生存在过错，应当积极主动地承担责任；反之，则无须承担责任。教育机构切勿抱有花钱了事的态度，必要时可引导家长用法律武器解决问题。

**法规速递：**

《学生伤害事故处理办法》

第十条　学生或者未成年学生监护人由于过错，有下列情形之一，造成学生伤害事故，应当依法承担相应的责任：（一）学生违反法律法规的规定，违反社会公共行为准则、学校的规章制度或者纪律，实施按其年龄和认知能力应当知道具有危险或者可能危及他人的行为的；……

【案例3-7】

## 食物中毒导致学生人身损害纠纷

【案例3-7-1】

文成中学的食堂负责人刘某某，违反有关食品安全管理的规定，指使食堂工作人员将中午所剩米饭加工后供学生晚餐食用，导致文成中学发生了师生食物中毒事件，共计211名师生受害。中毒人员经治疗后全部康复。苏某某系该县食品药品监督管理局食品安全监督管理大队一中队队长，在其任职期间，未严格按照法律法规的规定，履行其对文成中学食堂食品安全的监管职责。

最终，法院判决苏某某犯食品监督管理渎职罪，免予刑事处罚。刘某某犯重大责任事故罪，判处有期徒刑6个月。

【案例3-7-2】

勤奋学校食堂负责人毛某某违反"职业学校、普通中等学校、小学、特殊教育学校、幼儿园的食堂不得制售冷荤凉菜"的规定，联系购买了擀面皮并制定食谱让学生食用，导致390名学生食物中毒。勤奋学校的总务司长、采购员马某某也未能重视食品安全的相关规定，致使学校食堂安全隐患长期存在。

法院判决毛某某犯重大责任事故罪，判处拘役4个月；马某某犯重大责任事故罪，判处拘役4个月。

**法律解读：**

民以食为天。食品安全一直备受公众关注，特别是校园内的食品安全，由食品问题引发的校园责任事故，伤害的范围广、程度深、社会影响恶劣，所以学校食品安全历来备受社会关注。

在上述两个案例中，学校食堂的负责人因未尽职责，忽视食堂中存在的安全隐患，导致发生祸及几百位师生的重大责任事故，也使自己受到了法律的惩罚。

**律师建议：**

食物中毒分为细菌性食物中毒、有毒动植物食物中毒、真菌性食物中毒和化学性食物中毒，一般都表现为肠胃不适的症状。当学校发生群体性肠胃不适时，校方应当敏锐地意识到可能发生了食品卫生事故，立即按照食品卫生事故应急预案开始处置。

首先，成立食品事故应急小组，立即向食药监部门和卫生部门报告事故情况；然后，立即将有中毒症状的师生送往医院，对可疑的食品立即停止食用，紧急保存现场，包括食物、餐具等，以便卫生部门采样检验；最后，待卫生部门调查结束后对相应场所进行全方位的消毒处理。食品安全非常重要，教育机构应当给予足够重视。

另外，预防食物中毒的根源性措施，是依法管理食堂餐饮流程：

1. 学校应当依法取得餐饮服务资质，未取得餐饮服务资质不得开办食堂。

2. 学校应当建立食品安全责任体系，校长作为食品安全的第一负责人，对学校食堂管理工作负责。

3. 学校统一为学生订餐的，应当选择取得餐饮服务许可证，且餐饮监督量化评级较高的集体用餐配送单位送餐并向餐饮安全监管部门备案。

4. 学校食堂不得制售容易滋生细菌的凉菜，剩饭、剩菜应当全部倒掉，不允许二次加热后给学生食用。

5. 食堂应当拥有粗加工间、切配间、烹调间、备餐间、消毒间、原料仓库和更衣间等设施。

6. 对食堂从业人员应要求其提供有效的健康证明和食品安全知识培训合格证明才允许其上岗。从业人员应保持良好的个人卫生，坚持做到"四勤"，即勤洗手和剪指甲、勤洗澡、勤理发、勤洗工作衣帽；操作时穿戴清洁的工作衣帽，不吸烟、不吃零食、不佩戴饰物；进入备餐间前应二次更衣，不穿戴工作衣帽上厕所。

7. 坚持每日晨检制度并做好记录，凡有发热、腹泻、皮肤伤口或感染、咽部炎症等症状的人员，不得参加直接接触食品的工作。学校应严格执行餐具清洗消毒程序，兼用物理消毒化学消毒的方式，对餐具、厨具进行全面消毒。

8. 食堂应当保存食品及其他调味料的采购清单，以及货款证明，并保存供应商资格审核记录、食品留样记录。

9. 学校应当建立食品卫生事故应急预案，避免发生食品安全事故时慌乱、束手无策。

**法规速递：**

《中华人民共和国食品安全法》

第一百二十三条　违反本法规定，有下列情形之一，尚不构成犯罪的，由县级以上人民政府食品安全监督管理部门没收违法所得和违法生产经营的食品，并可以没收用于违法生产经营的工具、设备、原料等物品；违法生产经营的食品货值金额不足一万元的，并处十万元以上十五万元以下罚款；货值金额一万元以上的，并处货值金额十五倍以上三十倍以下罚款；情节严重的，吊销许可证，并可以由公安机关对其直接负责的主管人员和其他直接责任人员处五日以上十五日以下拘留：

（一）用非食品原料生产食品、在食品中添加食品添加剂以外的化学物质和其他可能危害人体健康的物质，或者用回收食品作为原料生产食品，或者经营上述食品；

（二）生产经营营养成分不符合食品安全标准的专供婴幼儿和其他特定人群的主辅食品；

（三）经营病死、毒死或者死因不明的禽、畜、兽、水产动物肉类，或者生产经营其制品；

（四）经营未按规定进行检疫或者检疫不合格的肉类，或者生产经营未经检验或者检验不合格的肉类制品；

（五）生产经营国家为防病等特殊需要明令禁止生产经营的食品；

（六）生产经营添加药品的食品。

明知从事前款规定的违法行为，仍为其提供生产经营场所或者其他条件的，由县级以上人民政府食品安全监督管理部门责令停止违法行为，没收违法所得，并处十万元以上二十万元以下罚款；使消费者的合法权益受到损害的，应当与食品生产经营者承担连带责任。

违法使用剧毒、高毒农药的，除依照有关法律、法规规定给予处罚外，可以由公安机关依照第一款规定给予拘留。

第一百二十四条　违反本法规定，有下列情形之一，尚不构成犯罪的，由县级以上人民政府食品安全监督管理部门没收违法所得和违法生产经营的食品、食品添加剂，并可以没收用于违法生产经营的工具、设备、原料等物品；违法生产经营的食品、食品添加剂货值金额不足一万元的，并处五万元以上十万元以下罚款；货值金额一万元以上的，并处货值金额十倍以上二十倍以下罚款；情节严重的，吊销许可证：

（一）生产经营致病性微生物，农药残留、兽药残留、生物毒素、重金属等污染物质以及其他危害人体健康的物质含量超过食品安全标准限量的食品、食品添加剂；

（二）用超过保质期的食品原料、食品添加剂生产食品、食品添加剂，或者经营上述食品、食品添加剂；

（三）生产经营超范围、超限量使用食品添加剂的食品；

（四）生产经营腐败变质、油脂酸败、霉变生虫、污秽不洁、混有异物、掺假掺杂或者感官性状异常的食品、食品添加剂；

（五）生产经营标注虚假生产日期、保质期或者超过保质期的食品、食品添加剂；

（六）生产经营未按规定注册的保健食品、特殊医学用途配方食品、婴幼儿配方乳粉，或者未按注册的产品配方、生产工艺等技术要求组织生产；

（七）以分装方式生产婴幼儿配方乳粉，或者同一企业以同一配方生产不同品牌的婴幼儿配方乳粉；

（八）利用新的食品原料生产食品，或者生产食品添加剂新品种，未通过安全性评估；

（九）食品生产经营者在食品安全监督管理部门责令其召回或者停止经营后，仍拒不召回或者停止经营。

除前款和本法第一百二十三条、第一百二十五条规定的情形外，生产经营不符合法律、法规或者食品安全标准的食品、食品添加剂的，依照前款规定给予处罚。

生产食品相关产品新品种，未通过安全性评估，或者生产不符合食品安全标准的食品相关产品的，由县级以上人民政府食品安全监督管理部门依照第一款规定给予处罚。

【案例 3-8】

## 学校给学生用药不当引发人身损害纠纷

某校女生王某因感冒身体不适在体育课上晕倒，体育老师立即带该生前往校医室治疗，校医室老师何某给该生开了大量的抗生素药品，结果导致王某不但没有恢复反而病情加重，家长要求学校给予相应赔偿。

**法律解读：**

首先，校医院因校医水平和医疗条件有限，一般主要是对轻、急症进行救治。本案中的同学身患感冒，并非疑难杂症，因此更大可能是由于医生做事不认真所致。

其次，感冒的诱因分为多种类型，作为医生首先应判断是哪种感冒，然后再对症下药，而不是不管什么情况，想当然地给开抗生素。

最后，学校的医务室隶属于学校，医务室引发的法律责任，由学校承担。

**律师建议：**

首先，学校应根据规模配备校医室和有资质的校医以及日常药品，并且应保证药品管理严格按照《中华人民共和国药品管理法》《中华人民共和国药品管理法实施条例》和《药品流通监督管理办法》执行。

其次,学校不得随意将校医室出租承包给个人,学校成立医疗室,必须到卫生执法监督局记录备案。

再次,对于学生看病情况、用药情况都应当记录在案,以便查询。

最后,一旦出现案例中的情况,校方要主动寻查问题根源,如果确实是由于校医无资质或用药错误,学校应当承担相应责任。

**法规速递:**

《学生伤害事故处理办法》

第九条　因下列情形之一造成的学生伤害事故,学校应当依法承担相应的责任:

(三)学校向学生提供的药品、食品、饮用水等不符合国家或者行业的有关标准、要求的。

## 【案例3-9】

### 校车交通事故引发的人身安全纠纷

2021年4月20日7时50分许,天门市胡市镇程某驾驶某幼儿园校车(核载18人,实载17人,其中教师1人,学生16人)在行进中,因雨天路滑不慎从斜坡高处滑入坡下草堆中,致1名教师骨折和2名学生软组织挫伤,均被送往医院治疗。

2018年9月28日14时许,在湖南省绥宁县黄土矿镇小安村清龙庵处,被村民堆放砂石占去半幅路面的弯道上发生一起道路交通(校车)事故,造成车上26名学生不同程度受伤,直接经济损失1.3万元。

2011年11月16日,甘肃正宁县发生重大校车安全事故,酿成了21死43伤的惨剧。

2011年12月,江苏某大型客车,因操作不当,造成车内的23名学生伤亡。

**法律解读:**

近年来,中国校车事故频频发生,交通事故已经成为中小学生安全事故意外伤亡当中最主要的"杀手"。2012年4月,国务院颁布了《校车安全管理条例》(617号令),填补了中国在校车安全方面法律法规的空白。

校车安全管理条例发布不久,国家质检总局、国家标准化管理委员会批准发布了《专用校车安全技术条件》(GB24407—2012)和《专用校车学生座椅系统及其车辆固定件的强度》(GB24406—2012)两项强制性国家标准,对车辆安全性能的要求明显提升,对限速装置、乘员数量限制、急救箱配备、照管人员座椅配置、灭火装置、专用校车标志灯、停车指示牌、停车提醒标示、行驶记录仪录像监控系统等都予以了明确规定。其中，人数方面，幼儿专用校车的最大乘员数应不超过45人，小学生专用校车和中小学生专用校车的最大乘员数应不超过56人。

**律师建议：**

校车安全关系到孩子们的人身安全，关系到千家万户。学校和校车服务提供者应建立健全校车安全管理制度，配备安全管理人员，指派照管人员随车照管学生，确保校车安全运营。

1. 落实财政责任，提供经费保障。对于公立学校而言，校车是公共服务设备，所需资金要由中央和地方财政等多方筹集。

2. 明确管理体制，落实监管责任。

政府应制定监督管理工作规程，明确地方政府和各部门责任，加大执法力度，完善问责机制。

3. 加强宣传培训，增强安全意识。

交通部门应向家长宣传不让孩子乘坐"超员"车辆，并公布举报电话，鼓励家长举报违法"校车"；教育行政部门在加强对学校与幼儿园管理和督查的同时，应与学校逐一签订安全责任书，对存在违法"校车"的学校，应当采取适当方式进行处罚，发挥教育安全监管作用。

4. 学校还应当定期组织校车安全事故应急处置演练，提高学生实际应急技能。

**法规速递：**

《中华人民共和国民法典》

第一千一百九十九条　无民事行为能力人在幼儿园、学校或者其他教育机构学习、生活期间受到人身损害的，幼儿园、学校或者其他教育机构应当承担侵权责任；但是，能够证明尽到教育、管理职责的，不承担侵权责任。

第一千二百条　限制民事行为能力人在学校或者其他教育机构学习、生活期间受到人身损害，学校或者其他教育机构未尽到教育、管理职责的，应当承担侵权责任。

《校车安全管理条例》

第九条　学校可以配备校车。依法设立的道路旅客运输经营企业、城市公共交通企业，以及根据县级以上地方人民政府规定设立的校车运营单位，可以提供校车服务。

县级以上地方人民政府根据本地区实际情况，可以制定管理办法，组织依法取得道路旅客运输经营许可的个体经营者提供校车服务。

第十一条　由校车服务提供者提供校车服务的，学校应当与校车服务提供者签订校车安全管理责任书，明确各自的安全管理责任，落实校车运行安全管理措施。

学校应当将校车安全管理责任书报县级或者设区的市级人民政府教育行政部门备案。

第五十九条　发生校车安全事故，造成人身伤亡或者财产损失的，依法承担赔偿责任。

## 【案例 3－10】

### 学生溺水引起的人身损害纠纷

2013 年 6 月 19 日，小红、小黄、小白一同前往谷口河"桥洞"处游泳，途中遇到小蓝，三人邀请小蓝一同前往，小蓝同意，四人便到谷口河"桥洞"处一起游泳。

开始几个小孩均在浅水区游玩，后小 F 提议到另一处游玩，小 F 自称其之前到过这个地方，水并不深。小 F 同小 D 便先游过去，小 A、小 G、小 B 随后前往，小 E 和小 G 并未一同前往。

开始几个小孩均在浅水区游，后小蓝提议到另一处游，并且说自己之前在那个地方游过，水并不深。小蓝便先游过去，小红、小黄、小白追随其后。但是，三人发现越游水越深，游到中途，小红出现溺水。小黄、小白先后尝试救小红，均未能成功。最终小红未被救起，小蓝和小黄、小白在岸边观望三、四分钟后便各自跑回家，未向附近的居民呼救，亦未向家长及老师报告此事。

小红妈妈见小红未回家，多处寻找。次日，小红妈妈到小红所在学校打听孩子下落，在学校老师调查下才得知小红已溺水，随后小红妈妈及学校相关人员赶到事发现场，将小红遗体打捞出来。

小红父母对此后果难以接受，认为学校应该承担责任。后为避免事态扩大，在镇政府相关人员的调解下，学校同小红父母达成协议，由学校给予小红父母 2 万元用于安葬小孩，相关的责任划分及赔偿通过司法途径解决。

经查，事发地点系谷口河，该河流系自然形成。事发前，该中学在日常教育活动中，对禁止下河洗澡等安全知识进行了宣传，并对私自下河洗澡的学生进行过处罚。

法院认为，本案中，该中学在 2013 年 6 月天气持续高温的情况下，根据有关教育主管部门的规定，决定在 6 月 19 日至 21 日期间的每日下午由学生在家复习，并制作了《预防高温天气告家长书》及相应回执，小红妈妈作为小红的家长在回执上签了字，并由小红将回执带回学校交给班主任老师。可见，该校在放高温假的管理上尽到了主要的职责。

但该中学的上述管理中存在缺陷：在回执单上签字的家长，按一般常理来说，签字前均会对所签的内容进行了解，但并不能排除有些家长不负责任而只签字未了解相关内容，亦不能排除有些家长系文盲，根本无法了解告知书的内容。加之回执单上的签字是否为家长本人所签，学校亦未核实，同时学校对回执单上家长未签名、未交回回执单的学生,未采取其他方式通知其家长。所以本案中小红妈妈虽在回执单上签字但并不能认定其必定知晓放假的事宜,故判令学校承担15%的赔偿责任。

同时,小黄、小白、小蓝作为与小红一起游泳玩耍的同伴,在小红遭遇险情时未及时呼救,事后也未告知家长或学校,客观上可能延误了施救时机,三人各自承担2%的赔偿责任。

最终,法院判决小红父母因小红死亡而应获的死亡赔偿金459360元、丧葬费22696元、误工损失1000元、交通费500元、精神抚慰金25000元,共计508556元,由学校赔偿76283元(508556元×15%),扣除已支付的2万元,还应实际赔偿56283元;二、小黄、小白、小蓝各自赔偿向某夫妇损失10171元(508556元×2%),有财产的,从其本人财产中支付,不足部分由其监护人赔偿。

**法律解读:**

教育机构的各项风险防范措施只有落实到位,才可能做到最大限度地降低学生意外事故的发生;本案中的教育机构在已经采取相关预防措施的情况下,依然被法院认定预防措施不完全到位,从中可以看出社会对教育机构在风险防范上的要求之高,作为学校更不得松懈。

**法规速递:**

《中华人民共和国民法典》

第一千二百条　限制民事行为能力人在学校或者其他教育机构学习、生活期间受到人身损害,学校或者其他教育机构未尽到教育、管理职责的,应当承担侵权责任。

【案例3-11】

## 课堂事故引发的人身损害赔偿纠纷

2018年4月17日,在晨阳学校组织的探究水沸腾实验特点的实验课上,潘某、岳某1实验的酒精灯未摆放至实验指定铁架台底座上,而是摆在身前桌上,期间潘某用手指在酒精灯火焰上来回穿梭,岳某1接着重复相同动作,此过程中岳某1不慎碰倒酒精灯,跌落酒精灯掉到一同实验的潘某身上,潘某裤子着火致潘某烧伤。经中心医院诊断为体表6%的烧伤(浅二度2%,深二度4%)。

根据潘某申请,经一审法院司法委托,法医司法鉴定所司法鉴定意见书认定:(1)被鉴定人潘某皮肤瘢痕形成达体表面积4.19%,构成伤残十级;(2)被鉴定人潘某伤后需1人护理30日。

法院认为,潘某与岳某1同为晨阳学校初中部学生,根据其年龄状况及受教育情况,应当预见到其行为可能产生的后果。酒精灯被打翻致潘某受伤这一侵害后果的发生,并非基于正常实验过程中的操作行为,而是岳某1超出实验教程范围的不当玩闹行为所致。岳某1对潘某烧伤的侵害后果,应承担民事赔偿责任。因岳某1系限制民事行为能力人,且无独立的经济来源,相应的赔偿责任应由监护人即岳某2、鞠某承担。

潘某系在晨阳学校组织的实验课上受伤,学校未尽到充分的安全注意义务,且潘某衣服着火后现场无有效灭火措施,学校亦应承担相应的责任。岳某1及在场学生刘某某的陈述印证潘某有与岳某1用手指来回穿梭酒精灯火苗的嬉闹行为,应适当减轻侵权人岳某1的责任。根据查明的事实、情节,酌定岳某2、鞠某承担50%的赔偿责任、晨阳学校承担40%的赔偿责任为宜,剩余责任由潘某自行承担。

最终法院判决:(1)岳某2、鞠某于判决生效之日起10日内赔偿潘某40372.98元;(2)晨阳学校于判决生效之日起10日内赔偿潘某40298.38元。

**法律解读:**

未成年人心性尚不成熟,行事不计后果,容易引发事故。对此,学校和教师应注重遵守课堂纪律宣传,培养学生安全意识。特别是在体育课、化学课等可能存在危险的情况下,学校应尤其注意安全管理工作。

**律师建议:**

教师应在实验操作前,对学生进行危险情况警告,并对课堂纪律进行管理。学校在易燃易爆场所应配备消防器材等设施。

**法规速递:**

《中华人民共和国民法典》

第一千一百八十八条  无民事行为能力人、限制民事行为能力人造成他人损害的,由监护人承担侵权责任。监护人尽到监护职责的,可以减轻其侵权责任。

有财产的无民事行为能力人、限制民事行为能力人造成他人损害的,从本人财产中支付赔偿费用;不足部分,由监护人赔偿。

【案例3-12】

## 学校设施维护不当引发的人身损害纠纷

钟某系某直辖市某中学的住校生,2019年12月7日下午第二节钟某所在班级为体育课,课程安排为考试,男生测试单杠引体向上,女生测试仰卧起坐,体育老师安排测试时其他同学不能起哄,只能在旁观看,不能帮忙,须注意安全。

男生引体向上测试完毕,女生仰卧起坐测试快结束时,钟某在附近双杠上进行"倒挂金钩"(即双腿膝关节弯曲倒悬挂于双杠的一侧,头肩部、双手向下悬垂)时不慎跌落受伤，受伤后体育老师未让钟某立即起来，先对其情况进行了询问，约一分钟后让同学将其扶到旁边，再次对其进行询问，看到钟某头部有肿块，组织同学电话向班主任说明情况后，安排两名同学将钟某扶至学校大门口体育老师车上，由体育老师开车将其送往医院入院治疗。经医院诊断，钟某枕部头皮血肿、枕骨骨折、胸12椎体压缩性骨折，构成十级伤残。

法院认为，校方为学生提供安装在水泥地面上的双杠，且无相应图示警示，违反了《室外健身器材的安全通用标准》相应规定，存在安全隐患，与钟某受伤有一定的因果关系，应承担相应的赔偿责任。

**法律解读：**

给学生提供安全的学习、生活场所，并且对学校的教育教学和生活设施进行经常性的维护和管理，是学校的职责和义务。如果因为学校的教育教学、生活设施质量不合格，不符合安全标准或者设备设施陈旧、老化、年久失修、未及时修复或拆除等原因造成学生伤害事故，学校应承担相应的民事赔偿责任。

根据《学生伤害事故处理办法》第十一条，如果学校对因教育教学、生活设施质量不合格造成的学生伤害事故承担赔偿责任后，学校可向建筑施工者、设备的生产或销售者进行追偿。

**律师建议：**

1. 学校在安装体育器材、课桌椅等设施设备时，应当认真检查生产商、供应商的主体资格，保证提供给学生的产品符合国家或行业标准。

2. 学校应安排专门的人员定期检查设施、设备，发现隐患，及时更换、维修等。

3. 对于一些易发生危险的设施，学校平时应对学生做到相应的提醒，如：在旁边设立警示标志，提高学生的安全防范意识。

**法规速递：**

《中华人民共和国民法典》

第一千二百条　限制民事行为能力人在学校或者其他教育机构学习、生活期间受到人身损害，学校或者其他教育机构未尽到教育、管理职责的，应当承担侵权责任。

《学生伤害事故处理办法》

第四条第一款　学校的举办者应当提供符合安全标准的校舍、场地、其他教育教学设施和生活设施。

第九条　因下列情形之一造成的学生伤害事故，学校应当依法承担相应的责任：

（一）学校的校舍、场地、其他公共设施，以及学校提供给学生使用的学具、教育教学和生活设施、设备不符合国家规定的标准，或者有明显不安全因素的。

……

第十一条　学校安排学生参加活动，因提供场地、设备、交通工具、食品及其他消费与服务的经营者，或者学校以外的活动组织者的过错造成的学生伤害事故，有过错的当事人应当依法承担相应的责任。

## 【案例 3-13】

### 校园内驾驶车辆产生的人身损害纠纷

胡某某 17 岁，是某县某中学学生。某日，胡某某上完体育课，准备从操场回到教室里。一路上，胡某某和其他同学相互追逐打闹，当胡某某跑到篮球场和教学楼中间的路段时，朱老师开着小轿车行驶过来将胡某某撞倒在地。经诊断，胡某某颈骨髓损伤伴四肢瘫，构成四级伤残。后从朱老师陈述中得知，当天朱老师正在制作黑板报，需要几张照片，才开车出入校园。

**法律解读：**

胡某某 17 岁，系限制民事行为能力人，可以认识到在体育课间回教室途经校园机动车道过程中，与同学追逐打闹存在一定的危险。其未注意观察校园内过往车辆情况，与朱老师驾驶的车辆相撞，对事故的发生存在过错。

但学校作为管理人，有保障校园安全的义务，学校运动操场与教室之间的机动车道路两侧存在较高绿化带，阻挡或影响路过此段的车辆或行人的安全，学校应当预见到其未在道路上安装限速措施存在交通安全隐患，故学校存在一定的过错。

此外，朱老师开车外出取照片是在履行工作职责，根据《中华人民共和国民法典》第一千一百九十一条的规定，学校应当承担全部赔偿责任。

**律师建议：**

1. 学校要加强对车辆的管理，应要求校内的公车、私家车办理校园通行证，对外来车辆建立入校登记手续，严格控制校外车辆进校。

2. 学校可设置专门的机动车道，实现人行道和车道分开，机动车不得在人行道上行驶。

3. 学校应在道路拐弯等易发生事故处，设置安全提醒牌和减速带。

4. 学校应加强对学生的交通安全教育，平时多向学生普及有关交通安全的常识，提高学生安全意识。

5. 学校应注重提高中小学教师校内交通安全意识，把教师校内驾车安全列入日常安全检查。

**法规速递：**

《中华人民共和国民法典》

第一千一百九十一条第一款 用人单位的工作人员因执行工作任务造成他人损害的，由用人单位承担侵权责任。用人单位承担侵权责任后，可以向有故意或者重大过失的工作人员追偿。

《学生伤害事故处理办法》

第七条第二款 学校对未成年学生不承担监护职责，但法律有规定的或者学校依法接受委托承担相应监护职责的情形除外。

## 【案例3-14】

### 学校组织学生外出活动引发的人身损害纠纷

2020年4月28日，某外国语中学组织学生到一生态园旅游，由某旅行社提供旅游服务。午饭时间，导游、老师、学生自行找地方吃自带的午餐。林某、张某吃好饭后，在地上捡起1根30厘米左右的PU管子相互打闹、扔管子。张某扔管子给林某时，不慎将林某的眼镜镜片碰碎，眼镜碎片进入林某的眼睛致其左眼部受伤。林某入院治疗，共花费医疗费5783元。2020年7月，林某进行整形美容治疗花费2万元。经鉴定，林某构成十级伤残。法院认定学校未对林某、张某行为及时进行制止，存在过错，应承担相应比例赔偿责任。

**法律解读：**

学校对学生的教育、管理、保护之职责，既及于学校内的教育教学活动，又及于学校组织的校外活动。学校组织学生参加校外活动时，出行前应当对学生加强安全教育，并在可预见的范围内采取必要的安全措施。事故发生后，学校教师应在现场协助救治，履行教育保护的职责，并及时汇报校方，校方应第一时间告知家长，履行管理和告知职责。学校若存在过错，则应承担相应责任。

**律师建议：**

1. 安全教育。活动之前，教师要对学生进行细致的安全教育，讲明注意事项，宣布纪律，增强学生的安全意识。

2. 在活动过程中学校应合理组织、认真管理和适时监督。

3. 发生学生伤害事故后，教师要及时予以救助，将损害后果降至最低。

**法规速递：**

《学生伤害事故处理办法》

第九条 因下列情形之一造成的学生伤害事故，学校应当依法承担相应的责任：……（四）学校组织学生参加教育教学活动或者校外活动，未对学生进行相应的安全教育，并未在可预见的范围内采取必要的安全措施的；……

## 【案例 3-15】

## 幼儿园儿童因进食引发人身损害纠纷

2019年5月2日，5岁的肖某某永远地离开了这个世界，原因是噎食导致的窒息。事故发生在2个月前的元宵节中午，肖某某所在的幼儿园在安排孩子们吃午饭，肖某某多吃了一块椰丝糕，结果噎住了。老师救助无效后，肖某某被送往公立医院急救。经过抢救，由于肖某某窒息时间太长，对脑部损伤过大，入院时已无法自主呼吸、无意识、无心跳，经全力抢救，仍然未能好转。2个月后，肖某某在儿童重症监护室离世。

**法律解读：**

这是一起悲剧，5岁的孩子就这样离开这个世界，对亲人打击沉重。对于肖某某的意外死亡，园方存在一些不适当的行为，应该予以警惕。

首先，幼儿园给孩子准备的食物，应该符合幼儿年龄特征、有利于吞咽。因为幼儿的咽喉保护功能不够健全，自我保护能力不强，自己不能取出噎到的食物。

果冻、汤圆、糕团类食物，这些食物如果整颗给孩子的话，因为不容易吞咽，幼儿很容易被噎到；麻花、糖果类食物不好咬且本身较坚硬，幼儿容易被噎到；多刺的鱼类也是幼儿饮食的禁忌，因为很容易噎到且刺伤孩子的口腔与食管。椰丝糕也属于不好吞咽的食物，幼儿园应该弄碎后再给孩子食用。

其次，在肖某某噎食后，第一个发现的老师未能及时将孩子送往医务室保健老师处，而是让孩子先去厕所吐，不管是否有老师陪同，这种做法都是不妥当的。

在遇到孩子噎食后，非专业的保健老师不应该采取任何措施去救助，原因有以下几点：非专业的保健老师不能明确孩子的症状是何种疾病；非专业的保健老师不能采取正确的救助措施；最后就算采取了措施，非专业的保健老师也可能会因力度、角度等原因对孩子造成二次伤害，反而可能会加速孩子病情的恶化。所以老师遇到孩子有异样、身体不适，首先应当将孩子送往医务室。

最后，幼儿园和家长都应当注意培养孩子养成良好的饮食习惯，比如坐下吃饭、细嚼慢咽、食不言寝不语等。良好的饮食习惯不仅能避免孩子被噎到、呛到，也是具有良好餐桌礼仪的体现。

**律师建议：**

1. 幼儿园应该给孩子食用适当的食物，某些食物要料理成适合孩子食用的形状。

2. 发现孩子被噎或者受伤、身体不适，老师首先应当立即将孩子送往医务室，接受保健老师的检查，来判断情况，切不可私自采取救助措施。

3. 幼儿园和家长应当注意培养孩子良好的饮食习惯，防止孩子发生意外。

## 【案例 3-16】

### 学生心理健康问题引发的人身损害纠纷

杨某某就读于某中学,其因长期受到网络玄幻、犯罪类小说的影响,加上其好友张某对其逐渐疏远而与卓某某交好,便产生了通过杀人引起大家关注的想法。杨某某事先准备了水果刀和折叠刀,2015年1月5日凌晨,杨某某对着熟睡中的卓某某连捅数刀,导致卓某某重伤,经鉴定伤情构成七级伤残。

根据同学曹某的证言,杨某某很孤僻,成绩一般,喜欢看犯罪心理、黑道之类的小说,平时喜欢玩刀。杨某某自己也向公安机关供述:"几周前就已经在为杀人做准备工作了。"

法院判决杨某某犯故意杀人罪,判处有期徒刑十五年。

法院最终认定学校在以下两方面存在一定过错:对杨某某较长时间内表现出来的异常行为和言语未及时发现,并进行有效的心理辅导和思想教育;杨某某在较长时间内将两把属公安机关管制的刀具带入学校、学生宿舍并公开玩耍,学校未能及时发现并予以制止,以致未能提前预见可能发生的严重后果并对其进行有效心理辅导和思想教育,判决其承担30%的赔偿责任。

杨某某对卓某某实施犯罪行为时,其虽未成年,但其本身已具有了一定的是非辨别能力并对自己行为有一定的控制能力。杨某某因自身心理问题实施的有预谋犯罪是致害卓某某的根本原因,学校的过错并不必然导致卓某某受到伤害。因此,杨某某作为限制民事行为能力人,其依法承担相应的刑事责任后,其监护人应承担主要民事赔偿责任。

**法律解读:**

学校应在关注学生学习的同时,还要关注学生有无异常行为或举止,并及时进行教育和纠正。因此,法院认定本案中学校存在过错,应承担一定的赔偿责任。未成年人侵犯他人合法权益而产生的赔偿责任,由其监护人进行赔偿。

**律师建议:**

1. 学校应当聘用专业的心理辅导老师,定期开展心理辅导讲座,为心理有问题的学生提供专门的救助平台,同时注意保护其隐私。

2. 学校应当注意对学生的心理检测,发现心理有问题的学生应当建立专门的档案。

3. 学校应当与有严重心理问题的学生家长签订责任协议,规范双方的权利义务。家校携手,共同助力维护孩子的心理健康。

**法规速递：**

《中华人民共和国民法典》

第一千一百八十八条第一款　无民事行为能力人、限制民事行为能力人造成他人损害的，由监护人承担侵权责任。监护人尽到监护职责的，可以减轻其侵权责任。

第一千二百条　限制民事行为能力人在学校或者其他教育机构学习、生活期间受到人身损害，学校或者其他教育机构未尽到教育、管理职责的，应当承担侵权责任。

## 【案例3-17】

### 学生自杀引发的人身损害纠纷

唐某荣、黄某华和黄某烨均就读于某中学七年级，三人系同班同学，居住在同一寝室内。某日，黄某华偷走了黄某烨放在床头书包内的现金和手机。次日，黄某烨发现手机和钱不翼而飞，和同学一起在宿舍内寻找，结果于黄某华的书包中发现手机。黄某烨报告了班主任老师李某某。

李某某找黄某华问话，黄某华仅承认拿了手机，说钱是唐某荣拿的。李某某又询问了唐某荣，唐某荣不承认，李某某仍命令唐某荣回教室写保证书。唐某荣认为自己受到了冤枉，一时想不开跳楼自杀，结果重伤。

一审法院认为没有证据证明李某某有侮辱唐某荣的情节，也没有证据证明学校未尽管理职责，唐某荣又系自杀，学校不承担赔偿责任。

二审中，法院认为学校老师李某某怀疑唐某荣进行偷窃，并对其进行了批评教育后令其写检讨书，其程度超过了该学生所属年龄段应有的承受能力，由此导致学生自杀，该老师的行为是学生自杀、自伤的诱因，因此学校应当承担适当的民事责任。由于学校未尽到教育、管理职责，是导致事故发生的主要原因、主要过错，应承担事故的主要责任，最后，学校被判决承担60%的赔偿责任赔偿166000余元。

**法律解读：**

学生自杀，学校是否要担责呢？答案是需要区分不同情况。《学生伤害事故处理办法》第十二条规定："因下列情形之一造成的学生伤害事故，学校已履行了相应职责，行为并无不当的，无法律责任……（四）学生自杀自伤的。"从这条规定中我们可以知道，只有在"学校履行了相应职责，行为并无不当"的情况下，学校才不承担责任。

那么，如果学生在校外自杀，学校是不是就不用承担责任了呢？判断学校是否要承担责任，应当从实际出发，分析学生自杀的原因，即教育机构是否履行了职责范围内的教育、管理、保护的义务，而不是以损害结果发生的地点是在校内还是校外作为界定。

学生尤其是中小学生系未成年人，认知能力有限，对自己的行为可能导致的后果不能完全地判断和辨别，如果学校疏于管理，未采取有效措施确保其安全，会因存在过错而承担赔偿责任。

在本案中，李某某的行为作为诱因引发了学生的自杀，是事故发生的主要原因，学校因此承担了主要责任。

**律师建议：**

1. 教师应当告诫学生，不要在校内携带贵重物品或大额现金，应保管好自身财物，谨防盗窃。

2. 当班级内发生涉及学生的盗窃事件时，学校可以通过查监控等方式进行调查；通过问话的方式找出"犯人"，容易伤害学生的自尊心。

3. 当查明实施盗窃学生后，不要当众批评，而是应当与家长联系，说明情况。

4. 学校、教师在教育、管理学生过程中，应当尊重和保护学生的合法权益，不得侵犯学生的财产权、人身权等权利。

5. 每个学生的心理接受程度不同，老师在进行正常的教育惩戒后，要注意心理素质较差的学生的状态和反应。当学生出现异常表现时，要及时安抚学生并通知学生家长，防止意外事件的发生。

**法规速递：**

《学生伤害事故处理办法》

第十二条　因下列情形之一造成的学生伤害事故，学校已履行了相应职责，行为并无不当的，无法律责任：（一）地震、雷击、台风、洪水等不可抗力的自然因素造成的；（二）来自学校外部的突发性、偶发性侵害造成的；（三）学生有特异体质、特定疾病或者异常心理状态，学校不知道或者难于知道的；（四）学生自杀、自伤的；（五）在对抗性或者具有风险性的体育竞赛活动中发生意外伤害的；（六）其他意外因素造成的。

## 【案例3-18】

## 学生擅自离校引发的人身损害纠纷

15岁的万某从宁夏某县去四川某电脑学校就读，系住校生。2016年9月3日凌晨1时，万某在成都万福桥失足落水死亡。校方在学生进校时签订的学习协议及发放的学生守则上明确规定，住校生必须请假后方可离校，学校也制定了严格的夜间归寝和查房制度，出事当晚学校查房后发现万某等几名学生不在寝室，随后在校内和学校附近寻找,直到和万某一起出去的同学打电话回来,才知道该学生已经出事。

法院认为,本案中,该电脑学校提交的证据不能证明当查房发现万某等未请假也未归宿时,校方采取了积极措施进行寻找,也未及时告知万某的监护人,最终导致万某因脱离监护人的保护而死亡,学校在管理上存在明显疏忽,应当承担与其过错相应的赔偿责任。而作为15岁的万某,应当具有相当的判断危险和自我控制能力,应当知道酒后爬上桥头护栏具有一定的危险性,万某对自己行为的放任是导致溺水身亡的主要原因。因此,法院最终酌情认定该电脑学校承担30%的赔偿责任。

**法律解读:**

学校应完善门卫管理制度,并严格执行。寄宿式学校应采取封闭管理方式,加固围墙或栅栏设施。对于采取围墙封闭方式的,应保证围墙的高度和坚固,保证学生在不借助外力的情况下无法翻越围墙,及时清理围墙周边的杂物。避免围墙存在死角。在学校围墙和栅栏出现损害时,应立即进行修复,并保证在修复之前的有效巡守。

学校必须严格执行对寄宿制和托管制学生的管理,尤其在午休时间,由于该时间段属于教职工休息时间,很容易造成学生管理的真空,学校必须安排专门人员来加强午休时间对寄宿制和托管制学生的组织和管理。完善宿舍管理制度,建立宿舍管理员、学生班长、宿舍长一体的安全管理体系,严格实行宿舍缺员报告制度。

在晚间,宿舍楼房口应有专门人员轮班值守,防止学生晚间离开宿舍而擅自离校,加强对教职员工防止学生擅自离校的教育,教师要注意学生的异常反应。由班主任建立班级学生出勤报告制度。学生擅自离校后,学生干部应立即报告给班主任,班主任要及时报告学校领导,立即通知学生家长,向学生家长说明学生擅自离校的时间和可能原因。

**律师建议:**

1. 健全门卫管理制度

学生离开学校应实行请假条制度,请假条应由学校统一印制,由班主任或任课教师签字,并注明理由。门卫应主动和签发请假条的教师联系予以确认,也可规定由班主任或任课教师通知门卫。同时应确保学生有监护人前来接送,且由监护人在请假条签字后才可放行;如果家长无法前来接送,应由家长以短信方式告知学校确认知晓学生请假事宜,否则不得自行放行学生离开学校。

2. 加固学校围挡设施。
3. 严格加强对寄宿制和托管制学生的管理。
4. 完善防止学生擅自离校及擅自离校后的应对教育及报告通知制度。
5. 家长不断地教育孩子遵守学校规章制度。

**法规速递:**

《中华人民共和国民法典》

第一千二百条　限制民事行为能力人在学校或者其他教育机构学习、生活期间受到人身损害，学校或者其他教育机构未尽到教育、管理职责的，应当承担侵权责任。

《学生伤害事故处理办法》

第十三条　下列情形下发生的造成学生人身损害后果的事故，学校行为并无不当的，不承担事故责任；事故责任应当按有关法律法规或者其他有关规定认定：（一）在学生自行上学、放学、返校、离校途中发生的；（二）在学生自行外出或者擅自离校期间发生的；（三）在放学后、节假日或者假期等学校工作时间以外，学生自行滞留学校或者自行到校发生的；（四）其他在学校管理职责范围外发生的。

《中华人民共和国未成年人保护法》

第十六条　未成年人的父母或者其他监护人应当履行下列监护职责：

（一）为未成年人提供生活、健康、安全等方面的保障；

（二）关注未成年人的生理、心理状况和情感需求；

（三）教育和引导未成年人遵纪守法、勤俭节约，养成良好的思想品德和行为习惯；

（四）对未成年人进行安全教育，提高未成年人的自我保护意识和能力。

（五）尊重未成年人受教育的权利，保障适龄未成年人依法接受并完成义务教育；

（六）保障未成年人休息、娱乐和体育锻炼的时间，引导未成年人进行有益身心健康的活动；

（七）妥善管理和保护未成年人的财产；

（八）依法代理未成年人实施民事法律行为；

（九）预防和制止未成年人的不良行为和违法犯罪行为，并进行合理管教；

（十）其他应当履行的监护职责。

**【案例 3-19】**

## 地震、洪水等不可抗力事件引发的人身损害纠纷

某山区小学依山而建，一排土坯房成"丁"字形紧挨山坎下，山坎因过度砍伐，树木所剩不多，女教师耿某和其一年级 29 名学生的教室正好在"丁"字头。春夏之交，阴雨连绵，由于土坯房不够牢固，发生倒塌，导致耿教师和几名学生被压。

**法律解读：**

"不可抗力"是指不能预见、不能避免并不能克服的客观情况。如地震、洪水、泥石流、山体塌方、台风、海啸、冰雹等自然灾害引发的学生伤害事故，也包括其他不含人为因素的意外伤害事件。学校和教师对事件的发生无任何过错，如果学校不承担责任。

但如果不可抗力的情形消失后，学校没有在条件允许的情况下采取救险措施，延误了抢救和治疗，造成伤者伤情加重，应负相应责任，这是一种事后责任。如果学校已履行了相应职责，行为并无不当，则无须承担法律责任。

**律师建议：**

1. 加强学生的安全教育，经常开展意外事件防范和救助知识教育工作，提高学生的安全意识、避险意识和自我保护、救助能力。

2. 学校要加强同气象、水利等部门的沟通与联系，确保能在安全的教学环境下开展学习等活动。

**法规速递：**

《中华人民共和国民法典》

第一百八十条　因不可抗力不能履行民事义务的，不承担民事责任。法律另有规定的，依照其规定。

不可抗力是不能预见、不能避免且不能克服的客观情况。

《学生伤害事故处理办法》

第十二条　因下列情形之一造成的学生伤害事故，学校已履行了相应职责，行为并无不当的，无法律责任：

（一）地震、雷击、台风、洪水等不可抗的自然因素造成的。

……

## 第三节　"校闹"寻衅滋事纠纷

近几年来，一旦学生发生事故，常会出现"校闹"，严重影响教学秩序。学校不堪其扰，部分教师精神和肉体受到严重伤害，甚至失去工作。有些教育机构无奈之下不得不满足"校闹"的无理要求，以求"花钱买平安"。

所谓"校闹"，是指在学校安全事故处置过程中，家属及其他校外人员实施围堵学校、在校园内非法聚集、聚众闹事等扰乱学校教育教学和管理秩序，侵犯学校和师生合法权益的行为。"校闹"的本质是一种违法行为，没有法律依据，也不符合法律规定。

针对"校闹"，2017年4月25日，国务院办公厅发布《国务院办公厅关于加强中小学幼儿园安全风险防控体系建设的意见》，其中第十八条指出，应健全学校安全事故责任追究和处理制度。发生造成师生伤亡的安全事故，有关部门要依法认定事故责任，学校及相关方面有责任的，要严肃追究有关负责人的责任；学校无责任的，要澄清事实、及时说明，避免由学校承担不应承担的责任。

司法机关要加强案例指导，引导社会依法合理认识学校的安全责任，明确学生监护人的职责。积极利用行政调解、仲裁、人民调解、保险理赔、法律援助等方式，通过法治途径和方式处理学校安全事故，及时依法赔偿，理性化解纠纷。对围堵校园、殴打侮辱教师、干扰学校正常教育教学秩序的"校闹"行为，公安机关要及时坚决予以制止。

2019年4月9日，最高人民法院、最高人民检察院、公安部、司法部联合发布《关于办理实施"软暴力"的刑事案件若干问题的意见》（以下简称《意见》），明确定义"软暴力"，即"软暴力"是指行为人为谋取不法利益或形成非法影响，对他人或者在有关场所进行滋扰、纠缠、哄闹、聚众造势等，足以使他人产生恐惧、恐慌进而形成心理强制，或者足以影响、限制人身自由、危及人身财产安全，影响正常生活、工作、生产、经营的违法犯罪手段。

"软暴力"违法犯罪手段通常的表现形式有：

（1）侵犯人身权利、民主权利、财产权利的手段，包括但不限于跟踪贴靠、扬言传播疾病、揭发隐私、恶意举报、诬告陷害、破坏、霸占财物等。

（2）扰乱正常生活、工作、生产、经营秩序的手段，包括但不限于非法侵入他人住宅、破坏生活设施、设置生活障碍、贴报喷字、拉挂横幅、燃放鞭炮、播放哀乐、摆放花圈、泼洒污物、断水断电、堵门阻工，以及通过驱赶从业人员、派驻人员据守等方式直接或间接地控制厂房、办公区、经营场所等。

（3）扰乱社会秩序的手段，包括但不限于摆场架势示威、聚众哄闹滋扰、拦路闹事等；

（4）其他符合《意见》第一条规定的"软暴力"手段。

通过信息网络或者通信工具实施，符合《意见》第一条规定的违法犯罪手段，也应当认定为"软暴力"。

2019年6月25日，教育部与最高人民法院、最高人民检察院、公安部、司法部五部门联合出台了《关于完善安全事故处理机制维护学校教育教学秩序的意见》，其中明确规定，实施下列"校闹"行为，构成违反治安管理行为的，公安机关应当依照治安管理处罚法相关规定予以处罚：

（1）殴打他人、故意伤害他人或者故意损毁公私财物的；

（2）侵占、毁损学校房屋、设施设备的；

（3）在学校设置障碍、贴报喷字、拉挂横幅、燃放鞭炮、播放哀乐、摆放花圈、泼洒污物、断水断电、堵塞大门、围堵办公场所和道路的；

（4）在学校等公共场所停放尸体的；

(5) 以不准离开工作场所等方式非法限制学校教职工、学生人身自由的;

(6) 跟踪、纠缠学校相关负责人,侮辱、恐吓教职工、学生的;

(7) 携带易燃易爆危险物品和管制器具进入学校的;

(8) 其他扰乱学校教育教学秩序或侵害他人人身财产权益的行为。

【案例 3-20】

## 王某龙、杨某寻衅滋事案

2014 年 5 月 27 日,被告人王某龙、杨某听儿子王某某说在学校被老师张某殴打,便各驾驶一辆车将某县第一中学的大门堵住。王某龙光着上身躺在学校大门旁的小门前,要挟学校处理张某,严重影响了学校正常教学秩序。最终学校按照王某龙和杨某的要求,将王某某调到尖子班,将涉事教师张某调离退回原单位任教,此事才得以解决。除此之外,王某龙与杨某还曾为达到其他目的,通过相同手段要挟其他人。

人民法院审理后认为,王某龙与杨某多次采取软暴力手段在公共场所进行滋事,破坏社会秩序,情节恶劣,其行为均已构成寻衅滋事罪。

**法律解读:**

"校闹"的出现,有如下各方面因素的影响。

1. 家长的法律意识淡薄

很多家长都有一种片面的观念,认为家长一旦将孩子送到学校,孩子就由学校负责。如果孩子受了伤,一定是学校没有保护好,如果孩子闯了祸,一定是学校没有管理好,不管怎样都是学校的责任。这种观念实质上是忽视了法律、忽视了孩子,也忽视了家长应该配合学校教育子女的责任。家长们信奉"小闹小解决,大闹大解决,不闹不解决",闹的目的当然也不排除是为了多获得一些赔偿或抚慰金。

事实上,家长这样的想法,是完全错误的。学校对在校学生仅有安全教育、管理和保护职责,并非监护职责,学生在学校出了事故,应根据学校是否具有过错依法确定学校是否承担责任,而不是全部都由学校承担责任。

2. "校闹"的成本低

在某些情况下,"校闹"的当事人是打着"为孩子求公平"的名义,通过各种"闹"的行为而向学校要钱。这些行为涉嫌聚众扰乱社会秩序,行为人将承担法律责任。然而,事实上,由于参与"校闹"的人很少被判处刑罚,大都是被行政拘留。相比他们可能从学校得到的金钱赔偿,这样的成本代价,简直是微不足道。

3. 部分学校、教育部门息事宁人的态度

部分涉事学校和教育部门出于息事宁人的考虑,选择通过牺牲涉事教师的权益、支付金钱赔偿的方式,以求达到化解矛盾、息事宁人的效果,这在一定程度上助长了校闹的不良风气。

**律师建议:**

对于"校闹",教育机构应该有一套应对机制。

**(一)事前**

1. 加强相关法律法规宣传教育,增强学校、教师及家长法治意识。定期请司法工作人员或律师到学校进行法制公开讲课,或进行校园模拟法庭的演习,并邀请家长一起参加。

2. 强化学校德育法治领导的预防、监督职能,将责任落实到人,防微杜渐,做好法律风险防范。

3. 建立学生安全事故处理第三方协调机制,成立政法、教育、公安、司法等部门为成员单位并吸收人大代表、政协委员、律师参加的"家校纠纷调解中心",探索建立学生伤害纠纷第三方处置体系,统筹协调解决"家校纠纷"问题。

4. 为学生购买人身保险。通过对困难家庭学生购买人身保险提供补助,实现学生人身保险全覆盖。

5. 设立校园赔偿基金,对符合条件的受害人在一定额度内直接给予赔偿,此举既保证受害人得到及时有效救治,同时也可缓解家长与学校之间的"对峙",进而维护社会和谐稳定。

**(二)事后**

1. 学校应积极、主动、耐心地与家长沟通,做好家长的情绪安抚工作,避免事态进一步扩大。

2. 工作人员应立即上报负责学校安全事故的负责人,沟通汇报,并第一时间固定好证据。

3. 确定责任,各自承担。如是校方责任,学校应严肃处理并积极与家长协商,主动承担责任;反之,如果是家长无理取闹,学校应该用法律武器维护学校的合法权益。

**法规速递:**

《中华人民共和国刑法》

第二百九十三条 有下列寻衅滋事行为之一,破坏社会秩序的,处五年以下有期徒刑、拘役或者管制:

(一)随意殴打他人,情节恶劣的;

(二)追逐、拦截、辱骂、恐吓他人,情节恶劣的;

（三）强拿硬要或者任意损毁、占用公私财物，情节严重的；

（四）在公共场所起哄闹事，造成公共场所秩序严重混乱的。

纠集他人多次实施前款行为，严重破坏社会秩序的，处五年以上十年以下有期徒刑，可以并处罚金。

## 第四节 提供劳务者受害责任纠纷

根据《工伤保险条例》规定，单位的员工如果在工作中遭受事故伤害或者患职业病，可以认定为工伤，享受医疗救治和经济补偿。但是，除了在职员工外，幼儿园、学校等教育机构，有时还需要雇用一些自然人提供某些劳务，比如搭建自行车棚、安装玻璃、门窗等。这些人员因提供劳务受到人身伤害时，无法认定为工伤，教育机构作为劳务雇佣方，需要根据过错程度承担相应赔偿责任。

【案例 3-21】

### 江某忠与鹤壁市某学校提供劳务者受害责任纠纷

2020 年 1 月 16 日，鹤壁市某学校工作人员刘某某安排江某忠到学校门口安装灯笼，江某忠在安装灯笼时，因吊车坠落后受伤。经鹤壁杏苑法医临床司法鉴定所鉴定，江某忠被评定为十级伤残。江某忠诉至法院，要求鹤壁市某学校、刘某某赔偿其医疗费、误工费、护理费等各项损失 121382.74 元，并承担诉讼费。

法院审理后认为，鹤壁市某学校是接受劳务一方，江某忠是提供劳务一方，双方形成劳务关系。该校未采取相应的安全措施，以致江某忠受伤，学校应承担相应责任。江某忠作为完全民事行为能力人，由于疏忽大意没有履行充分注意义务，对事故的发生自身也存在过错，亦应承担相应责任。故本次事故应由江某忠自行承担 30% 责任，鹤壁市学校承担 70% 责任。

判决：鹤壁市某学校于判决生效后 10 日内赔偿江某忠医疗费、护理费、误工费、精神损害抚慰金等各项损失共计 69380.08 元。

**法律解读：**

本案系劳务关系纠纷。所谓"劳务关系"，是指提供劳务一方在一定或者不特定的期间内，接受雇主的指挥与安排，为其提供特定或不特定的劳务，雇佣人接受受雇佣人提供的劳务并按约定给付报酬的权利义务关系。

劳务关系不同于劳动关系，劳务关系中，主体双方是平等的，不存在隶属关系。

提供劳务一方因在提供劳务过程中受伤害的,接受劳务的一方应承担责任。反之,如果提供劳务的一方,在提供劳务过程中致使第三人受到伤害,也是由接受劳务的一方承担责任。但是,其向第三人赔偿后,可以向提供劳务的一方追偿。

**律师建议:**

由于劳务关系中,提供劳务的一方受到人身损害时,不能够享受工伤医疗待遇,但是医疗费、手术费、护理费、误工费、交通费等各项费用,却都是实实在在要发生的。从转移风险角度出发,在教育机构雇用他人提供劳务时,建议为其购买人身意外保险等商业保险。

**法规速递:**

《中华人民共和国民法典》

第一千一百九十二条　个人之间形成劳务关系,提供劳务一方因劳务造成他人损害的,由接受劳务一方承担侵权责任。接受劳务一方承担侵权责任后,可以向有故意或者重大过失的提供劳务一方追偿。提供劳务一方因劳务受到损害的,根据双方各自的过错承担相应的责任。

提供劳务期间,因第三人的行为造成提供劳务一方损害的,提供劳务一方有权请求第三人承担侵权责任,也有权请求接受劳务一方给予补偿。接受劳务一方补偿后,可以向第三人追偿。

## 第五节　侵害作品信息网络传播权纠纷

在网络信息日益发达的今天,很多教育机构都创建有自己的自媒体,比如网站、微信公众号、微博,甚至还有今日头条、抖音、快手等官方账号。通过自媒体既可以更广范围地传播自己,也可以将教育机构认为有价值的信息,传递给学生和公众。但是,在利用自媒体的过程中,很多教育机构著作权意识比较薄弱,往往存在侵犯他人著作权的行为,其中比较高发的是侵犯他人信息网络传播权。

**【案例3-22】**

**广润公司与博白县中学侵害作品信息网络传播权纠纷案**

王某于2017年9月11日以笔名"哈叔"在微信公众号"哈叔的职场微课堂"上发表题为《趁年轻,别做一个只会玩手机的丑胖子》的作品。2020年7月31日,王某出具《作者版权声明》载明案涉作品的著作权归若客公司,其仅享有署名权。

2020年7月31日，若客公司出具"版权声明书"，将《趁年轻，别做一个只会玩手机的丑胖子》作品信息网络传播权及该权利的相关权利转让给广润公司，并授权广润公司对该作品转让前后的侵权行为提起诉讼。

广润公司利用电子数据存证云技术对博白中学运营的微信公众号"博白中学"发布的标题为《【国旗下】别让手机和网络偷走了你的梦想》文章的侵权行为进行取证后起诉。

经过对比，《【国旗下】别让手机和网络偷走了你的梦想》与《趁年轻，别做一个只会玩手机的丑胖子》两件作品除标题不一样外，内容绝大部分一致，两者构成实质性相似，法院认定博白中学侵权事实成立，判决博白中学立即停止侵权，删除在微信公众号"博白中学"上发布的标题为《【国旗下】别让手机和网络偷走了你的梦想》一文，赔偿广润公司经济损失4000元及合理开支1500元，共计5500元。

**法律解读：**

文学、音乐等作品创作虽然看似无形，其实是创作人付出时间和精力的成果。制定著作权法的目的，就是鼓励大众原创，尊重知识，尊重文化，为知识付费，为内容付费。

**律师建议：**

1. 教育机构在自媒体宣传过程中，多输出原创作品；

2. 如果需要转载，应提前与著作权人取得联系，询问是否可以转载，如需要支付相应报酬的，应支付报酬后再行转载。

**法规速递：**

《中华人民共和国著作权法》

第九条　著作权人包括：

（一）作者；

（二）其他依照本法享有著作权的公民、法人或者其他组织。

第十条　著作权包括下列人身权和财产权：

（一）发表权，即决定作品是否公之于众的权利；

（二）署名权，即表明作者身份，在作品上署名的权利；

（三）修改权，即修改或者授权他人修改作品的权利；

（四）保护作品完整权，即保护作品不受歪曲、篡改的权利；

（五）复制权，即以印刷、复印、拓印、录音、录像、翻录、翻拍、数字化等方式将作品制作一份或者多份的权利；

（六）发行权，即以出售或者赠与方式向公众提供作品的原件或者复制件的权利；

（七）出租权，即有偿许可他人临时使用视听作品、计算机软件的原件或者复制件的权利，计算机软件不是出租的主要标的的除外；

（八）展览权，即公开陈列美术作品、摄影作品的原件或者复制件的权利；

（九）表演权，即公开表演作品，以及用各种手段公开播送作品的表演的权利；

（十）放映权，即通过放映机、幻灯机等技术设备公开再现美术、摄影、视听作品等的权利；

（十一）广播权，即以有线或者无线方式公开传播或者转播作品，以及通过扩音器或者其他传送符号、声音、图像的类似工具向公众传播广播的作品的权利，但不包括本款第十二项规定的权利；

（十二）信息网络传播权，即以有线或者无线方式向公众提供作品，使公众可以在其个人选定的时间和地点获得作品的权利；

（十三）摄制权，即以摄制视听作品的方法将作品固定在载体上的权利；

（十四）改编权，即改变作品，创作出具有独创性的新作品的权利；

（十五）翻译权，即将作品从一种语言文字转换成另一种语言文字的权利；

（十六）汇编权，即将作品或者作品的片段通过选择或者编排，汇集成新作品的权利；

（十七）应当由著作权人享有的其他权利。

著作权人可以许可他人行使前款第五项至第十七项规定的权利，并依照约定或者本法有关规定获得报酬。

著作权人可以全部或者部分转让本条第一款第五项至第十七项规定的权利，并依照约定或者本法有关规定获得报酬。

第五十二条 有下列侵权行为的，应当根据情况，承担停止侵害、消除影响、赔礼道歉、赔偿损失等民事责任；同时损害公共利益的，可以由著作权行政管理部门责令停止侵权行为，没收违法所得，没收、销毁侵权复制品，并可处以罚款；情节严重的，著作权行政管理部门还可以没收主要用于制作侵权复制品的材料、工具、设备等；构成犯罪的，依法追究刑事责任：

（一）未经著作权人许可，复制、发行、表演、放映、广播、汇编、通过信息网络向公众传播其作品的，本法另有规定的除外；

（二）未经合作作者许可，将与他人合作创作的作品当作自己单独创作的作品发表的；

（三）没有参加创作，为谋取个人名利，在他人作品上署名的；

（四）歪曲、篡改他人作品的；

（五）剽窃他人作品的；

（六）未经著作权人许可，以展览、摄制视听作品的方法使用作品，或者以改编、翻译、注释等方式使用作品的，本法另有规定的除外；

（七）使用他人作品，应当支付报酬而未支付的；

（八）未经视听作品、计算机软件、录音录像制品的著作权人、表演者或者录音录像制作者许可，出租其作品或者录音录像制品的原件或者复制件的，本法另有规定的除外；

（九）未经出版者许可，使用其出版的图书、期刊的版式设计的；

（十）未经表演者许可，从现场直播或者公开传送其现场表演，或者录制其表演的；

（十一）其他侵犯著作权以及与著作权有关的权利的行为。

第五十四条　侵犯著作权或者与著作权有关的权利的，侵权人应当按照权利人因此受到的实际损失或者侵权人的违法所得给予赔偿；权利人的实际损失或者侵权人的违法所得难以计算的，可以参照该权利使用费给予赔偿。对故意侵犯著作权或者与著作权有关的权利，情节严重的，可以在按照上述方法确定数额的一倍以上五倍以下给予赔偿。

权利人的实际损失、侵权人的违法所得、权利使用费难以计算的，由人民法院根据侵权行为的情节，判决给予五百元以上五百万元以下的赔偿。

赔偿数额还应当包括权利人为制止侵权行为所支付的合理开支。

人民法院为确定赔偿数额，在权利人已经尽了必要举证责任，而与侵权行为相关的账簿、资料等主要由侵权人掌握的，可以责令侵权人提供与侵权行为相关的账簿、资料等；侵权人不提供，或者提供虚假的账簿、资料等的，人民法院可以参考权利人的主张和提供的证据确定赔偿数额。

人民法院审理著作权纠纷案件，应权利人请求，对侵权复制品，除特殊情况外，责令销毁；对主要用于制造侵权复制品的材料、工具、设备等，责令销毁，且不予补偿；或者在特殊情况下，责令禁止前述材料、工具、设备等进入商业渠道，且不予补偿。

## 第六节　侵害商标权纠纷

实务中，经常会有一些教育机构为了便于宣传和招生，刻意使用一些容易使人混淆的名称，企图使人误以为其与某著名教育机构有一定的联系。这种傍名牌的行为，属于不正当竞争，已经构成侵害商标权。

【案例 3-23】

## 清华大学与南和清华园学校侵害商标权纠纷案

清华大学系事业单位法人，由中华人民共和国教育部举办。清华大学于1998年11月21日经核准注册第1225974号"清华"商标，核定服务项目第41类：包括学校（教育）、教育、函授课程、教育信息、培训、组织和安排学术讨论会、收费图书馆、书籍出版、录像带制作、组织文化教育展览。后经批准，该商标续展注册有效期至2028年11月20日。清华大学于2009年1月28日经核准注册第4724561号"清华大学"商标，核定服务项目（第41类）：学校（教育），函授课程，培训，教育信息，组织竞赛（教育或娱乐），安排和组织会议，组织文化或教育展览，收费图书馆，书籍出版，在线电子书籍和杂志的出版，提供在线电子出版物（非下载的），录像带制作，翻译，无线电和电视节目制作（截止）。后经批准，该注册商标有效期续展至2029年1月27日。

南和清华园学校系民办非营利学校，成立于2016年5月1日，2016年5月办学内容为小学教育，2019年7月办学内容为全日制初中、高中教育。该学校在经营及宣传过程中多次使用"清华"字样进行宣传。清华大学诉至法院，要求南河清华园停止经营及宣传中使用"清华"字样，停止使用清华字样的单位名称，并赔偿损失。

法院认为，清华大学系第1225974号"清华"商标和第4724561号"清华大学"商标的注册商标专用权人，在核定使用范围内依法享有注册商标专用权，有权禁止他人未经允许在相同或类似商品或者服务上使用相同或类似的标识。

南和清华园学校开办中小学教育学校属于学校教育服务。南和清华园学校在经营和宣传中使用"南和清华园学校"字样，完整包含了清华大学的上述商标，容易使相关公众误认为南和清华园学校与清华大学存在特定关联关系，从而具有混淆误认的可能性，南和清华园学校的上述行为构成在同一种服务上使用与涉案商标近似商标的行为，违反了《中华人民共和国商标法》第五十七条第二款的规定，应当停止侵权行为，并承担相应民事赔偿责任。

同时，清华大学自设立至今一直使用"清华大学"作为字号，在教育行业中具有极高的知名度和影响力。南和清华园学校从事教育行业，理应知晓"清华大学"的知名度，其在学校牌匾、学校公众号上使用"清华园"字样，容易使人误认为其与清华大学存在特定联系，已构成擅自使用他人有一定影响的企业名称的不正当竞争行为。

最终法院判决南和清华园学校立即停止侵犯清华大学第1225974号"清华"、第4724561号"清华大学"注册商标专有权行为，立即停止在经营过程中及对外宣传中使用"清华"字样的不正当竞争行为；赔偿清华大学经济损失14万元。

**法律解读：**

本案中南河清华园将清华大学的注册商标作为自己的企业名称中的字号使用，很显然，不排除误导公众，让人误以为其与清华大学有特定联系的目的。这种行为，构成不正当竞争，应承担侵权责任。

**律师建议：**

教育机构应及时注册自己的商标，以防在经过苦心经营打造出一定品牌影响力后，却被他人捷足先登抢先注册，使得自己多年努力功亏一篑。

**法规速递：**

《中华人民共和国商标法》

第五十七条　有下列行为之一的，均属侵犯注册商标专用权：

（一）未经商标注册人的许可，在同一种商品上使用与其注册商标相同的商标的；

（二）未经商标注册人的许可，在同一种商品上使用与其注册商标近似的商标，或者在类似商品上使用与其注册商标相同或者近似的商标，容易导致混淆的；

（三）销售侵犯注册商标专用权的商品的；

（四）伪造、擅自制造他人注册商标标识或者销售伪造、擅自制造的注册商标标识的；

（五）未经商标注册人同意，更换其注册商标并将该更换商标的商品又投入市场的；

（六）故意为侵犯他人商标专用权行为提供便利条件，帮助他人实施侵犯商标专用权行为的；

（七）给他人的注册商标专用权造成其他损害的。

## 第七节　发布虚假广告被处罚

教育机构在经营活动中，经常会通过广告的方式宣传自己。根据《中华人民共和国广告法》的相关规定，广告主发布广告的内容必须真实，不得进行虚假宣传，不得欺骗或误导消费者。但是，很多教育机构并未意识到发布广告时所存在的风险。

**【案例3-24】**

### 洛市复兴学校行政处罚案

2019年12月20日，洛市市场监督管理局作出洛市监工商罚字〔2019〕129号《行政处罚决定书》，查明：2019年6月28日，接举报称洛市复兴学校有发布违法广告行为，2019年7月2日立案调查。经查，2019年6—7月，洛市复兴学校开展招生工作，由学校老师自行设计、制作并委托洛市畅流图文制作室印制5000份宣传彩页在该校招生办公室对外发放。彩页主题是："洛市复兴高中（原轴一中教育教学团队）简介"，内容有学校历年成绩回顾，近两年高考一本录取名单，2017、2018年度一本录取部分学生姓名、院校、学生照片。宣传彩页已发放4600份，剩余400份留存洛阳复兴学校会议室。

宣传彩页中的"洛市复兴高中"实际是2019年6月与原洛市理工高考实验学校、原洛市东方理工实验学校校长李世成及其教育团队，在洛市复兴学校原有高中基础上整合资源、引进教师而重新组建的高中部。简介、学校历年成绩回顾和一本录取学生名单均为李世成在上述两所学校担任校长期间的统计数据，而非宣传彩页宣称的洛市复兴高中所取得成绩，已构成发布虚假广告行为。

根据当事人的违法事实、性质、情节和社会危害程度，责令洛市复兴学校停止发布虚假广告，在相应范围内消除影响，并对洛市复兴学校处以4200元罚款。

洛市复兴学校起诉要求撤销被告洛阳市市场监督管理局洛市监工商罚字〔2019〕129号《行政处罚决定书》。

法院认为，市场监督管理局作为市场监督管理机关，有权对作虚假或引人误解的商业宣传行为进行查处。洛市复兴学校制作发布的宣传彩页"洛市复兴高中学校"，没有独立办学资格，不是依法设立独立存在的高中教学主体，不是独立法人单位。简介中所罗列的学校历年成绩回顾，并不完全为李世成担任洛市理工学院附属中学校长时取得的成绩，更不是洛市复兴高中学校所取得的成绩。洛市复兴学校印发的"洛市复兴高中（原轴一中教育教学团队）简介、学校历年成绩回顾、教的好学的好考的好送的好、近两年高考一本部分录取名单"的宣传彩页，存在不实之处，将其他学生取得成绩当作自己学生取得成绩宣传，明显不当。违反了《中华人民共和国广告法》第四条第一款规定，市场监督管理局作出《行政处罚决定书》（洛市监工商罚字〔2019〕129号），认定事实清楚，程序合法，适用法律准确。判决驳回原告洛市复兴学校的诉讼请求。

**法律解读：**

发布虚假广告属于不正当竞争行为，扰乱了市场公平竞争，市场监督管理部门有权依法进行处罚。

**律师建议：**

市场监督机关有权根据发布虚假广告的单位违反我国《广告法》的程度，对其处以最高相应罚款。建议教育机构以及所有商业经营者，发布广告时应严谨慎重。

**法规速递：**

《中华人民共和国广告法》

第五十五条　违反本法规定，发布虚假广告的，由市场监督管理部门责令停止发布广告，责令广告主在相应范围内消除影响，处广告费用三倍以上五倍以下的罚款，广告费用无法计算或者明显偏低的，处二十万元以上一百万元以下的罚款；两年内有三次以上违法行为或者有其他严重情节的，处广告费用五倍以上十倍以下的罚款，广告费用无法计算或者明显偏低的，处一百万元以上二百万元以下的罚款，可以吊销营业执照，并由广告审查机关撤销广告审查批准文件、一年内不受理其广告审查申请。

# 第四章

# 教师篇

教师作为学校、幼儿园等教育机构的主要法律主体，在工作中，根据法律规定，既享有合法权益，也承担必要的法律义务。西方法律谚语说得好，权利与义务是一对孪生姐妹，没有无权利的义务，也没有无义务的权利。而在现实生活中，我们经常会忽略教师的权利，只谈教师的义务。今天，我们作为曾经也是教师的法律工作者，想从教师的权利说起，而说到教师权益，首先想到的当然是我国的《教师法》。

## 第一节 《中华人民共和国教师法》简介

### 一、基本精神

《中华人民共和国教师法》（以下简称"该法"）的基本精神就是用法律来维护教师的合法权益，保障教师待遇和社会地位的不断提高；加强教师队伍的规范化管理，确保教师队伍整体素质不断优化和提高。

按照该法规定，各级人民政府应当采取措施，加强教师的思想政治教育和业务培训，改善教师的工作条件和生活条件，保障教师的合法权益，提高教师的社会地位。全社会都应当尊重教师。

该法还规定，每年9月10日为教师节。

该法要求，教师的平均工资水平应当不低于或者高于国家公务员的平均工资水平，并逐步提高。建立正常晋级增薪制度。地方人民政府对违反该法规定，拖欠教师工资或者侵犯教师其他合法权益的行为，应当责令其限期改正。违反国家财政制度、财务制度，挪用国家财政用于教育的经费，严重妨碍教育教学工作，拖欠教师工资，损害教师合法权益的，由上级机关责令限期归还被挪用的经费，并对直接责任人员给予行政处分；情节严重，构成犯罪的，依法追究刑事责任。

该法还规定，教师如存在体罚学生的行为，经教育不改的或者品行不良、侮辱学生，影响恶劣的，由所在学校、其他教育机构或者教育行政部门给予行政处分或者解聘，情节严重，构成犯罪的，依法追究刑事责任。

## 二、教师的权利与义务

该法第七条规定，教师享有下列权利：

（1）进行教育教学活动，开展教育教学改革和实验；

（2）从事科学研究、学术交流，参加专业的学术团体，在学术活动中充分发表意见；

（3）指导学生的学习和发展，评定学生的品行和学业成绩；

（4）按时获取工资报酬，享受国家规定的福利待遇以及寒暑假期的带薪休假；

（5）对学校教育教学、管理工作和教育行政部门的工作提出意见和建议，通过教职工代表大会或者其他形式，参与学校的民主管理；

（6）参加进修或者其他方式的培训。

第八条规定，教师应当履行下列义务：

（1）遵守宪法、法律和职业道德，为人师表；

（2）贯彻国家的教育方针，遵守规章制度，执行学校的教学计划，履行教师聘约，完成教育教学工作任务；

（3）对学生进行宪法所确定的基本原则的教育和爱国主义、民族团结的教育，法制教育以及思想品德、文化、科学技术教育，组织、带领学生开展有益的社会活动；

（4）关心、爱护全体学生，尊重学生人格，促进学生在品德、智力、体质等方面全面发展；

（5）制止有害于学生的行为或者其他侵犯学生合法权益的行为，批评和抵制有害于学生健康成长的现象；

（6）不断提高思想政治觉悟和教育教学业务水平。

## 第二节 教师可能面临的纠纷

尊师重教是中华民族的传统美德，教师在古代是非常受尊重的一种职业，有"一日为师，终身为父"的说法。但是随着经济发展和时代变迁，教师的权威性和尊严受到挑战，不仅出现家长打骂教师的现象，甚至还发生学生打骂教师的情形；

校园人：你不能不知道的法律知识

有学校对老师职称评定可能存在违规操作的真实案例，有教职员工在校内猝死而学校不承认其属于工伤的；更严重的，还有因为各种压力导致教师崩溃跳楼的鲜活案例。可以说，教师的权益面临严峻挑战，那么作为教师，我们的权益受到损害时，该怎么办呢？

## 一、教师被侵犯人身权纠纷

**【案例4-1】**

曾经，一段学生手持砖头猛砸老师头部的视频在网上热传。该视频中的事件，发生于四川眉山仁寿县城北实验初中。监控视频显示，2019年10月24日12时21分左右，一名男性老师进入教室，一名男生紧随其后，趁老师不备，使用疑似砖头的物件，在近10秒内，从背后击打老师头部9次，致使这名老师倒地不起，在其他学生准备扶起老师时，而袭击者还想冲上来继续施暴，后被其他人拦住拉开。之后，有学生拨打120，该教师被送进ICU。

2019年10月25日，当地公安局发布警情通报称：中学生颜某（男，15岁）因对老师日常管理不满，在教室内用砖头将老师黄某头部打伤。据该校某教师透露，颜某曾违反校规在校内骑自行车，遭到班主任黄老师批评后心生不满。黄老师接受治疗后生命体征已恢复平稳。颜某已被公安机关依法刑事拘留。

**法律解读：**

学生袭击老师事件的发生，让教师们既十分痛心，又胆战心惊。这起事件引起一定的校园恐慌，有些教师声称不敢再管教学生了。但是，如果不管教学生，教师职业的意义和价值又将何在？事实上，教师也是人，也需要被呵护和关怀，至少是平等对待。教师的人身权益也受法律保护，学生袭击殴打老师，应承担侵犯老师人身权的责任。

**律师建议：**

教师首先是中华人民共和国公民，是一个享有合法权益的人，若学生或家长对教师作出了违法行为，使教师权益受到侵犯，教师要大胆站出来维护自己的合法权益。

**法规速递：**

《中华人民共和国教师法》

第三十五条 侮辱、殴打教师的，根据不同情况，分别给予行政处分或者行政处罚；造成损害的，责令赔偿损失；情节严重，构成犯罪的，依法追究刑事责任。

## 二、教师被侵犯名誉权纠纷

**【案例 4-2】**

2019年底,广州刘某因为女儿在学校受到体罚,所以怀恨在心,在微信群朋友圈到处发布威胁老师言论。2020年3月底,刘某继续编造女儿被老师体罚的虚假信息向老师索要赔偿费用。2020年5月,刘某发布一条新浪微博,称广州市方圆实验小学老师体罚学生导致学生吐血抢救,还配上了各种伪造的图片,其中有带血迹的衣服。

公安经过调查,发现这是一起恶意陷害教师的案件。刘某为了提高这一案件的关注度,雇人转发其微博,短短时间内,该微博的阅读量达到5.4亿次,被讨论19.6万次,造成了很大的社会影响。

后法院经审理认为,刘某在网络上随意散布虚假消息,引起负面影响,严重干扰公共秩序,其行为已经构成寻衅滋事罪。鉴于其有自首情节,诚心悔改认错,接受惩罚,法院对其从轻处理,判决有期徒刑一年半,缓刑两年。

**法律解读:**

这起案件的发生根源在于刘某不懂法律,不懂得网络上要注意自己的一言一行,随意去触碰法律的红线,制造虚假信息且任其肆意传播,导致严重后果。网络并非法外之地,任何人都应该注意在网络上的言行,诚实守信,不得随意制造虚假信息。

**律师建议:**

如果家长们认为子女在学校受到不公平的待遇,或者被他人欺凌时,要懂得运用法律手段来维护孩子的正当权益,通过正当途径保护孩子免受伤害。而不是像刘某这样使用违法手段制造虚假信息,既害人又不利己,最终导致自己被追究刑事责任。

对于教师,当被人诬告陷害时,要勇于拿起法律武器,维护自己的合法权益。

**法规速递:**

《最高人民法院 最高人民检察院关于办理利用信息网络实施诽谤等刑事案件适用法律若干问题的解释》

第五条 利用信息网络辱骂、恐吓他人,情节恶劣,破坏社会秩序的,依照刑法第二百九十三条第一款第(二)项的规定,以寻衅滋事罪定罪处罚。

编造虚假信息,或者明知是编造的虚假信息,在信息网络上散布,或者组织、指使人员在信息网络上散布,起哄闹事,造成公共秩序严重混乱的,依照刑法第二百九十三条第一款第(四)项的规定,以寻衅滋事罪定罪处罚。

## 三、教师人事争议纠纷

**【案例 4-3】**

2020 年 10 月 16 日至 10 月 24 日,姚某通过在个人自媒体账号发布视频等方式,就其 2020 年 10 月参加的焦作市第十七中学的高级职称推荐与申报工作,表达诉求、疑惑和不满意见等。

2020 年 10 月 28 日,姚某到焦作市山阳区纪委监委派驻焦作市山阳区教育局纪检监察组反映问题,并提交反映信。同月 29 日,姚某就有关焦作市第十七中学教师职称评审的有关问题向校长反映情况、表达意见,校长进行了口头回复。

同月 30 日,焦作市山阳区教育局向姚某某作出《山阳区教育局实名信访举报受理告知书》,姚某在该受理告知书上签名。

2020 年 11 月 4 日至 11 月 25 日,焦作市山阳区教育局针对姚某提出的信访诉求,通过官方微博、见面等方式对姚某反映的信访问题进行反馈。

2020 年 12 月 10 日,姚某向焦作市山阳区教育局邮寄《教师申诉书》,要求被告焦作市山阳区教育局彻查焦作市第十七中学职称推荐与评审过程,依法宣布职称评审结果无效并重新作出处理,依法查处评定过程中的违纪者。

焦作市山阳区教育局于同月 11 日收到该《教师申诉书》,未予回复。2021 年 1 月 11 日,姚某提起本案诉讼。

**法律解读:**

教师同医生一样,是依靠专业技术谋生的职业,在工作中,职称评定和等级评选往往直接与本人的工资待遇挂钩。因此,教师非常重视,也会付出大量时间和精力去努力评定更高级别的职称。如果评定过程阳光透明、公开公平公正,不论结果如何,当事人都会心服口服。

**律师建议:**

教师如果认为教育机构在职称和等级评定过程中存在程序违规现象,或者有其他证据证明存在不公平的行为,对评定结果不服的,均可依据我国《教师法》的规定,向教育机构所在地的教育行政部门提出申诉。

**法规速递:**

《中华人民共和国教师法》

第三十九条 教师对学校或者其他教育机构侵犯其合法权益的,或者对学校或者其他教育机构作出的处理不服的,可以向教育行政部门提出申诉,教育行政部门应当在接到申诉的三十日内,作出处理。

教师认为当地人民政府有关行政部门侵犯其根据本法规定享有的权利的,可以向同级人民政府或者上一级人民政府有关部门提出申诉,同级人民政府或者上一级人民政府有关部门应当作出处理。

## 四、教师被侵犯人格权纠纷

**【案例 4-4】**

某经济发达地区的某中学,是一所知名度很高的重点中学。有次上课时,老师对一名不停讲话的学生进行了批评,该学生忽地站起来,指着老师大声问:"你一个月挣多少钱?还没有我一个月的零花钱多,你当这么个破老师有什么意思,还来管我?"然后大摇大摆地走出教室,留下老师一脸尴尬地站在讲台上一动不动,脸一会儿红,一会儿白,半天说不出话来。而同学们也是议论纷纷,交头接耳。从此,该教师没有了管教班级的积极性,只是上自己的课,同学们对老师也越发不尊重,导致课堂纪律无法维持,班级的成绩在年级排名直线下滑,家长忧虑不已。

**法律解读:**

学生肆无忌惮地违反纪律,甚至伤害教师的事情时有发生,然而教师对此却无可奈何。甚至有些教师不敢批评教育学生,以求保住饭碗。教师师道尊严正在不断受到挑战。

如果不确立教师在管理教育学生中的主体地位,学生想怎么样就怎么样,素质教育只能是空谈。一名连老师都不尊敬的学生,又怎能指望他会成长为一个文明公民?一名连课堂纪律都不遵守的学生,又怎能指望他成长为守法公民?

**律师建议:**

我们应该依法赋予教师合法合理有界限的惩戒权,倘若家里管不了,学校不能管,那以后等待孩子的,一定是社会的大棒砍刀,以及监狱的手铐脚镣。不夸张地说,师道尊严的丧失,不仅严重影响教育质量,也会威胁社会的健康发展。

**法规速递:**

《中华人民共和国教师法》

第四条 各级人民政府应当采取措施,加强教师的思想政治教育和业务培训,改善教师的工作条件和生活条件,保障教师的合法权益,提高教师的社会地位。

全社会都应当尊重教师。

## 五、教师被侵犯休息权纠纷

**【案例4-5】**

某教育大省,因为人口多,高考分数高,竞争压力大,高中都实行半军事化管理,对学生和教师要求都非常严格,教师基本上没有寒暑假,周末经常补课,早上五点起床早读晨练,凌晨一两点才休息,也是习以为常。

学校的升学压力、年级的排名压力、个人职称评级压力和家庭经济压力等种种压力,压得教师们喘不过气来。而曾经以为有寒暑假而选择做教师的人,早就纷纷辞职。一些没有辞职坚守岗位的教师,也在强度很大的工作中疲惫不堪,慢性疾病困扰着各年级的尤其是毕业班的教师们,网上也时常出现教师猝死、跳楼的新闻。但是即便如此,绝大多数老师依然选择为生活和理想默默坚守在教育战线。

**法律解读:**

曾有这样一副对联来形容老师,上联是"腰酸背痛腿抽筋",下联是"眼干手抖头发麻",横批是"累死算"。虽然很戏谑,也可能带有一定夸张的成分,但是也算生动地反映了老师们的处境。不单单是身累,老师的心也累。过高的社会期望、单一的职业评价标准、学生分数与升学指标,都使老师们面临着巨大的心理压力。

有关调查数据表明,我国有七成的教师处于亚健康状态,高强度的工作给教师的生理和心理都造成了不小的压力,以致出现了教师职业病。对于职业病,教师应注意运用法律保护自己。

**律师建议:**

对于身体上的一些"职业病",教师应积极预防和治疗,同时教育机构、医疗机构也可以给予相应帮助。如果说身体上的辛苦是教师职业不可避免的问题,那么更应关注的是教师们的心理健康。

对于保护教师们的心理健康,教育行政部门的高度重视是保障,学校管理制度的科学化、人文化是根本,教师个体自我心理调节是关键。同时,社会各界对于教师行业的看法和评价,应尽量客观真实。

**法规速递:**

《中华人民共和国宪法》

第四十三条 中华人民共和国劳动者有休息的权利。

国家发展劳动者休息和休养的设施,规定职工的工作时间和休假制度。

《中华人民共和国劳动法》

第三十六条 国家实行劳动者每日工作时间不超过八小时、平均每周工作时间不超过四十四小时的工时制度。

第三十八条　用人单位应当保证劳动者每周至少休息一日。

《中华人民共和国职业病防治法》

第五十五条　医疗卫生机构发现疑似职业病病人时，应当告知劳动者本人并及时通知用人单位。

用人单位应当及时安排对疑似职业病病人进行诊断；在疑似职业病病人诊断或者医学观察期间，不得解除或者终止与其订立的劳动合同。

疑似职业病病人在诊断、医学观察期间的费用，由用人单位承担。

第五十六条　用人单位应当保障职业病病人依法享受国家规定的职业病待遇。

用人单位应当按照国家有关规定，安排职业病病人进行治疗、康复和定期检查。

用人单位对不适宜继续从事原工作的职业病病人，应当调离原岗位，并妥善安置。

用人单位对从事接触职业病危害的作业的劳动者，应当给予适当岗位津贴。

## 六、教师工伤认定纠纷

教师是一个高危职业，那么就要考虑工伤认定问题。下面我们通过以案说法的方式，来一同探讨教师工伤如何认定。

**【案例 4-6】**

### 耿某居家猝死工伤认定纠纷案

耿某为某高校教务处副处长、副教授，疫情期间居家办公时，发生心源性猝死。家属认为是工伤，向学校要求获得工伤经济补偿。但是学校认为该教师是居家办公，并未在学校办公，不属于工作场所，而且无法证明该教师居家办公的真实性，不能排除其他原因导致死亡，因此拒绝申请工伤认定，也不给予经济补偿，耿某家属很生气，于是把学校起诉至法院。法院经审理后认定耿某属于工伤，学校应向耿某家属支付工伤保险待遇费用。

**法律解读：**

工伤，是指在工作时间及工作场所，在工作岗位上负伤、致残、死亡的情形。发生工伤，应获得相应工伤保险待遇费用。耿某虽然未在工作场所工作，但是为了单位的利益而居家办公，在此期间猝死，属于在工作时间和工作岗位上突发疾病，48小时之内经抢救无效死亡，此种情形应被认定为工伤，单位应向其支付工伤保险待遇费用。

**律师建议：**

学校和教职员工家属，在教师因工受伤或死亡情形发生后应及时咨询法律专业人士,以和平妥善的方式依法解决问题。

**法规速递:**

《工伤保险条例》

第十四条 职工有下列情形之一的,应当认定为工伤:

(一)在工作时间和工作场所内,因工作原因受到事故伤害的;

(二)工作时间前后在工作场所内,从事与工作有关的预备性或者收尾性工作受到事故伤害的;

(三)在工作时间和工作场所内,因履行工作职责受到暴力等意外伤害的;

(四)患职业病的;

(五)因工外出期间,由于工作原因受到伤害或者发生事故下落不明的;

(六)在上下班途中,受到非本人主要责任的交通事故或者城市轨道交通、客运轮渡、火车事故伤害的;

(七)法律、行政法规规定应当认定为工伤的其他情形。

第十五条 职工有下列情形之一的,视同工伤:(一)在工作时间和工作岗位,突发疾病死亡或者在 48 小时之内经抢救无效死亡的;(二)在抢险救灾等维护国家利益、公共利益活动中受到伤害的;(三)职工原在军队服役,因战、因公负伤致残,已取得革命伤残军人证,到用人单位后旧伤复发的。

职工有前款第(一)项、第(二)项情形的,按照本条例的有关规定享受工伤保险待遇;职工有前款第(三)项情形的,按照本条例的有关规定享受除一次性伤残补助金以外的工伤保险待遇。

## 第三节 教师不能有的行为及法律责任

### 一、教师的惩戒,应有"法"有"度"

2020 年 12 月 29 日教育部颁布的《中小学教育惩戒规则(试行)》已于 2021 年 3 月 21 日正式施行,这标志着我们教育部门、学校、教师对"熊学生"的惩戒有法规可依。

教育惩戒是学校、教师基于教育目的,对违规违纪学生进行管理、训导或者以规定方式予以矫治,促使学生引以为戒、认识和改正错误的教育行为。只能用之适当,不能用之失当。

同时,教育部在颁布《中小学教育惩戒规则(试行)》的同时,也对教师的教育惩戒行为作出了必要的说明，以规范教师的教育行为。以下教育行为，教师不可实施：

第一，体罚学生的行为。譬如：对学生身体的伤害、击打学生的身体，或者刺扎学生的身体，对学生造成身体痛苦，已经明显超出了教育惩戒的界限，属于体罚，应明令禁止。

第二，超过限度的惩罚。譬如：反复抄写作业、规章制度；超过正常限度的罚站，长时间内重复某种动作或某种姿势；对学生进行语言侮辱，刻意孤立学生，这些都属于变相体罚和心理惩罚，对学生的身心发展十分有害。

第三，言行贬损和侮辱行为。譬如：用侮辱性的语言辱骂学生，损害学生的人格尊严；采用歧视性的言行，歧视学生；刻意侵犯和侮辱学生，超过了惩戒的限度。

古人说得好，"良言一句三冬暖，恶语伤人六月寒"。积极、肯定的言语，带给学生的是鼓励和安慰；刻薄羞辱的言语，带给学生的是打击和消沉。教师们面对的是敏感期的儿童，或是青春期的少年，更应该注意自己的一言一行。毕竟，教师不经意间的一句话，影响的却可能是孩子的一生。

第四，因个别学生或者少数学生违规违纪，而对全班学生进行惩罚。比如，有的老师会因为一个同学犯错，让全班同学陪着一起抄写一百遍作业。这种将个别人或少数人的违反规则的行为，转移到全体学生身上的扩大教育惩戒对象的做法，是极端错误的。刑法学中有一个基本原则是罚当其罪，就是说，一个人受到的责罚应该与其犯下的错误相匹配，这个原则同样适用于教育工作，教师不应该因为个别学生的不当行为，而扩大为对多数学生的惩罚。

第五，因为学生学习成绩不好，而对其进行其他方面的惩罚。造成学生学习成绩不好的原因是多方面的，比如学生本身基础知识不好、个体之间的天赋有别、家庭重视不够、个人不够勤奋、教师教学水平有限或者学生身体不好耽误学习进度等，因此教师要加强对后进生的辅导，而不能甩手了之，甚至通过惩罚的方式让学生改进。这种方式不仅不能提高学生的成绩，还会导致学生丧失信心，破罐子破摔，辍学或影响其他同学，恶性循环，雪上加霜。

第六，因为教师个人的好恶和情绪，刻意对某个学生或部分学生实施惩罚。教师也是人，有七情六欲。有些教师情绪控制能力不够好，容易在班级上课时因为学生调皮和淘气而发脾气，比如，踢打讲台、掀翻桌椅、让调皮的学生站讲台或走廊，或者让部分同学相互扇耳光，使学生们感到恐惧和害怕。对此，教师在课堂上应注意调整情绪，不能因为自己情绪差或个人好恶而实施某些超过限度的教育行为。

第七，指派学生代替老师，对其他学生实施教育惩戒。《中小学教育惩戒规则（试行）》（以下简称《规则》）适用的主体是普通中小学校、中等职业学校及其教师。教师对违纪违规的学生，应在《规则》规定的范围内，对学生进行教育惩戒。在实施教育惩戒过程中，教师不能让学生代替自己对违纪违规学生实施教育惩戒。

## 二、教师侵犯学生权益情形

### （一）教师侵犯学生的生命权、健康权和身体权

为了学生的健康成长，早在1952年2月14日，教育部就发出明确指示："废止对学生进行体罚和变相体罚。"《中华人民共和国义务教育法》明确规定："教师应当尊重学生的人格，不得歧视学生，不得对学生实施体罚、变相体罚或者其他侮辱人格尊严的行为，不得侵犯学生合法权益。"我国《未成年人保护法》《教师法》等法律法规，也明确禁止体罚和变相体罚学生的行为。体罚和变相体罚的危害主要可以表现为如下几方面。

1. 体罚和变相体罚对学生身心健康和人格完善的危害

青少年学生的身体和心理都尚未发育成熟，体罚和变相体罚首先会在心理方面给学生带来伤害。在教师对学生实施体罚和变相体罚后，学生往往会下意识地产生自卑、自我封闭、抵触等不良情绪，或者产生报复心理，甚至发生不该发生的悲剧。另外，因为体罚和变相体罚造成巨大心理压力，这些学生转而会以一些叛逆行为作为发泄或者情绪移转途径，在社会不良因素的影响下容易参与赌博、打架斗殴、沉迷网络游戏等，最终也可能走上违法犯罪之路。

体罚和变相体罚对青少年学生的人格发展也造成了极大的危害，人格发展在很大程度上会受到周边环境因素的影响。对于青少年学生而言，学校是其最主要的活动场所和人格完善的课堂。教师的言行举止对学生起着重要的教育作用。教师不同的教管方式会从根本上影响学生的人格发展方向。正如斯宾塞所言："野蛮产生野蛮，仁爱产生仁爱，这就是真理。对待儿童没有同情，他们就变得没有同情，而以应有的友情对待他们就是培养他们友情的手段。"

2. 体罚和变相体罚对教育目标和教育发展的危害

教育对作为社会个体的受教育者和作为社会整体的国家乃至人类的文明发展而言，其重要意义不言而喻。而教师作为教育的重要承载者，其言行是教育成功与否的关键性因素。教师对学生的体罚和变相体罚与教育目的、教育教学规律背道而驰。人本主义心理学家罗杰斯在《学习的自由》一书中反对传统教育把学生置于被动地位。他认为：在教学中，学生要形成自我主动学习的习惯，教师对学生应有真诚、真实的态度，尊重学生，珍视学生，在感情上和思想上与学生产生共鸣，在此过程中，教师的作用主要是引导。而体罚和变相体罚却置学生于被动地位，完全忽视甚至蔑视了学生的主体性，违背了教育教学规律，严重伤害了学生的自尊心，挫伤了学生学习的积极性和

主动性。同时,也让学生对教师和学校教育失去了信心和足够的尊重,阻碍了教育人性化、和谐化发展。由于教师实施体罚和变相体罚给学生带来的各种伤害,导致学生因为惧怕受到教师的惩罚而对学习产生厌恶,进而导致其学习兴趣、能力和效果下降。

3. 体罚和变相体罚对家庭评价和家庭教育方式的危害

学生家长对教师和学校教育都寄予着很高的期望和信任,尤其是在农村,一些家长知识水平有限,他们对孩子的全部希望都寄托在教师和学校教育上,教师对家庭教育的影响也是非常大的,尤其是教师对学生的任何评价,都可能会影响到家长对子女的评价和教育方式。因此,教师对学生作出的包括某些不适当的负面评价在内的体罚和变相体罚,不仅给孩子造成巨大的心理压力,同时也给其家庭带来巨大压力,并严重扭曲家庭教育导向,经常成为引发家庭暴力的导火索。如果错误家庭教育的巨大压力和教师的体罚、变相体罚形成一种教育合力,则很容易给这些心智尚未发展成熟的学生造成严重的心理创伤。

学生依法享有不被体罚和变相体罚的权利;体罚和变相体罚学生的,应当依法承担相应的法律责任。但在实践中,如何确定教师的言行属于体罚和变相体罚并追究其相应的法律责任,仍然是一个艰难的课题。

【案例4-7】

## 教师对未成年人体罚导致跳楼案

马某系某小学六年级学生,温某系该班班主任。某天上午,温某在给该班上语文课讲评试卷后给学生安排了读书任务。由于马某精力不集中,温某对其进行了批评后动手打了马某,然后让其在教室后边罚站。第一节课下课后,马某仍然在教室后面罚站。

第二节课开课后,教师宋某仍未让马某回到座位。第二节课下课铃声响后,马某从该班教室三楼后窗跳下摔伤。马某跳楼后,该小学教师立即将马某送往医院救治。

**法律解读:**

马某作为8周岁以上的限制民事行为能力人,其对于生命权的处分具有一定的认识能力。

由于教师在上课时对学生教育方法不当,存在体罚殴打行为,导致学生产生精神思想压力而跳楼摔伤,学校应对受伤后果承担一定的赔偿责任。

根据我国《民法典》的相关规定,限制民事行为能力人在学校学习、生活期间受到人身损害,学校或者其他教育机构未尽到教育、管理职责的,应当承担侵权责任。学校作为教育机构应正确履行监督、管理职责,保护学生的人身安全。本案中,教师违反了不得体罚打骂学生的规定,学校的安全保卫设施不足,学校未尽到相应的管理职责，应当承担相应的侵权责任。

**律师建议：**

学校是教书育人的场所。学校建设，应当符合国家规定的办学标准，适应教育教学需要。学校应当建立、健全安全制度和应急机制，加强管理，对不符合安全标准的设施设备进行更换，预防和消除教育教学环境中存在的安全隐患。当发生伤害事故时，应当及时采取措施救助受伤害学生。学校应当对在校学生进行必要的安全教育和自护自救教育。

教师在教学过程中应平等对待学生、关注学生个体差异，因材施教，并尊重和保护学生的合法权益，不得侵犯学生的人格权，促进学生德智体美等全面发展。学校应当向学生定期宣讲安全知识，加强学生的安全意识，通过各种小游戏小测验，强化学生安全意识。

未成年学生应当加强自我保护意识，主动学习安全领域的知识，珍爱生命。

**法规速递：**

《中华人民共和国刑法》

第二百三十二条　故意杀人的，处死刑、无期徒刑或者十年以上有期徒刑；情节较轻的，处三年以上十年以下有期徒刑。

《中华人民共和国民法典》

第一千二百条　限制民事行为能力人在学校或者其他教育机构学习、生活期间受到人身损害，学校或者其他教育机构未尽到教育、管理职责的，应当承担侵权责任。

《学生伤害事故处理办法》

第二条　在学校实施的教育教学活动或者学校组织的校外活动中，以及在学校负有管理责任的校舍、场地、其他教育教学设施、生活设施内发生的，造成在校学生人身损害后果的事故的处理，适用本办法。

第九条　因下列情形之一造成的学生伤害事故，学校应当依法承担相应的责任：

（一）学校的校舍、场地、其他公共设施，以及学校提供给学生使用的学具、教育教学和生活设施、设备不符合国家规定的标准，或者有明显不安全因素的；

（二）学校的安全保卫、消防、设施设备管理等安全管理制度有明显疏漏，或者管理混乱，存在重大安全隐患，而未及时采取措施的；

（九）学校教师或者其他工作人员体罚或者变相体罚学生，或者在履行职责过程中违反工作要求、操作规程、职业道德或者其他有关规定的；

《中华人民共和国教师法》

第三十七条　教师有下列情形之一的，由所在学校、其他教育机构或者教育行政部门给予行政处分或者解聘：

（一）故意不完成教育教学任务给教育教学工作造成损失的；

（二）体罚学生，经教育不改的；

（三）品行不良、侮辱学生，影响恶劣的。

教师有前款第（二）项、第（三）项所列情形之一，情节严重，构成犯罪的，依法追究刑事责任。

《中华人民共和国义务教育法》

第二十九条　教师在教育教学中应当平等对待学生、关注学生的个体差异，因材施教，促进学生充分发展。

老师应当尊重学生的人格，不得歧视学生，不得对学生实施体罚，变相体罚或者其他侮辱人格尊严的行为，不得侵犯学生合法权益。

## 【案例 4-8】

### 教师对未成年人的变相体罚导致侵权案

某日，河北邯郸某中学八年级的 4 名学生在上早读课时迟到，班主任徐某将 4 人叫到办公室对他们进行批评教育。徐某以"从头做起"为名，对学生采取了理发推头的处罚方式，引起家长的强烈不满。后学校公开道歉，涉事老师徐某被辞退。

**法律解读：**

不管是体罚，还是变相体罚，都是一种侮辱人格的行为，这种行为会挫伤学生们的学习积极性，伤害他们的人格尊严，导致师生关系恶化和对立，不利于他们的健康成长。严重的体罚，还会造成人身伤害，导致学校被追究赔偿责任。学校教育与家庭教育形不成合力，不利于学校与家长配合对孩子进行良好的教育。

教师体罚或变相体罚学生，并非一朝一夕形成。引起这种现象的原因是多方面的。比如，有些学校领导认为，只要能把学生的学习成绩搞上去，不管用什么方法都行，甚至暗中支持和鼓励体罚或变相体罚学生的做法。我国《未成年人保护法》《义务教育法》均禁止教师体罚学生。教师在教育学生时，应当遵守法律，认真履行其教育职责，不能为所欲为。

**律师建议：**

1. 教师和学生在人格上是平等的，教师在工作过程中，应尊重学生人格尊严。

2. 对于犯错的学生，教师应采取正面教育，禁止体罚或变相体罚等损害学生身心健康的行为。

**法规速递：**

《中华人民共和国未成年人保护法》

第二十七条 学校、幼儿园的教职员工应当尊重未成年人的人格尊严,不得对未成年人实施体罚、变相体罚或者其他侮辱人格尊严的行为。

(二) 教师侵犯未成年人的性权

学校是教书育人的圣地,而老师作为教育者,有义务和责任保护每一个学生,家长之所以放心把孩子送到学校接受教育,也是出于对学校和教师的信任。但教师队伍中的个别败类,利用职务之便把魔爪伸向了年幼无知的孩子们,这样的事情发生在很多地方,尤其是农村学校居多,留守儿童成为重灾区。

【案例 4-9】

杨某某、糜某某为某小学教师。2001 年至 2020 年,杨某某在泸溪县两所小学担任教师时,利用职务之便,先后对 9 名小学女生进行性侵。这些女生中,有 8 名未满 14 周岁。更疯狂的是,杨某某伙同糜某某对一名 12 岁女生进行了性侵。除此之外,杨某某、糜某某还利用职务之便在教室、办公室等地点进行作案,猥亵多名小学女生。

2017 年,有受害女生家长发现自己的孩子在学校被人侵害后,向学校两名负责人反映情况,学校领导却对家长所反映的情况置之不理,导致杨某某、糜某某得以在学校继续作案多起。

2020 年 5 月,又有家长向当地警方报案,称自己的孩子在学校被人侵害。当地警方立案调查,随即将杨某某、糜某某抓捕归案,2020 年 8 月 11 日,当地法院以杨某某犯强奸罪、猥亵儿童罪,判处其死刑;糜某某犯强奸罪、猥亵儿童罪,被判处有期徒刑 17 年。

作为涉事学校的两位正副校长,因对犯罪嫌疑人的行为隐瞒不报,被依法追责,当地教育部局分管学校安全的副局长也被免职。

**法律解读:**

最近几年来,学校甚至幼儿园发生教师或工作人员强制猥亵学生或性侵学生的事件引起了社会的恐慌,也引起了社会的强烈愤怒。教育机构在日常工作管理中,应通过提高学生防范意识和加强摄像头监控等设施来防止类似情形的发生。

**律师建议:**

1. 家长要对孩子进行科学合理的性教育,让孩子明白哪些地方不许除了父母外的第三人接触,学会保护好自己的身体不被侵犯。

2. 学校或幼儿园要提高对教职员工的录用门槛,定期进行考核、教育整顿。一旦发现行为异常,应立即处理。

3. 教育行政管理部门应实行事前事中事后多环节监督，并加大惩罚力度，必要时移送公安机关。

**法规速递：**

《中华人民共和国刑法》

第二百三十六条　以暴力、胁迫或者其他手段强奸妇女的，处三年以上十年以下有期徒刑。

奸淫不满十四周岁的幼女的，以强奸论，从重处罚。

强奸妇女、奸淫幼女，有下列情形之一的，处十年以上有期徒刑、无期徒刑或者死刑：

（一）强奸妇女、奸淫幼女情节恶劣的；

（二）强奸妇女、奸淫幼女多人的；

（三）在公共场所当众强奸妇女、奸淫幼女的；

（四）二人以上轮奸的；

（五）奸淫不满十周岁的幼女或者造成幼女伤害的；

（六）致使被害人重伤、死亡或者造成其他严重后果的。

第二百三十六条之一　对已满十四周岁不满十六周岁的未成年女性负有监护、收养、看护、教育、医疗等特殊职责的人员，与该未成年女性发生性关系的，处三年以下有期徒刑；情节恶劣的，处三年以上十年以下有期徒刑。

有前款行为，同时又构成本法第二百三十六条规定之罪的，依照处罚较重的规定定罪处罚。

第二百三十七条第三款　猥亵儿童的，处五年以下有期徒刑；有下列情形之一的，处五年以上有期徒刑：

（一）猥亵儿童多人或者多次的；

（二）聚众猥亵儿童的，或者在公共场所当中猥亵儿童，情节恶劣的；

（三）造成儿童伤害或其他严重后果的；

（四）猥亵手段恶劣或者有其他恶劣情节的。

（三）教师侵犯未成年人的人身自由权

**【案例 4-10】**

### 教师对严重扰乱课堂秩序的学生临时隔离案

某小学五年级学生小明在英语课上交头接耳、随意插话严重扰乱课堂秩序。英语老师刘老师为了不影响其他同学，便让小明自己一个人在办公室里自习。刘老师怕小明乱跑便将门锁起来后继续回班里上课。后来，刘老师忘记小明被自己关在办公室，上完课就回家了。看着别的同学都去食堂吃饭，饥饿的小明便决定从窗户翻出去，但一不小心脚踏空，从6楼摔下而亡。

**法律解读：**

人身自由权是宪法赋予公民的一项基本权利，除了法律赋予的公权力机关依法限制人身自由外，其他任何人都不得限制他人的人身自由。教师将未完成作业的学生单独锁在办公室或教室补作业、将严重违纪的学生长时间地关在办公室面壁思过等行为都是限制或剥夺他人人身自由的表现，这些行为都涉嫌非法拘禁学生。一旦出现严重后果，教师就有可能被追究刑事责任。

**律师建议：**

1. 教师不得采取非法限制学生人身自由的方式教育学生，不得将学生单独关在办公室、宿舍等地方。

2. 对于严重扰乱课堂纪律的学生，经警告后仍然不能制止且确实需要采取临时隔离的，教师可将其带到办公室单独进行批评教育，但不得使学生处于无人监管的状态，以免发生意外。

**法规速递：**

《中华人民共和国宪法》

第三十七条　中华人民共和国公民的人身自由不受侵犯。

任何公民，非经人民检察院批准或者决定或者人民法院决定，并由公安机关执行，不受逮捕。

禁止非法拘禁和以其他方法非法剥夺或者限制公民的人身自由，禁止非法搜查公民的身体。

《中华人民共和国刑法》

第二百三十八条第一款　非法拘禁他人或者以其他方法非法剥夺他人人身自由的，处三年以下有期徒刑、拘役、管制或者剥夺政治权利。具有殴打、侮辱情节的，从重处罚。

（四）教师侵犯学生的肖像权

【案例4-11】

### 教师擅自利用学生肖像发布广告案

李某6岁，就读于一所私立幼儿园，在某县举办的一次"六一"儿童节会演中荣获一等奖。其就读的幼儿园教师刘某用李某被授奖时的镜头在其个人公众号、QQ空间、抖音、微博上进行发布，为自己和幼儿园作广告宣传。李某的父亲要求刘某停止该广告的播放，并赔偿相应损失。刘某辩称该广告已经李某口头同意。

**法律解读：**

刘某虽经李某口头同意使用其被授奖的镜头进行广告宣传，但根据我国《广告法》，这种行为已构成侵权。李某年仅6岁，系无民事行为能力人，无论其口头同意还是书面同意，都不具有法律效力，在未征得李某监护人同意的情形下，刘某不能擅自使用李某获奖的镜头作为广告进行宣传。刘某的上述行为，已侵害李某肖像权，应当依法承担民事责任。

**律师建议：**

1. 教育机构和工作人员不得擅自将涉及学生的肖像图片提供给他人，更不得擅自使用学生肖像图片用于营利活动。

2. 学校使用涉及学生肖像的图片前，应当征得学生家长的书面同意并就该图片的使用进行详细约定。

3. 学校如出于教育工作需要，如表彰学生先进事迹等使用学生图片的，则属于合理使用，不构成侵权。

**法规速递：**

《中华人民共和国广告法》

第三十三条 广告主或者广告经营者在广告中使用他人名义或者形象的，应当事先取得其书面同意；使用无民事行为能力人、限制民事行为能力人的名义或者形象的，应当事先取得其监护人的书面同意。

## 【案例4-12】

学生上课睡觉，老师未经同意，偷拍孩子睡觉流口水的样子，然后通过PS技术把该生的头像换成猪，并将其发到家长群和班级群里，引起家长的围观和集体讨论。该学生回家受到家长严厉批评后，自尊心受到伤害，产生厌学情绪。

**法律解读：**

老师可能是恨铁不成钢，认为学生上课睡觉是不认真学习的表现，但是行为过于简单粗暴，侵犯了学生的肖像权和名誉权。需要指出的是，在一般情况下，肖像权和名誉权像一对孪生姐妹，可能会同时被侵犯。

**律师建议：**

下列情况属于合理使用他人肖像，不构成侵权：

1. 为公益目的而使用他人肖像，例如宣传某人的先进事迹，在报纸、电视台、电影中使用先进人物的照片,可以不征得本人的同意。

2. 为新闻报道而拍摄照片和影像。

3. 通缉逃犯和罪犯而使用他人肖像。

4. 寻人启事刊登照片等。

**法规速递:**

《中华人民共和国民法典》

第一千零一十九条 任何组织或者个人不得以丑化、污损,或者利用信息技术手段伪造等方式侵害他人的肖像权。未经肖像权人同意,不得制作、使用、公开肖像权人的肖像,但是法律另有规定的除外。

未经肖像权人同意,肖像作品权利人不得以发表、复制、发行、出租、展览等方式使用或者公开肖像权人的肖像。

第一千零二十条 合理实施下列行为的,可以不经肖像权人同意:

(一)为个人学习、艺术欣赏、课堂教学或者科学研究,有必要范围内使用肖像权人已经公开的肖像;

(二)为实施新闻报道,不可避免地制作、使用、公开肖像权人的肖像;

(三)为依法履行职责,国家机关在必要范围内制作、使用、公开肖像权人的肖像;

(四)为展示特定公共环境,不可避免地制作、使用、公开肖像权人的肖像;

(五)为维护公共利益或者肖像权人合法权益,制作、使用、公开肖像权人的肖像的其他行为。

(五)教师侵犯学生的财产权、自主选择权

**【案例 4-13】**

某学校制定规章制度,规定学生不得携带手机上学,但是学生王某仍然带手机到学校,并且在上课时玩弄手机,不仅影响了自己的课业,同时还引起其他学生的注意,班主任秦某认为王某的行为已经触犯了学校的规章制度。为了端正王某的学习态度、规范学习行为,秦某在没有得到王某家长同意的情况下,没收了王某的手机,并告诉王某,除非其考入班级前十名,否则就不归还手机。

班主任秦某的行为是否属于侵权行为?

**法律解读:**

根据我国《民法典》的相关规定,手机作为个人的合法财产,应当受到法律的保护,任何个人与单位均无权占有或者扣留。教师在未得到学生监护人同意的情况下,私自没收手机并设定归还条件，违反了法律的规定，属于侵权行为。

温馨提醒，对于下列侵权行为，教育机构应注意避免：强令学生征订刊物；推销指定的学习、生活用品；强令学生认购所谓"献爱心"贺年卡片；强行要求学生乘坐指定车辆；学生就餐指定食堂；学生购物指定商店；教师以上课做小动作为由扣押学生自用的书籍、玩具；以"少儿不宜"为由没收学生自备的手机、游戏机；学生车辆在校遗失，按校规"责任一律自负"。

**律师建议：**

1. 如果学生携带手机等与学习无关的物品进教室，教师在对其批评教育后，可先代为保管这些物品，等到放学后还给学生。

2. 教师应在日常教学中，注意教育学生不要带手机等与学习无关的物品进入学校，并告知违反校纪校规的后果。

**法规速递：**

《中华人民共和国民法典》

第二百四十条　所有权人对自己的不动产或者动产，依法享有占有、使用、收益和处分的权利。

（六）教师侵犯学生的著作权

**【案例4-14】**

某学生张三文章写得很好，经常得到老师好评。某次学校举办作文比赛，张三的文章获得了一等奖。后来学校在参加该市作文评比活动时，将张三的投稿加以修改后，以校团委的名义发表，参加评比活动，又获得了一等奖，学校因此获得奖金一万元。

后来，此事被学生张三的家长知晓，认为学校侵犯了未成年学生的著作权（署名权、发表权、修改权、保护作品完整权和作品获利权）和荣誉权。可是学校认为，学生张三能有机会将自己的文章参与市一级评比活动，已经非常荣幸，至于奖金和奖状，就不要计较了。

**法律解读：**

我国《著作权法》明确规定，创作作品的公民就是该作品的作者。年龄的大小虽能影响人的行为能力但不能影响人的权利能力。由于学生张三是未成年人，故该权利由其监护人代为行使。学校在未经张三监护人书面许可的情况下，将其作品直接修改后参与评比活动，且没有给该作品署名为张三，而是以校团委的名义发表，该学校和发表作文的机构共同侵犯了张三的著作权。该学校不仅应该将稿酬和奖金交予张三家长，而且张三还可以追究学校和发表作文的机构侵权责任。

**律师建议：**

1. 教师或学校在向出版社或发表刊物的机构发表未成年人的作品（包含文字作品、绘画作品等）前，均应事先征得学生监护人的书面同意。

2. 投稿时应标明未成年人的姓名，保障其署名权，如果顺利发表，那么还要一并给予其稿酬。如果获得了奖金，应该给作品的作者，不能因其是未成年人，就剥夺其稿酬和奖金获取权利。

**法规速递：**

《中华人民共和国著作权法》

第二条第一款　中国公民、法人或者非法人组织的作品，不论是否发表，依照本法享有著作权。

第十一条　著作权属于作者，本法另有规定的除外。创作作品的自然人是作者。

《中华人民共和国民法典》

第十九条　八周岁以上的未成年人为限制民事行为能力人，实施民事法律行为由其法定代理人代理或者经其法定代理人同意、追认；但是，可以独立实施纯获利益的民事法律行为或者与其年龄、智力相适应的民事法律行为。

第二十条　不满八周岁的未成年人为无民事行为能力人，由其法定代理人代理实施民事法律行为。

（七）教师侵犯未成年人的名誉权

**【案例 4-15】**

某小学下课期间，小红跑到办公室对班主任王老师说，她书包里的 200 元钱不见了，疑似为小明所偷。王老师知悉后，到班上询问有没有人捡到小红的 200 块钱，班上无一人吭声。

王老师急于找到丢失的 200 块钱，便决定搜包。经过一顿搜查后，还是没有发现丢失的 200 元，后王老师单独把小明叫出去并让小红负责搜身，结果还是没有找到。后小明回到教室，班上的同学都以为是小明所偷，说他是小偷并用异样的眼光看着他。事情发生后，小明的精神受到很大的打击，无论如何都不肯去学校上学。

**法律解读：**

我国法律明确规定，除公安、检察、国家安全机关工作人员依法行使搜查权外，其他任何人、组织、团体都不得随意搜查他人。也就是说，教师无权搜查学生的身体或物品，也无权指使他人搜查或命令学生间相互搜查。

本案中，老师急于找到被盗的财物而擅自搜查学生的身体和书包是违法行为，侵犯了学生的人身自由和人格尊严。

**律师建议：**

1. 对于失窃事件，教师应当采取说服教育的方式来引导犯错的学生主动承认并改正错误，同时做好保密工作，避免伤害学生的自尊心。

2. 若是金额较大的盗窃事件，教师应当立即报警，切勿轻举妄动。

3. 在平时教学过程中，教师须加强学生的防盗意识，告知学生们保管好自己的物品，贵重物品不要带入学校或交给老师代为保管。

**法规速递：**

《中华人民共和国宪法》

第三十七条　中华人民共和国公民的人身自由不受侵犯。

任何公民，非经人民检察院批准或者决定或者人民法院决定，并由公安机关执行，不受逮捕。

禁止非法拘禁和以其他方法非法剥夺或者限制公民的人身自由，禁止非法搜查公民的身体。

《中华人民共和国民法典》

第九百九十条　人格权是民事主体享有的生命权、身体权、健康权、姓名权、名称权、肖像权、名誉权、荣誉权、隐私权等权利。

除前款规定的人格权外，自然人享有基于人身自由、人格尊严产生的其他人格权益。

第九百九十一条　民事主体的人格权受法律保护，任何组织或者个人不得侵害。

第九百九十二条　人格权不得放弃、转让或者继承。

第九百九十三条　民事主体可以将自己的姓名、名称、肖像等许可他人使用，但是依照法律规定或者根据其性质不得许可的除外。

第九百九十五条　人格权受到侵害的，受害人有权依照本法和其他法律的规定请求行为人承担民事责任。受害人的停止侵害、排除妨碍、消除危险、消除影响、恢复名誉、赔礼道歉请求权，不适用诉讼时效的规定。

《中华人民共和国教师法》

第八条　教师应当履行下列义务：（一）遵守宪法、法律和职业道德，为人师表；（二）贯彻国家的教育方针，遵守规章制度，执行学校的教学计划，履行教师聘约，完成教育教学工作任务；（三）对学生进行宪法所确定的基本原则的教育和爱国主义、民族团结的教育，法制教育以及思想品德、文化、科学技术教育，组织、带领学生开展有益的社会活动；（四）关心、爱护全体学生，尊重学生人格，促进学生在品德、智力、体质等方面全面发展；（五）制止有害于学生的行为或者其他侵犯学生合法权益的行为，批评和抵制有害于学生健康成长的现象；（六）不断提高思想政治觉悟和教育教学业务水平。

（八）教师侵犯学生的人格权

**【案例 4-16】**

2019 年 4 月底，在某幼儿园上学的 3 岁男孩肖某某说老师打他。为弄清真相，妈妈将录音笔放在孩子衣服口袋里面。通过录音，家长发现该幼儿园老师有辱骂肖某某、让肖某某额头顶着鞋和手机睡觉的行为。

2019 年 6 月 23 日，区教育局作出处理意见：（1）幼儿园立即对涉事教师予以辞退；（2）幼儿园就该教师违反师德师风的行为，对家长进行登门道歉，做好家长安抚工作；（3）幼儿园立即作深刻的书面检讨，同时进行全面整改，完善教师管理制度，对全园教师开展师德师风培训，整改期限两个月；（4）幼儿园 2019 年年检暂定为不合格，根据师德师风整改及年底检查情况确定其最终年检结果；（5）教育局约谈幼儿园举办者，对其进行批评教育。之后，家长提起诉讼，法院判决幼儿园向肖某某赔礼道歉，并赔偿肖某某精神损害抚慰金 1 万元。

**法律解读：**

在上述案例中，老师采用辱骂、额头顶鞋、手机睡觉等行为教育孩子，明显超过了一般教导行为。这种行为给孩子的心灵造成了不可磨灭的伤害，侵犯了孩子的人格权。

**律师建议：**

1. 幼儿园应当定期对教师进行法制教育，要求其尊重儿童，不得作出侮辱儿童的行为；

2. 注意教育的方式方法，对不听话的儿童，老师要控制自己的情绪，并注意对其理性引导和教育；

3. 在批评儿童时，要注意儿童对批评教育的接受程度，做好后续心理和情绪的安抚工作。

**法规速递：**

《中华人民共和国教师法》

第八条 教师应当履行下列义务：

……

（四）关心、爱护全体学生，尊重学生人格，促进学生在品德、智力、体质等方面全面发展；……

(九) 教师侵犯学生受照顾权

对于因特异体质或者患有特殊疾病不宜参加一些教学活动的学生，学校未予特殊安排；对于突发急病的学生，学校未及时与学生家长联系，送医急救，侵犯了未成年学生的获得照顾权。

【案例 4-17】

## 学生身体不适，学校未及时救助并联系家长导致严重后果

刘某就读于某县某外国语学校。2019 年 6 月 10 日午休时，刘某两次翻墙试图捡一个瓶子，结果两次从墙头掉下，刘某当即感到身体不适，同行的同学喊来了值班老师卢某。

卢某并未询问刘某伤情，而是盘问翻墙的原因，对其罚站，并用手打刘某的脸，用小木条打刘某的手和小腿。

第二日，因刘某病情严重，刘某班主任徐某和卢某一起将刘某送医治疗。经鉴定刘某的脾脏切除伤情构成八级伤残，小肠切除构成九级伤残，肠破裂构成十级伤残。法院认为学校在得知学生受伤后，没有及时将其送医治疗，存在管理上的疏忽，应当承担 80% 的赔偿责任，赔偿刘某 31 万余元。

**法律解读：**

在本案中，学校的教职员工对学生的伤病没有足够的警惕，导致延误病情，而恰恰是这些情形，成为法院判决校方未尽管理职责的依据。

在本案中，因为刘某摔下墙头，身体不适，教师卢某才被喊到现场。卢某到现场没有先关注学生的伤情，而是先对刘某不遵守校纪校规的行为进行惩罚，甚至还有体罚行为，导致学校因未尽管理职责承担 80% 的赔偿责任。

**律师建议：**

1. 学校以及教职工应当对学生的健康问题、伤情病情给予足够的重视，教导学生身体不舒服时要及时告知老师。

2. 班主任老师应当将生病或受伤的学生送至医务处进行紧急治疗，由校医确定状况后再作出进一步决定。病情严重且紧急，应立即呼叫救护车，不要自行送学生前往医院，避免造成二次伤害。

3. 无论病情是否严重，无论学校采取何种措施，均须将病情及时告知家长。

**法规速递：**

《学生伤害事故处理办法》

第十五条　发生学生伤害事故，学校应当及时救助受伤害学生，并应当及时告知未成年学生的监护人；有条件的，应采取紧急救援等方式救助。

（十）教师侵犯了未成年人的人格平等权

## 【案例 4-18】

某天，李校长检查入学进度，发现该校三年级还差一个学生，问班主任王老师，被告知："未到校的学生叫周某，因家庭困难交不起学费而失学了。"李校长带着这个问题走访了周某家了解情况，家长对教师意见很大，告诉李校长说："我小孩周某学习成绩差，不守纪律，这我清楚。上学期班主任在排学生座位时，故意将周某排在教室左后角独坐，作业就是交了，老师也不批改。期末考试，语文只得27分，数学只得45分，成绩都低于班级平均分数。期末发《手册》那天，王老师还在班上点名批评我小孩，说周某在班上是大家学习上的负担，下学期最好不要读了。本学期开学已有5天，可王老师一次未来过，也未捎信或写字条来要周某去读书，请校长考虑我小孩的读书问题。"回校后，李校长深入该班了解情况，发现周某家长反映情况属实。

该学校《教师奖罚制度》第十条规定："排斥差生，差生失学，应由直接责任人动员差生入学，否则视其情节予以经济处罚。"对此，学校作出决定，责成王老师在两天内亲自到周某同学家，做好动员入学工作，并在周某入学后不准对其进行歧视。学校对王老师进行批评教育，并视其情节给予处罚。

**法律解读：**

关心爱护学生是法律赋予教师的义务，学校给予王老师的处理合理合法。首先，王老师对差生周某不但不关心帮助，反而将其座位排在教室左后角。周某不交作业，王老师对其不教育、不督促，周某交了作业，王老师也不批改，这是歧视差生的表现。其次，周某期末考试成绩差，王老师对其挖苦、讥讽，这种行为也属于排斥差生。最后，学校开学后，王老师不但不去动员周某入学，反而在领导面前说谎话，称周某未入学是因为家庭经济困难。王老师的这些行为，违背教师职业操守。

**律师建议：**

1. 教师不得歧视差生，相反，应当给予差生更多的关怀，引导和鼓励他们克服困难、积极进取。

2. 教师应当平等地对待每一位学生，关心、爱护全体学生，尊重学生人格。

**法规速递：**

《中华人民共和国教育法》

第三十七条第一款　受教育者在入学、升学、就业等方面依法享有平等权利。

《中华人民共和国未成年人保护法》

第二十八条　学校应当保障未成年学生受教育的权利，不得违反国家规定开除、变相开除未成年学生。

学校应当对尚未完成义务教育的辍学未成年学生进行登记并劝返复学；劝返无效的，应当及时向教育行政部门书面报告。

### （十一）教师让未成年人搬运物品或工具造成的人身伤害

**【案例4-19】**

程某系某小学六年级三班的学生，2021年4月27日，老师指挥程某所在班级的男同学将二楼及三楼走廊里的桌子搬到教学楼一楼的走廊里，供第二天学校运动会用。在程某及其同学将桌子搬到楼正厅后，桌子倒了，砸在程某的左脚上。随后，程某被学校送到医院进行检查，后程某被父母送到沈阳市中国医科大学附属盛京医院住院治疗，其所受伤害被诊断为：左足外伤左趾甲床裂伤，左趾骨骨折。程某共住院治疗9天，住院期间一级护理1天（护理人程某父亲程某甲、程某母亲王某）、二级护理8天（护理人程某父亲程某甲），2021年5月6日出院，支出医疗费共计10799.7元。

**法律解读：**

教师在组织程某等学生搬运桌子时，对其负有管理、保护的义务，如：在组织学生搬桌子前，对学生进行必要的安全教育；在搬运桌子的过程中，安排人员对学生进行安全监督及管理。本案中，程某所在班级的男同学均系限制民事行为能力人，教师应当预见到在没有教师看护的情况下，让学生搬桌子很有可能因为碰撞或是走路不稳而造成意外伤害，教师没有尽到足够的监护责任。作为学校，应该为教师的失职承担相应的赔偿责任。

**律师建议：**

1. 学校在组织学生进行各项活动前，应当对学生进行必要的安全教育。

2. 学校在组织活动过程中，应确保学生有一个相对安全的环境，并提供完善的监护职责，以保证学生的人身安全。

**法规速递：**

《中华人民共和国民法典》

第一千一百九十九条　无民事行为能力人在幼儿园、学校或者其他教育机构学习、生活期间受到人身损害的，幼儿园、学校或者其他教育机构应当承担侵权责任；但是，能够证明尽到教育、管理职责的，不承担侵权责任。

第一千二百条　限制民事行为能力人在学校或者其他教育机构学习、生活期间受到人身损害，学校或者其他教育机构未尽到教育、管理职责的，应当承担侵权责任。

《中华人民共和国未成年人保护法》

第三十五条　学校、幼儿园应当建立安全制度，对未成年人进行安全教育，完善安保设施、配备安保人员，保障未成年人在校、在园期间的人身和财产安全。

（十二）教师侵犯未成年人的隐私权

**【案例4-20】**

教师以爱护学生为由，擅自拆阅学生私人信件；学校按成绩高低顺序排列，张榜公布学生的学习成绩。

**【案例4-21】**

语文教师怀着"奇文共欣赏"的心态，"演说"学生写得不好的作文，侵犯了未成年学生的隐私权和名誉权。

**法律解读：**

教师一旦侵犯了未成年人的合法权益，承担法律责任的形式有：

1. 行政法律责任：违反教育法的行政法律责任的承担方式主要有两类，即行政处罚和行政处分。

2. 民事法律责任：承担民事责任的方式主要有停止侵害、排除妨碍、消除危险、恢复原状、消除影响、恢复名誉、赔礼道歉、赔偿损失、返还财产等。

3. 刑事法律责任：体罚学生，经教育不改的；品行不良、侮辱学生、影响恶劣的，给予行政处分或解聘；情节严重构成犯罪的，依法追究其刑事责任。

# 第五章

# 学生篇

　　学生，通常是指正在学校、学堂或其他正规教育机构接受教育的学子，泛指幼儿园、小学、中学及高校的在校生。

　　就学生的民事法律属性而言，可以分为无民事行为能力学生、限制民事行为能力学生和完全民事行为能力学生；就刑事法律属性而言，可以划分为完全无刑事行为能力学生、相对刑事行为能力学生和完全刑事行为能力学生；不同年龄段的学生，相关的法益有所不同，权利和义务也存在着很大的差异，对未成年人需要监护并予以保护和管理。

　　（一）学生民事行为能力的划分

　　民事行为能力，是指民事主体凭借自己独立的行为获得民事权利、承担民事义务的能力。民事行为能力由国家法律加以确认，依据《中华人民共和国民法典》，自然人的行为能力可分为：无民事行为能力、限制民事行为能力和完全民事行为能力三种。

　　不满八周岁的未成年人为无民事行为能力人，由其法定代理人代理实施民事法律行为。八周岁以上的未成年人为限制民事行为能力人，实施民事法律行为，需要其法定代理人代理或者经其法定代理人同意或追认，但是可以独立实施纯获利益的民事法律行为或者与其年龄、智力相适应的民事法律行为。十六周岁以上的未成年人，以自己的劳动收入为主要生活来源的，视为完全民事行为能力人。十八周岁以上的自然人为成年人。不满十八周岁的自然人为未成年人。成年人为完全民事行为能力人，可以独立实施民事法律行为。

　　**法规速递：**

　　《中华人民共和国民法典》

　　第十七条　十八周岁以上的自然人为成年人。不满十八周岁的自然人为未成年人。

　　第十八条　成年人为完全民事行为能力人，可以独立实施民事法律行为。

　　十六周岁以上的未成年人，以自己的劳动收入为主要生活来源的，视为完全民事行为能力人。

第十九条　八周岁以上的未成年人为限制民事行为能力人，实施民事法律行为由其法定代理人代理或者经其法定代理人同意、追认，但是可以独立实施纯获利益的民事法律行为或者与其年龄、智力相适应的民事法律行为。

第二十条　不满八周岁的未成年人为无民事行为能力人，由其法定代理人代理实施民事法律行为。

第二十一条　不能辨认自己行为的成年人为无民事行为能力人，由其法定代理人代理实施民事法律行为。

八周岁以上的未成年人不能辨认自己行为的，适用前款规定。

第二十二条　不能完全辨认自己行为的成年人为限制民事行为能力人，实施民事法律行为由其法定代理人代理或者经其法定代理人同意、追认；但是，可以独立实施纯获利益的民事法律行为或者与其智力、精神健康状况相适应的民事法律行为。

《中华人民共和国未成年人保护法》

第二条　本法所称未成年人是指未满十八周岁的公民。

**（二）学生刑事责任能力的划分**

刑事责任能力是指辨认和控制自己行为的能力。辨认能力是指一个人对自己行为的性质、意义和后果的认识能力。控制能力是指一个人按照自己的意志支配自己行为的能力。对于一般学生来说，只要生理和智力发育正常，那么达到一定的年龄后，就具有了相应的辨认和控制自己行为的能力，从而具有刑事责任能力。

行为人构成犯罪和承担刑事责任，必须具备刑法意义上辨认和控制自己行为的能力；不具备刑事责任能力者，即使实施了危害社会的行为，也不能成为犯罪主体，不能被追究刑事责任；刑事责任能力减弱者，其刑事责任相应地适当减轻。

通常情况下，不满十四周岁的学生处于完全无刑事行为能力年龄，不对任何刑事行为负责；年满十四周岁不满十六周岁的学生，处于相对刑事行为能力年龄，只对《中华人民共和国刑法》规定的个别严重危害社会的行为负刑事责任，如故意杀人、故意伤害致人重伤或者死亡、强奸、抢劫、贩卖毒品、放火、爆炸、投放危险物质罪等八种犯罪行为；但是，对于年满十二周岁不满十四周岁的未成年人，犯故意杀人、故意伤害罪，致人死亡或者以特别残忍手段致人重伤造成严重残疾，情节恶劣，经最高人民检察院核准追诉的，应当负刑事责任。

**法规速递：**

《中华人民共和国刑法》

第十七条　已满十六周岁的人犯罪，应当负刑事责任。

已满十四周岁不满十六周岁的人,犯故意杀人、故意伤害致人重伤或者死亡、强奸、抢劫、贩卖毒品、放火、爆炸、投放危险物质罪的,应当负刑事责任。

已满十二周岁不满十四周岁的人,犯故意杀人、故意伤害罪,致人死亡或者以特别残忍手段致人重伤造成严重残疾,情节恶劣,经最高人民检察院核准追诉的,应当负刑事责任。

对依照前三款规定追究刑事责任的不满十八周岁的人,应当从轻或者减轻处罚。

因不满十六周岁不予刑事处罚的,责令其父母或者监护人加以管教;在必要的时候,依法进行专门矫治教育。

(三) 学生的监护人

在校学生,既有成年人,又有未成年人。成年人大都具有完全民事行为能力,不需要监护人,未成人则不同,因其不具备完全民事行为能力,很多时候需要监护人的保护,很多事情需要监护人代理。

监护制度是指依照规定,对未成年人、无民事行为能力或限制民事行为能力的精神病人的人身、财产及其他合法权益进行监督和保护的制度。其目的是保护无行为能力人和限制行为能力人的一切合法权利,保护正常的社会经济运行秩序。

监护人,是指对无民事行为能力人和限制民事行为能力人的人身、财产和其他一切合法权益负有监护职责的人。

监护人应具有监护能力,符合法定资格,并恪尽监护职责,否则要承担相应的法律责任。与监护职责相适应,监护人主要具有以下权利:(1)有权保护被监护人的身体健康。(2)有权照顾被监护人的生活。(3)有权管理和保护被监护人的财产,并代理被监护人进行民事活动。(4)有权对被监护人进行管理和教育。(5)有权代理被监护人进行诉讼。监护人依法行使监护权利,任何组织或个人均无权干涉。

学校不是学生在校期间的监护人,我国法律没有把学校列为在校未成年学生的监护人。通常监护人有以下三种情况:一是被监护人的近亲属,包括父母、成年子女、配偶、兄弟姐妹、祖父母、外祖父母、孙子女、外孙子女。二是关系密切的其他亲属和朋友,这些人区别于被监护人的近亲属,他们没有必须担任监护人的法律上的义务,大都是自愿承担监护责任,并经所在单位或者居委会、村委会同意,才能担任监护人。三是在没有以上两种监护人的情况下,由社会和国家负责安排,由所在单位或者居委会、村委会或者民政部门担任其监护人。

**法规速递:**

《中华人民共和国民法典》

第二十三条  无民事行为能力人、限制民事行为能力人的监护人是其法定代理人。

第二十七条　父母是未成年子女的监护人。

未成年人的父母已经死亡或者没有监护能力的,由下列有监护能力的人按顺序担任监护人:

(一) 祖父母、外祖父母;

(二) 兄、姐;

(三) 其他愿意担任监护人的个人或组织,但是须经未成年人住所地的居民委员会、村民委员会或者民政部门同意。

第二十八条　无民事行为能力或者限制民事行为能力的成年人,由下列有监护能力的人按顺序担任监护人:

(一) 配偶;

(二) 父母、子女;

(三) 其他近亲属;

(四) 其他愿意担任监护人的个人或者组织,但是须经被监护人住所地的居民委员会、村民委员会或者民政部门同意。

《学生伤害事故处理办法》

第五条　学校应当对在校学生进行必要的安全教育和自护自救教育;应当按照规定,建立健全安全制度,采取相应的管理措施,预防和消除教育教学环境中存在的安全隐患;当发生伤害事故时,应当及时采取措施救助受伤害学生。

学校对学生进行安全教育、管理和保护,应当针对学生年龄、认知能力和法律行为能力的不同,采用相应的内容和预防措施。

第七条　未成年学生的父母或者其他监护人应当依法履行监护职责,配合学校对学生进行安全教育、管理和保护工作。

学校对未成年学生不承担监护职责,但法律有规定的或者学校依法接受委托承担相应监护职责的情形除外。

## 第一节　学生人格权保护

人格权是指为民事主体所固有而由法律直接赋予民事主体所享有的各种人身权利,包括生命权、健康权、姓名权,名誉权、隐私权。学生人格权须由法律确认,人格权对于学生来说与生俱来,不必得到其他人之授权即可自行赋予;学生人格权以人格利益为客体,包括人身自由、人格尊严等一般抽象的人格利益,也包括生命、健康、姓名、名誉、隐私等具体实在的人格利益;人格权是维护学生独立人格所必备的权利。

学生人格权可以分为一般人格权与具体人格权。一般人格权是学生基于人格独立、人格自由、人格尊严全部内容的一般人格利益而享有的基本权利。具体人格权是指学生所享有的具体权利，一般包括学生的生命权、健康权、自由权、姓名权、名誉权、隐私权、肖像权等。

学生在人格权方面具有特殊性，其人格权容易受到侵害的领域不同于普通公民。从近些年来发生的侵权案件看，学生的生命权、健康权、名誉权、姓名权、隐私权等是"重灾区"。例如，学校的教学设施倒塌或其他危险造成学生伤亡，教师体罚或变相体罚学生损害学生健康，教师使用侮辱性的语言批评学生贬低学生的名誉，他人盗用或假冒学生的身份升学或迁徙，教师扣压或公开学生的书信、日记和生理缺陷，等等。学生人格权"受灾"领域方面的特点是由学生的特殊身份决定的。

从身份角度讲，学校、教师与学生之间存在一种管理与被管理、教育与被教育的关系，这种关系导致学生在身份上的劣势和学校与教师在身份上的优势，所以他们的上述人格权往往容易被学校和社会忽视。

保护公民的人格权是宪法、民法、行政法、刑法、社会法等法律部门的共同任务，但由于学生在人格权领域具有特殊性，仅靠法律对公民人格权的一般性保护是不够的。为了进一步保护学生的人格权等民事权利，国家还制定了一系列单行的专门法律进行特殊保护。这方面的专门法主要有《中华人民共和国未成年人保护法》《中华人民共和国预防未成年人犯罪法》以及《中华人民共和国妇女权益保障法》等法律法规中的有关内容。

此外，对中小学生人格权的保护还通过一系列有关教育的法律做了特别规定。这方面的法律法规主要有《中华人民共和国教育法》《中华人民共和国义务教育法》《中华人民共和国义务教育法实施细则》《中华人民共和国教师法》《中华人民共和国职业教育法》等。

## 一、学生生命健康权

生命健康权是人各项权益得以实现的物质前提，学校教育中侵犯学生生命健康权首先表现为学生伤害事故，究其原因，主要有以下几个方面：校领导和教师防范意识薄弱，安全教育不够；学校制度不严，管理不善；学校设施陈旧老化，未及时修复或拆除；学校领导或教师玩忽职守，工作责任心不强；教师教育方法不当，体罚或变相体罚学生；等等。为了维护学生的生命健康权，尽可能减少学生伤害事故的发生，学校必须采取各种有效的防范措施：学校领导和教师应增强防范意识，加强安全教育；健全学校各项管理制度，并严格执行；增加教育投入，改善学校各种设施；提高教职工素质，增强工作责任心；改进教育方法，提升教育效果；建立健全学生健康档案；开设安全教育课程，增强师生防范风险的能力；等等。

**【案例 5-1】**

刘某、秦某均系云阳县九年制学校的七年级四班的学生。2011 年 12 月 22 日下午 3 时许，刘某与秦某在学校操场上嬉闹，秦某从地上捡起一根小木棍，向刘某扔去，小木棍打到刘某左眼。之后刘某和秦某回到教室上课，一节课后才出学校到校外买了药。事发几日后，刘某的班主任才知道此事，通知了刘某的家长。刘某在其家长陪同下到云阳县路阳卫生院检查，被建议到上级医院治疗。刘某先后到云阳县第二人民医院、万州三峡中心医院、重庆医科大学附二院住院治疗。治疗结束后，刘某的伤情经重庆渝东司法鉴定中心鉴定为：刘某左眼外伤致外伤性白内障的伤残程度系十级伤残；左眼外伤导致左眼低视力 1 级的伤残程度系十级伤残。

伤害事故发生后，秦某的家人共给付刘某 3000 元费用。刘某预付鉴定费 1400 元，治疗用医药费 15903.68 元。法院一审判决：（1）由秦某的法定代理人秦某友在本判决书生效后 10 日内赔偿刘某医疗费、后期治疗费、残疾赔偿金、护理费、住院伙食补助费、交通费损失共计 19707.79 元（未扣除垫付的 3000 元）。（2）由云阳县路阳九年制学校在本判决书生效后 10 日内赔偿刘某医疗费、后续治疗费、残疾偿金、护理费、住院伙食补助费、交通费损失共计 11824.67 元。（3）刘某的其余损失由刘某自行承担。案件受理费 665 元，由刘某负担 135 元，秦某的法定代理人秦某友负担 330 元，云阳县路阳九年制学校负担 200 元。鉴定费 1400 元，由秦某的法定代理人秦某友负担 700 元，云阳县路阳九年制学校负担 420 元，刘某自行负担 280 元。

**法律解读：**

本案中七年级的学生属于限制民事行为能力人，限制民事行为能力人在学校或者其他教育机构学习、生活期间受到人身损害，学校或者其他教育机构未尽到教育、管理职责的，应当承担相应责任。在侵权责任认定上需要考虑侵权行为、损害结果、过错程度和因果关系等因素，结合案情可以看出，本案的起因是学生之间打闹产生的意外伤害，学校尽到了合理审慎的义务，需要造成损害结果的一方承担赔偿责任。

**律师建议：**

首先，学校和家长应当加强学生的安全意识教育，在嬉戏打闹时避免不必要的意外伤害发生；教育机构在管教未成年人时，应当尽到相应的职责义务。针对此类侵权案件，一般都是过错责任，因此需要明确损害结果发生的原因，来确认责任主体。

**法规速递：**

《中华人民共和国民法典》

第一千零二条 自然人享有生命权。自然人的生命安全和生命尊严受法律保护。任何组织或者个人不得侵害他人的生命权。

第一千零三条 自然人享有身体权。自然人的身体完整和行动自由受法律保护。任何组织或者个人不得侵害他人的身体权。

第一千零四条 自然人享有健康权。自然人的身心健康受法律保护。任何组织或者个人不得侵害他人的健康权。

第一千二百条 限制民事行为能力人在学校或者其他教育机构学习、生活期间受到人身损害，学校或者其他教育机构未尽到教育、管理职责的，应当承担责任。

第一千二百零一条 无民事行为能力人或者限制民事行为能力人在幼儿园、学校或者其他教育机构学习、生活期间，受到幼儿园、学校或者其他教育机构以外的第三人人身损害的，由第三人承担侵权责任；幼儿园、学校或者其他教育机构未尽到管理职责的，承担相应的补充责任。幼儿园、学校或者其他教育机构承担补充责任后，可以向第三人追偿。

《中华人民共和国未成年人保护法》

第三十五条 学校、幼儿园应当建立安全管理制度，对未成年人进行安全教育，完善安保设施、配备安保人员，保障未成年人在校、在园期间的人身和财产安全。

学校、幼儿园不得在危及未成年人人身安全、身心健康的校舍和其他设施、场所中进行教育教学活动。

学校、幼儿园安排未成年人参加文化娱乐、社会实践等集体活动，应当保护未成年人的身心健康，防止发生人身伤害事故。

## 二、学生名誉权

学生名誉权指学生对自己在学习生活中所获得的客观的社会评价依法所享有的不可侵犯的权利。对于学生这一特定主体而言，侵犯名誉权主要体现在学校的变相体罚上。

如某学生违反课堂纪律，教师逼迫该生在全班同学面前下跪；在学生脸上写"贼"字；罚"差生"靠边单独坐；等等。如有些教师骂学生一些很恶毒的话："真是个笨蛋！""你这个白痴！""无药可救！""看见你就心烦！"如高校中许多学生因种种事由受到校规处罚，且校方公开通报，导致受罚的学生自卑自闭自弃甚或产生更严重的后果。例如，广东某校女学生因与男友在校园中牵手同行被校方通报批评，并在公告栏中冠以"行为不检点"。不论校规的合理性与否，学校张贴通报批评这一行为本身就是对学生名誉权的侵犯。

## 【案例 5-2】

杨某某就读于南京某中学，由于体型偏胖，再加之父母离异，父亲被判刑入狱，性格很是内向自卑。2015年，一次下课后，袁某某与杨某某发生争执，袁某某与杨某某互相辱骂，袁某某唤其为"胖丫头"，吵骂过程中，袁某某打了杨某某几下，后来蒋某某和张某某也参与进来。而杨某某的班主任严某某曾称呼其为"胖丫头"，2015年12月9日，杨某某被南京脑科医院诊断为重度焦虑、重度抑郁。杨某某于同年12月21日入院治疗，花费医疗费43265.48元。杨某某认为学校和袁某某、蒋某某、张某某侵犯了其健康权，诉上法庭。后经南京脑科医院司法鉴定所鉴定，诊断杨某某患癔症；依据精神病学的精神疾病病因学理论，评定"2015年9月至11月间杨某某和张某某、蒋某某、袁某某之间互叫外号以及杨某某头部、肩部等处被拍打"和"杨某某的班主任严某某称呼其为胖丫头"是其患病的诱发因素。

**法律解读：**

严某某称呼杨某某为"胖丫头"，即使是出于善意，但出于个体理解的不同，对杨某某造成了一定困扰。袁某某、蒋某某和张某某对杨某的打骂行为也加剧了杨某某的心理压力，系杨某某患癔症的诱因。杨某某患病亦有其个性缺陷的原因，杨某某亦应承担部分责任。行为人因过错侵害他人民事权益，应当依法承担侵权责任；被侵权人对损害的发生也有过错的，可以减轻侵权人的责任。限制民事行为能力人在学校或者其他教育机构学习、生活期间受到人身损害，学校或者其他教育机构未尽到教育、管理职责的，应当承担责任。最终判决杨某某承担30%责任，袁某某、蒋某某、张某某和学校各承担17.5%责任。在本案中，严某某老师及校方均认为师生关系非常和谐，称呼杨某某为"胖丫头"是为了激励杨某某，这是一种亲昵的表现。但是杨某某很伤感，哭诉"老师说她胖死了""老师说得她蛮伤心的"等。这两种截然相反的认知背后，是以严某某为代表的校方对青少年心理的不理解。

**律师建议：**

1. 教师应当避免以学生的"缺陷"称呼学生，避免以学生的名字开玩笑。

2. 把握好度，要做到尊重学生，不要侵犯他们的生命权、健康权、名誉权等各项权利。

3. 关注学生个体差异，及时接受学生心理异常的信号，做好调解和疏导工作。

**法规速递：**

《中华人民共和国民法典》

第一千零二十四条　民事主体享有名誉权。任何组织或者个人不得以侮辱、诽谤等方式侵害他人的名誉权。

名誉是对民事主体的品德、声望、才能、信用等的社会评价。

第一千零二十五条　行为人为公共利益实施新闻报道、舆论监督等行为，影响他人名誉的，不承担民事责任，但是有下列情形之一的除外：

（一）捏造、歪曲事实；

（二）对他人提供的严重失实内容未尽到合理核实义务；

（三）使用侮辱性言辞等贬损他人名誉。

《中华人民共和国未成年人保护法》

第四条　保护未成年人，应当坚持最有利于未成年人的原则。处理涉及未成年人事项，应当符合下列要求：

（一）给予未成年人特殊、优先保护；

（二）尊重未成年的人格尊严；

（三）保护未成年人隐私权和个人信息；

（四）适应未成年人身心健康发展的规律和特点；

（五）听取未成年人的意见；

（六）教育与保护相结合。

### 三、学生隐私权

学生隐私权指学生享有的、与公共利益和群体利益无关的个人秘密及对个人私生活进行支配并排除他人干涉的一种人格权。现实中，侵犯学生隐私权的行为时有发生。如有的学校在教室里安装监视器，监视学生的一举一动；有的教师将学生的成绩排名公布；有的教师在家长会上公开点名批评学生；有的教师法律意识淡薄，擅自开拆偷看学生的信件或日记。我国《未成年人保护法》第六十三条明确规定，对未成年人的信件，除法律规定的几种情形外，任何组织和个人不得隐匿、毁弃或开拆。

**【案例5-3】**

某校一学生向教师反映学生王某课间到校外公厕去吸烟。一上课，教师就去翻该生的书包，想从中找到学生吸烟的证据，学生拒不让翻，师生间发生争执，后师生共同到教导处解决问题。教导处将学生留下进行严厉批评，教师乘机回到教室，翻学生的书包，终于从书包中找到了香烟。教导处根据学生守则给予该生纪律处分。

某校交接值周袖章时还差4个，眼看快要下课了，班主任教师说："再找不到，我可就要搜了。"他见还没有反应，就自己先解开衣扣、翻开衣兜，"搜查"了自己，也算做了示范，然后便要求道："大家都解开衣服，我搜！我就不信找不到。"结果，全班男女几十个人都被教师或同座位同学相互搜了身，最后还是未找到。全班同学很晚才被获准回家。

校园人：你不能不知道的法律知识

**法律解读：**

以上两个案例都属于学校教师侵犯学生隐私权的情况。包括中小学生在内的未成年人的个人隐私均受法律保护。也就是说，中小学教师在行使我国《教师法》赋予的对学生的教育管理等职权时，不得侵犯学生的隐私权。在国家大力宣传"依法治教"的今天，学校管理不能再沿袭过去旧的甚至是违法的教育手段。虽然这样做可能达到了一些教育目的，但主观上的良好愿望绝对掩盖和代替不了客观行为的违法性。

**律师建议：**

1. 学校、教师和中小学生都要了解我国隐私权的相关法律规定。
2. 在日常教育教学和学习过程中逐步加强隐私方面的教育。
3. 全社会特别是各级政府能够创造保护个人隐私权的良好氛围。

**法规速递：**

《中华人民共和国民法典》

第一千零三十二条　自然人享有隐私权。任何组织或者个人不得以刺探、侵扰、泄露、公开等方式侵害他人的隐私权。

隐私是自然人的私人生活安宁和不愿为他人知晓的私密空间、私密活动、私密信息。

第一千零三十五条　处理个人信息的，应当遵循合法、正当、必要原则，不得过度处理，并符合下列条件：

（一）征得该自然人或者其监护人同意，但是法律、行政法规另有规定的除外；

（二）公开处理信息的规则；

（三）明示处理信息的目的、方式和范围；

（四）不违反法律、行政法规的规定和双方的约定。

个人信息的处理包括个人信息的收集、存储、使用、加工、传输、提供、公开等。

《中华人民共和国未成年人保护法》

第六十三条　任何组织或者个人不得隐匿、毁弃、非法删除未成年人的信件、日记、电子邮件或者其他网络通讯内容。

除下列情形外，任何组织或者个人不得开拆、查阅未成年人的信件、日记、电子邮件或者其他网络通讯内容：

（一）无民事行为能力未成年人的父母或者其他监护人代未成年人开拆、查阅；

（二）因国家安全或者追查刑事犯罪依法进行检查；

（三）紧急情况下为了保护未成年人本人的人身安全。

## 第二节 校园欺凌

### 一、概述

校园欺凌是指同学间欺负弱小的行为,比如:对弱小同学的身体进行直接攻击,拳打脚踢、掌掴手抓,强拿硬要金钱或财物等。校园欺凌较多地发生在中小学校。

近年来,校园欺凌事件频频发生,欺凌者不仅对被欺凌者动粗、辱骂,甚至还将过程中还用手机记录下,上传到社交平台,以进行炫耀,不仅不以之为耻,反而以之为荣。校园欺凌不仅会直接严重影响学校正常的教学秩序、学生的正常学习和生活,也会给学生造成严重的身体及心理伤害,影响身心健康,甚至会使弱小的学生产生以强凌弱的暴力意识,影响未来的人格发展。另外,校园欺凌也常常牵涉法律责任,包括民事责任、行政责任,严重时还会涉及刑事犯罪。

对于校园欺凌事件的预防,不光是学校的责任,更是家长的责任,家长也要给孩子树立更好的价值观。当孩子受到了校园欺凌的时候,作为家长应该及时地进行帮助,一起解决,避免更严重、更极端的事情发生。在法律层面,校园欺凌同样面临困局。在中国目前的法律体系中,对于校园欺凌并没有专门的法律规范进行准确界定。

未成年人会有一个违法犯罪行为的高发期,他们心智不够成熟稳定,预判事情后果的能力较差,所以应对校园欺凌问题,没有现成有效的好办法,唯有学校、家庭、社会和司法机关互动,联合起来,学校从教育成长,家庭从家教家规家训,社会从道德规范,司法机关从法律惩戒等多角度、多方面入手,各方共同努力,方能帮助未成年人平稳渡过心理不成熟、不健全的这段违法犯罪行为高发期。

### 二、责任承担

校园欺凌可能触犯民法、行政法和刑事法律,承担对应的民事、行政和刑事责任。

侵害他人造成人身损害的,应当赔偿医疗费、护理费、交通费、营养费、住院伙食补助费等为治疗和康复支出的合理费用,以及因误工减少的收入。造成残疾的,还应当赔偿辅助器具费和残疾赔偿金;造成死亡的,还应当赔偿丧葬费和死亡赔偿金。

对于校园欺凌引起的打架斗殴或者损毁他人财物等违反治安管理行为,情节较轻的,公安机关可以调解处理。经公安机关调解、当事人达成协议的,不予处罚。经调解未达成协议或者达成协议后不履行的,公安机关应当依照相关法规对违反治安管理行为人给予处罚,并告知当事人可以就民事争议依法向人民法院提起民事诉讼。

校园人：你不能不知道的法律知识

### 三、预防措施

**（一）完善学校管理规章制度**

完善的学校管理规章制度无疑会大大减少校园欺凌事件的发生，对已发生的也能及时妥善处理。2020年10月修订的我国《未成年人保护法》在第三章专章详细规定了学校保护的内容。该法第三十九条规定：学校应当建立学生欺凌防控工作制度，对教职员工、学生等开展防治学生欺凌的教育和培训。学校对学生欺凌行为应当立即制止，通知实施欺凌和被欺凌未成年学生的父母或者其他监护人参与欺凌行为的认定和处理；对相关未成年学生及时给予心理辅导、教育和引导；对相关未成年学生的父母或者其他监护人给予必要的家庭教育指导。对实施欺凌的未成年学生，学校应当根据欺凌行为的性质和程度，依法加强管教。对严重的欺凌行为，学校不得隐瞒，应当及时向公安机关、教育行政部门报告，并配合相关部门依法处理。

**（二）创新对不良学生的惩治方式方法**

"没有规矩不成方圆"，奖罚分明是十分必要的。但传统的警告、严重警告、记过、记大过、留校察看、开除学籍等处分具有不可逆性，很容易造成学生处于"前科"阴影，有必要创新消过、抵罚机制，多给予学生改过自新的机会。

**（三）整合各方力量积极防控**

一是联合公安部门进行联防联控，比如联合当地公安局派出所，在学校或附近设立警务室或流动站，提高震慑作用和应对能力。二是做通相关家长的思想工作，特别是不良学生和受欺凌学生的家长，让他们积极、正面配合解决问题。

**【案例5-4】**

被告人朱某等5人均系某校在校女生（犯罪时均未满18周岁），2017年2月28日，5名被告人在女生宿舍楼内，采用辱骂、殴打、逼迫下跪等方式侮辱女生高某某（17岁），并无故殴打、辱骂女生张某某（15岁）。经鉴定，2名被害人的伤情构成轻微伤，5名被告人的行为还造成被害人高某某无法正常生活、学习的严重后果。

法院经审理认为，被告人朱某等人随意殴打和辱骂他人，造成2人轻微伤，严重影响他人生活，侵犯公民人身权利，破坏社会秩序，构成寻衅滋事罪，且系共同犯罪。据此，以寻衅滋事罪依法分别判处5名被告人11个月至1年不等的有期徒刑。

**法律解读：**

校园欺凌问题关系到未成年人的健康成长，也牵系着每一个家庭的敏感神经，已成为全社会关注的热点问题。本案就是一起典型的校园欺凌行为构成犯罪的案件。本案中，五名被告人的行为已经不仅仅是同学伙伴之间的打闹玩笑，也不仅仅是一般的违反校规校纪的行为，而是触犯刑法应当受到刑罚惩处的犯罪行为。对此类行为，如果仅仅因被告人系未成年人而"大事化小，小事化了"，就会纵容犯罪，既不利于被告人今后的健康成长，也不利于保护同是未成年人的被害人。本案裁判法院充分考虑五名被告人主观恶性和行为的社会危害性，对其分别判处相应的实刑，符合罪刑相适应原则，在有效维护未成年被害人合法权益的同时，也给在校学生上了一堂生动的法治课。

**律师建议：**

学校应当为学生及其家长开展一系列的法律实践教育、法制教育讲座和实践活动，使学生正确认识校园欺凌事件的严重性和危害性，知道法律的边界与行为的底线，从源头上有效防止和矫治孩子身上的不良行为。

**法规速递：**

《中华人民共和国民法典》

第一千一百七十九条 侵害他人造成人身损害的，应当赔偿医疗费、护理费、交通费、营养费、住院伙食补助费等为治疗和康复支出的合理费用，以及因误工减少的收入。造成残疾的，还应当赔偿辅助器具费和残疾赔偿金；造成死亡的，还应当赔偿丧葬费和死亡赔偿金。

第一千一百九十九条 无民事行为能力人在幼儿园、学校或者其他教育机构学习、生活期间受到人身损害的，幼儿园、学校或者其他教育机构应当承担侵权责任；但是，能够证明尽到教育、管理职责的，不承担侵权责任。

第一千二百条 限制民事行为能力人在学校或者其他教育机构学习、生活期间受到人身损害，学校或者其他教育机构未尽到教育、管理职责的，应当承担侵权责任。

第一千二百零一条 无民事行为能力人或者限制民事行为能力人在幼儿园、学校或者其他教育机构学习、生活期间，受到幼儿园、学校或者其他教育机构以外的第三人人身损害的，由第三人承担侵权责任；幼儿园、学校或者其他教育机构未尽到管理职责的，承担相应的补充责任。幼儿园、学校或者其他教育机构承担补充责任后，可以向第三人追偿。

《中华人民共和国刑法》

第二百三十四条 故意伤害他人身体的，处三年以下有期徒刑、拘役或者管制。

犯前款罪，致人重伤的，处三年以上十年以下有期徒刑；致人死亡或者以特别残忍手段致人重伤造成严重残疾的，处十年以上有期徒刑、无期徒刑或者死刑。本法另有规定的，依照规定。

第二百三十八条 非法拘禁他人或者以其他方法非法剥夺他人人身自由的，处三年以下有期徒刑、拘役、管制或者剥夺政治权利。具有殴打、侮辱情节的，从重处罚。

犯前款罪，致人重伤的，处三年以上十年以下有期徒刑；致人死亡的，处十年以上有期徒刑。使用暴力致人伤残、死亡的，依照本法第二百三十四条、第二百三十二条的规定定罪处罚。

《中华人民共和国治安管理处罚法》

第二条　扰乱公共秩序，妨害公共安全，侵犯人身权利、财产权利，妨害社会管理，具有社会危害性，依照《中华人民共和国刑法》的规定构成犯罪的，依法追究刑事责任；尚不够刑事处罚的，由公安机关依照本法给予治安管理处罚。

第十二条　已满十四周岁不满十八周岁的人违反治安管理的，从轻或者减轻处罚；不满十四周岁的人违反治安管理的，不予处罚，但是应当责令其监护人严加管教。

《中华人民共和国未成年人保护法》

第三十九条　学校应当建立学生欺凌防控工作制度，对教职员工、学生等开展防治学生欺凌的教育和培训。

学校对学生欺凌行为应当立即制止，通知实施欺凌和被欺凌未成年学生的父母或者其他监护人参与欺凌行为的认定和处理；对相关未成年学生及时给予心理辅导、教育和引导；对相关未成年学生的父母或者其他监护人给予必要的家庭教育指导。

对实施欺凌的未成年学生，学校应当根据欺凌行为的性质和程度，依法加强管教。对严重的欺凌行为，学校不得隐瞒，应当及时向公安机关、教育行政部门报告，并配合相关部门依法处理。

第八十八条　公安机关和其他有关部门应当依法维护校园周边的治安和交通秩序，设置监控设备和交通安全设施，预防和制止侵害未成年人的违法犯罪行为。

《公安机关维护校园及周边治安秩序八条措施》

一、对发生在校园及周边，侵害师生人身、财产权利的刑事和治安案件，实行专案专人责任制；

二、在学校周边治安复杂地区设立治安岗位，有针对性地开展治安巡逻，强化治安管理；

三、根据需要向学校、幼儿园派驻保安员，负责维护校园安全；

四、每月选派民警至少两次到中小学、幼儿园担任法制副校长或法制辅导员，负责治安防范、交通和消防安全宣传教育；

五、在地处交通复杂路段的小学、幼儿园派民警或协管员维护校园门口道路的交通秩序；

六、在学校、幼儿园设置人行横道等警示标志；

七、在有条件的学校或幼儿园设置放学时段临时停泊车位，方便接送学生车辆停放；

八、对寄宿制学校每年至少组织一次消防监督，并督促其依法履行消防安全职责。

## 第三节　见义勇为

见义勇为，通常是指不顾自身安危，同正在发生的违法犯罪行为作斗争，或者在抢险、救灾、救人过程中，为保护国家、集体的利益或他人的人身、财产安全，而不顾自己是否会受到损害的助人为乐行为。毋庸置疑，见义勇为行为是中华民族宝贵的精神财富和优良传统之一，每一名中国人都应该弘扬这种助人为乐，在危险面前挺身而出，在危难时临危不惧、热心帮助他人的英勇精神。见义勇为是公民积极承担社会责任的优秀表现，是正能量。但过犹不及，见义勇为更需要理性和智慧，特别是在校的未成年人。

见义勇为具有如下法律特征：

（1）见义勇为的主体是非负有法定职责或者义务的自然人。负有法定职责或者义务的主体，在履行法定职责或者义务时，不能成为见义勇为的主体。

（2）见义勇为所保护的客体，是国家、集体利益或者他人的人身、财产安全。公民为保护本人生命、财产安全而与违法犯罪作斗争的行为，不能认定为见义勇为。

（3）见义勇为的主观方面在于积极主动、不顾个人安危。

（4）见义勇为的客观方面，表现为在国家、集体利益或者他人的人身、财产遭受正在进行的侵害的时候，义无反顾地与危害行为或者自然灾害进行斗争的行为。

2001年，江苏句容，12岁的江伟华在村里的一个水塘中，为了救出落水的伙伴，不幸溺亡。

2010年，湖南汨罗，12岁女孩周婷为挽救落水同伴，不幸溺水身亡。

2014年，四川达州，8岁女孩李微微为救落水小同伴，不幸溺水身亡。

2015年，江苏徐州，12岁的钱辰飞和同村的几名同学在水塘戏水时，其中一名同学溺水，钱辰飞立即与另一同学上前施救，不幸遇难。

江伟华的父亲江志根为了给自己的孩子争取"见义勇为"荣誉证书奔波了16年，最终还是被驳回了诉求。江志根说：这个证书很重要，这是儿子死得值不值得的问题。

四川的李微微为救落水小同伴不幸溺亡的事件发生后，当地政府也曾打算为其申报"见义勇为"称号，却未获批准。四川省见义勇为基金会这样回复：一是在《四川省保护和奖励见义勇为条例》中，对未成年人实施此种行为没有明确规定；二是李微微属于未成年人，不具备完全行为能力，在没有自保能力或不明确危险的情况下实施救人，不具备见义勇为的相关要件。

自2004年起，北京市的中小学校开始摘下宣传墙面上的小英雄赖宁的事迹宣传画；2006年2月修订的《北京市中小学生日常行为规范》中删掉了"敢做斗争、见义勇为"等字眼，增加"主动报告，遇有侵害敢于斗争、善于斗争"转变为"学会自救自护"等说法，官方不再倡导未成年人去当场实施见义勇为。

根据现行的《中华人民共和国未成年人保护法》的相关规定，未成年人虽然可以成为见义勇为的实施主体，但由于未成年人身心尚未成熟，自我保护意识与自我保护能力不强，而见义勇为行为又隐含大量的风险，为最大限度地保障未成年人的权益，不宜提倡、鼓励、宣传未成年人实施与自身能力不符的见义勇为行为。

我们向他们的勇敢致敬的同时，也应该更多地加以思考：见义勇为的精神应该发扬，但见义勇为的方式应当更加理性。不要贸然直接进行反抗，以弱抵强；在现场没有发现可以施以援手给予帮助的人时，也不要大喊大叫，徒增危险系数；必要时可按照对方要求的去办，把财物丢给对方，悄悄把其相貌特征、衣着穿戴牢牢记住，方便事后及时、准确地向老师、家长、警察报告情况。切忌当场直接拼命对抗，用身体或言语刺激对方，激起对方激情伤害或杀人灭口的动机，反而给自身带来更大的伤害和损失。

**法规速递：**

《中华人民共和国民法典》

第一百八十三条　因保护他人民事权益使自己受到损害的，由侵权人承担民事责任，受益人可以给予适当补偿。没有侵权人、侵权人逃逸或者无力承担民事责任，受害人请求补偿的，受益人应当给予适当补偿。

## 第四节　学生犯罪

根据《中华人民共和国刑法》，一切危害国家主权、领土完整和安全，分裂国家、颠覆人民民主专政的政权和推翻社会主义制度，破坏社会秩序和经济秩序，侵犯国有财产或者劳动群众集体所有的财产，侵犯公民私人所有的财产，侵犯公民的人身权利、民主权利和其他权利，以及其他危害社会的行为，依照法律应当受刑罚处罚的，都是犯罪。

学生是社会群体重要组成部分，是未来社会的主力军，其中有些有犯罪行为也是一种正常的社会现象，但他们毕竟是一个特殊的群体，而且包括了很大一部分未成年人，更值得加强关注。

### 一、未成年学生犯罪

未成年学生犯罪，是指未成年学生实施的犯罪行为。未满十四周岁的未成年人犯罪不承担刑事责任，已满十四周岁未满十六周岁的未成年只对犯故意杀人、故意伤害致人重伤或者死亡、强奸、抢劫、贩卖毒品、放火、爆炸、投放危险物质罪等八种较为严重的犯罪承担刑事责任。已满十六周岁的人对所犯的所有罪行承担刑事责任，已满十四周岁不满十八周岁的未成年人犯罪，应当从轻或减轻处罚。

2020年12月26日，中华人民共和国第十三届全国人民代表大会常务委员第二十四次会议表决通过《中华人民共和国刑法修正案（十一）》，于2021年3月1日起施行。其中规定，已满十二周岁不满十四周岁的人，犯故意杀人、故意伤害罪，致人死亡或者以特别残忍手段致人重伤造成严重残疾，情节恶劣，经最高人民检察院核准追诉的，应当负刑事责任。

对于未成年学生犯罪，应当综合考虑未成年学生对犯罪的认识能力、实施犯罪行为的动机和目的、犯罪时的年龄、是否初犯、偶犯、悔罪表现、个人成长经历和一贯表现等情况，予以从宽处罚。

2020年12月26日，《中华人民共和国预防未成年人犯罪法》也修订通过，自2021年6月1日起施行。但"徒法不能自行"，预防未成年学生犯罪，要加强法制宣传，扩大对未成年学生权益保护的辐射力。走进学校和社区、对未成年学生进行法律宣传，开展"送法进校园"活动，指派相关人员做法制辅导员，到各中小学讲法制课，用生动的案例让学生们得到警示，增强学生们的法律观念。

要与社会各方协调，完善组织网络，努力形成帮助失足学生的网络合力。引导政府部门、司法部门、基层组织、学校、社区、妇联、共青团、工会等选派专门人员共同关心、帮教、感化、挽救失足未成年学生，并担任心理咨询师和心理调解员。

要呼吁全社会共同来关心未成年学生的生活、学习，向他们伸出爱心之手，深入学校、村街和社区，开展"送温暖、献爱心"活动，帮助经济有困难的学生解决学习和生活问题，特别是要充分关注留守学生及单亲学生的身心健康。要注重每一个个案的延伸服务，加大教育和引导力度，有效预防未成年人学生再次犯罪。

预防未成年学生犯罪需要社会、学校、家庭等共同努力，法院只是保护未成年学生权益的最后一道屏障，对于预防未成年学生犯罪显得心有余而力不足。法院在案件审理中，加强教育和引导，落实"教育为主，惩罚为辅"的原则，也是预防未成年学生再次犯罪的有效途径。

要强调的是，预防未成年学生犯罪，必须首先解决父母的问题。没有合格的父母，就很难有合格的子女。因此，要想从根本上解决未成年学生犯罪问题，必须首先解决未成年学生父母的责任问题，只有让学生的监护人切实履行法定的职责，才能更好地预防未成年学生犯罪。

## 二、成年学生犯罪

成年学生,大都处于中等以上职业教育或大学教育阶段,我们习惯称之为大学生,他们被誉为"天之骄子",可是近年来,成年学生群体却犯罪现象频发,越来越引起社会各界的关注。

(一)犯罪的特点

一是有种类多样化、范围扩大化、年龄低龄化、主体女生化、主体群体化、手段智能化等方向发展的趋势。二是多为传统型犯罪,大多是盗窃、抢劫、敲诈、强奸、绑架、故意伤害、故意杀人等常见的犯罪。

(二)犯罪的原因

大学生主要受个人、家庭、学校、社会等因素的影响,大学生犯罪是社会多方面消极因素综合作用的产物。大学生心理正处在发展的阶段,大学生心理教育的不足会导致健康心理品质的缺失。家庭的教育培养,深刻影响着子女的人生观和道德观,家庭教育的缺陷是子女形成不良品性的基础,潜藏着走上违法犯罪道路的危机。学校方面的影响主要是学校教育体制存在缺陷,学校不注重提高师资力量来促进学生能力与综合素质的培养,学生的思想道德教育几乎处在空白地带。社会是多元的,社会主义市场经济的全面发展,促进了社会的全面进步,但同时也出现了一些拜金主义、享乐主义、腐朽生活方式的倾向。

(三)犯罪的惩罚

涉嫌犯罪后大致会有以下几种后果:一是被判处拘役、有期徒刑、无期徒刑甚至死刑;二是被判处管制、有期徒刑缓刑;三是有罪但不被起诉或免予刑事处罚(罪行较轻,造成的危害不大的)。

(四)犯罪的影响

刑事犯罪留下的案底(俗称"前科"),会直接影响到今后的升学,比如军校、警校、政法院校的入学资格,以及毕业后参加公务员考试、征兵、银行、国企、事业单位的政审通过。

有故意犯罪且受过刑事处罚的人无法从事以下工作,如法官、人民陪审员、检察官、公务员、律师、辩护人、司法鉴定人员、公证员、警察等。另外,刑事犯罪不仅会毁了自己的人生,还会对子女未来的生活、学习、就业造成不同程度的影响。

## 三、毒品犯罪

毒品犯罪是长期以来最为我国重视的犯罪类型之一。近些年毒品逐步渗透到学校环境中，严重毒害着在校学生。虽然在九年义务、高中、高校教育中，长期开展着大量的毒品犯罪的教育宣传活动，但学生毒品犯罪屡禁不止，主要的原因也在于毒品类型较多，学生未能及时甄别。

毒品本身具有麻痹神经、使人兴奋、容易上瘾等特征，在长期服用之后身体、心理、家庭等方面都会受到严重伤害。传统毒品类型主要包括海洛因、吗啡、大麻等，除此之外，还有冰毒等新型毒品。

在我国《麻醉药品及精神药品品种目录》中已经明确列出了251种各类药物，在无处方指导下用药，皆可视为非法吸食毒品。在毒品犯罪中，虽然大多都是如大麻、冰毒、海洛因等常见的毒品，但其他毒品依然占有一定的比例，这也导致了毒品防控的难度加大。对于学生而言，许多非流行的毒品，如甲卡西酮等，学生初次接触并未产生较为明显的抵触情绪，也并未意识到已经触犯法律的规定。因此，事实上，学生受到毒品诱惑的初期，并未认知已经涉及毒品犯罪，由此产生了适应者心态，并在非法人员的诱导下逐步深陷泥潭。

学生初次脱离父母监护步入校园，猎奇心理作祟，极易受到他人蛊惑，出于诸多诱因沾染上毒品；而后又因吸毒成本极为高昂，无法支付毒资，为筹集毒资，更加容易形成以贩养吸的毒品犯罪形式。而校园与社会其他组织机构的最大区别就在于校园内部信息环境处于闭塞状态，学生本身存在默认、惧怕、盲从等心理特征，导致学生毒品犯罪难以察觉。所以，学校往往是在执法机关通知之后，才得知本校学生涉及毒品犯罪事件。

毒品犯罪是非常严重的犯罪。我国《刑法》第三百四十八条规定，非法持有鸦片一千克以上、海洛因或者甲基苯丙胺五十克以上或者其他毒品数量大的，处七年以上有期徒刑或者无期徒刑，并处罚金；非法持有鸦片二百克以上不满一千克、海洛因或者甲基苯丙胺十克以上不满五十克或者其他毒品数量较大的，处三年以下有期徒刑、拘役或者管制，并处罚金；情节严重的，处三年以上七年以下有期徒刑，并处罚金。

学生要做到以下几点，以有效预防毒品犯罪：

一是拒绝"尝鲜"。不要因为好奇、赶时髦，而去尝试新鲜玩意，不管谁告诉你这些新鲜东西有多么的好，都不要尝试，都要坚决拒绝。

二是远离"危险事物"。尽量杜绝前往娱乐场所，不接触陌生人，不接受陌生人递交的香烟或饮料；如果发现同学或者其他人有吸食毒品的行为，第一时间远离，并且向学校老师、家人报告，向公安机关报警。

三是敢于"抵制诱惑、胁迫"。如果在某些人的诱惑或者胁迫下被迫吸食了毒品，应立即向家人、学校报告，向公安机关报警，必要时进行戒毒治疗。

四是切实认识"毒品"的危害性，树立正确的人生观、价值观，保持良好的生活习惯，不要因为遇到不顺心的事情而听信谣言，认为吸毒可以消愁解闷；要勇敢面对学习上、情感上的挫折，不要产生用毒品麻醉自己的想法。要多跟家人沟通，调整心理状态，提高抗挫折能力，不要因为赌气或逆反心理而沾染毒品；要树立积极进取、对社会有所作为的人生观；要珍惜青春美好时光，把时间用在勤奋学习上，用健康文明的精神生活充实自己的课余时间。

**【案例 5 – 5】**

2018 年的一天，被告人陈某某（在校学生）为给女朋友黄某某（未成年人）庆祝生日，在湖北省某市某音乐会所的房间内容留张某某、林某某及 14 名未成年人吸食氯胺酮（俗称"K 粉"）。当日 22 时许，公安人员在该房间将陈某某、黄某某及上述 16 名吸毒人员查获。经尿检，陈某某及 16 名吸毒人员的检测结果均为氯胺酮阳性。

法院经审理认为，被告人陈某某容留多名未成年人吸食毒品，其行为已构成容留他人吸毒罪，并应从重处罚。据此，依法对被告人陈某某以容留他人吸毒罪判处有期徒刑 3 年，并处罚金 1 万元。

**法律解读：**

容留他人吸毒罪的犯罪，是指为他人吸食、注射毒品提供场所的行为。本罪的主体为具有刑事责任能力的自然人，本罪的主观方面是故意，故意分为直接故意和间接故意，直接故意比较好理解。那么，何谓间接故意？例如，负有维护经营场所秩序责任的经营者，当发现他人在自己的经营场所吸毒而没有制止或者报警的，视为没有履行制止义务，主观上存在放任，构成间接故意。本罪侵犯的客体是国家对毒品的管制秩序以及社会治安的管理秩序。本罪的客观方面，是指为吸食、注射毒品的人提供场所或者其他便利条件。提供的场所不要求具有固定性，只要行为人提供的空间能够使吸毒者可以方便地进行吸食毒品，就足以构成"场所"。另外，本罪的构成不以行为人具有谋取非法利益的目的为前提。

本案中被告人陈某某为给女朋友黄某某庆祝生日，在音乐会所的房间内容留张某某、林某某及 14 名未成年人吸食氯胺酮，主观上符合本罪主体要件，主观方面为直接故意，客观上侵害了国家的毒品管理秩序，客观方面符合提供场所容留他人的行为。因此，本案陈某构成容留他人吸毒罪。

**律师建议：**

容留他人吸毒罪，目前属于毒品犯罪中的高发罪名，案件数量几乎多年稳居毒品犯罪首位，犯罪嫌疑人也日趋年轻化。

学生是祖国的花朵、国家的希望，在校园中成长的学生容留他人吸毒犯罪让人十分惋惜。

对于学校来说，要提高在校学生对毒品危害性的认识，可以通过播放毒品危害纪录片、发放宣传册、开设毒品普法课程、模拟法庭等多种途径加深学生对容留他人吸毒的后果以及毒品危害的认识。

公安机关以及司法机关，应当通过加大毒品犯罪宣传力度，以典型案例释法等形式，向公众展示毒品的危害性以及容留他人吸毒犯罪的严重性。

对于家庭来说，父母要注意加强对子女的毒品违法宣传教育，帮助孩子树立毒品罪恶的价值观，可通过播放相关的戒毒光盘、社区参与宣传等方式帮助孩子树立正确的毒品观。

**法规速递：**

《中华人民共和国公务员法》

第二十六条　下列人员不得录用为公务员：

（一）因犯罪受过刑事处罚的；

（二）被开除中国共产党党籍的；

（三）被开除公职的；

（四）被依法列为失信联合惩戒对象的；

（五）有法律规定不得录用为公务员的其他情形的。

《中华人民共和国刑法》

第十七条　已满十六周岁的人犯罪，应当负刑事责任。

已满十四周岁不满十六周岁的人，犯故意杀人、故意伤害致人重伤或者死亡、强奸、抢劫、贩卖毒品、放火、爆炸、投毒罪的，应当负刑事责任。

第三百四十七条　走私、贩卖、运输、制造毒品，无论数量多少，都应当追究刑事责任，予以刑事处罚。

走私、贩卖、运输、制造毒品，有下列情形之一的，处十五年有期徒刑、无期徒刑或者死刑，并处没收财产：

（一）走私、贩卖、运输、制造鸦片一千克以上、海洛因或者甲基苯丙胺五十克以上或者其他毒品数量大的；

（二）走私、贩卖、运输、制造毒品集团的首要分子；

（三）武装掩护走私、贩卖、运输、制造毒品的；

（四）以暴力抗拒检查、拘留、逮捕，情节严重的；

（五）参与有组织的国际贩毒活动的。

走私、贩卖、运输、制造鸦片二百克以上不满一千克、海洛因或者甲基苯丙胺十克以上不满五十克或者其他毒品数量较大的，处七年以上有期徒刑，并处罚金。

走私、贩卖、运输、制造鸦片不满二百克、海洛因或者甲基苯丙胺不满十克或者其他少量毒品的，处三年以下有期徒刑、拘役或者管制，并处罚金；情节严重的，处三年以上七年以下有期徒刑，并处罚金。

单位犯第二款、第三款、第四款罪的，对单位判处罚金，并对其直接负责的主管人员和其他直接责任人员，依照各该款的规定处罚。

利用、教唆未成年人走私、贩卖、运输、制造毒品，或者向未成年人出售毒品的，从重处罚。

对多次走私、贩卖、运输、制造毒品，未经处理的，毒品数量累计计算。

第三百四十八条　非法持有鸦片一千克以上、海洛因或者甲基苯丙胺五十克以上或者其他毒品数量大的，处七年以上有期徒刑或者无期徒刑，并处罚金；非法持有鸦片二百克以上不满一千克、海洛因或者甲基苯丙胺十克以上不满五十克或者其他毒品数量较大的，处三年以下有期徒刑、拘役或者管制，并处罚金；情节严重的，处三年以上七年以下有期徒刑，并处罚金。

第三百四十九条　包庇走私、贩卖、运输、制造毒品的犯罪分子的，为犯罪分子窝藏、转移、隐瞒毒品或者犯罪所得的财物的，处三年以下有期徒刑、拘役或者管制；情节严重的，处三年以上十年以下有期徒刑。

缉毒人员或者其他国家机关工作人员掩护、包庇走私、贩卖、运输、制造毒品的犯罪分子的，依照前款的规定从重处罚。

犯前两款罪，事先通谋的，以走私、贩卖、运输、制造毒品罪的共犯论处。

第三百五十条　已满十二周岁不满十四周岁的人，犯故意杀人、故意伤害罪，致人死亡或者以特别残忍手段致人重伤造成严重残疾，情节恶劣，经最高人民检察院核准追诉的，应当负刑事责任。

对依照前三款规定追究刑事责任的不满十八周岁的人，应当从轻或者减轻处罚。

因不满十六周岁不予刑事处罚的，责令其父母或者其他监护人加以管教；在必要的时候，依法进行专门矫治教育。

第三百五十四条　容留他人吸食、注射毒品的，处三年以下有期徒刑、拘役或者管制，并处罚金。

《最高人民法院关于审理毒品犯罪案件适用法律若干问题的解释》

第十二条　容留他人吸食、注射毒品，具有下列情形之一的，应当依照刑法第三百五十四条的规定，以容留他人吸毒罪定罪处罚：

（一）一次容留多人吸食、注射毒品的；

（二）二年内多次容留他人吸食、注射毒品的；

（三）二年内曾因容留他人吸食、注射毒品受过行政处罚的；

（四）容留未成年人吸食、注射毒品的；

（五）以牟利为目的容留他人吸食、注射毒品的；

（六）容留他人吸食、注射毒品造成严重后果的；

（七）其他应当追究刑事责任的情形。

最高人民检察院、公安部关于印发《最高人民检察院、公安部关于公安机关管辖的刑事案件立案追诉标准的规定（三）》

第十一条 提供场所，容留他人吸食、注射毒品，涉嫌下列情形之一的，应予立案追诉：

（一）容留他人吸食、注射毒品两次以上的；

（二）一次容留三人以上吸食、注射毒品的；

（三）因容留他人吸食、注射毒品被行政处罚，又容留他人吸食、注射毒品的；

（四）容留未成年人吸食、注射毒品的；

（五）以牟利为目的容留他人吸食、注射毒品的；

（六）容留他人吸食、注射毒品造成严重后果或者其他情节严重的。

## 第五节 学校伤害事故

受保护权，是指未成年人享有不受歧视、虐待和忽视的权利，包括保护未成年人免受歧视、剥削、酷刑、暴力或疏忽照料，以及对失去家庭和处于困境中的未成年人的特别保护。我国现行《未成年人保护法》明确规定，国家保障未成年人的生存权、发展权、受保护权、参与权等四项权利。未成年人依法平等地享有各项权利，不因本人及其父母或者其他监护人的民族、种族、性别、户籍、职业、宗教信仰、教育程度、家庭状况、身心健康状况等受到歧视。在学校实施的教育教学活动或者学校组织的校外活动中，以及在学校负有管理责任的校舍、场地、其他教育教学设施、生活设施内发生的，造成在校学生人身损害后果的事故统称为学校伤害事故。

### 一、高空抛物

高空抛物，指从高处抛掷物品，该现象是一种不文明的行为，曾被称为"悬在城市上空的痛"。从高空落下的物体，在地球引力和自身重量的作用下，会产生一个很大的加速度，速度会产生力量，力量会造成破坏性，具有杀伤力。一枚小小的鸡蛋，若从10楼高的空中抛下，落在同学头上，轻则头皮破裂，重则使之脑震荡；由于自己的过失、过错等原因，实施高空抛物行为，导致别人伤害的，行为人自身要承担相应的民事责任。根据高空抛物视造成人身伤亡、财物损失的严重程度及高空抛物者的主观

校园人：你不能不知道的法律知识

恶意程度，行为人可能涉及犯罪和被追究刑事责任的问题。

2021年3月1日，《中华人民共和国刑法修正案（十一）》施行，"高空抛物"行为首次入刑。《最高人民法院、最高人民检察院关于执行〈中华人民共和国刑法〉确定罪名的补充规定（七）》中明确规定高空抛物犯罪，从建筑物或者其他高空抛掷物品，情节严重的，处一年以下有期徒刑、拘役或者管制，并处或者单处罚金。同时，构成其他犯罪的，依照处罚较重的规定定罪处罚。

如何预防高空抛物？

一是平时要眼观六路、耳听八方。不管在什么地方活动，都要认真观察，注意身边的情况。假如听到异常的响动，一定要迅速做好逃生的准备。

二是远离危险，"君子不立于危墙之下"。风大的时候，千万不要在广告宣传栏旁边活动，也不要距离高楼太近，最好选择宽敞安全的场所活动。

三是要有对危险的预见性，增加自我保护意识。在高楼林立的城市生活，更要特别注意自身安全。危险往往来自高楼上的悬挂物，年久失修的空调、花盆、破旧的窗户、雨搭、大型广告牌等。一定要远离这些可能带来危险的物品，避免在高楼下行走，如必须从高楼下经过，尽量贴着墙壁快速通过，并时刻关注警示牌上的公告。

四是要定期检查，做好防范。我们不仅要防止被伤害，也要防止因为自己的疏忽而伤害别人。假如你住在高楼层，就应该定期检查空调的固定情况，检查阳台晾晒及悬挂的物品、花盆及其他物品的摆放是否牢靠。要了解窗户固定的安全性，以防发生意外。

五是要保证自我约束，不制造危险。作为"都市森林"中的一员，要自觉遵守公共准则，不要心怀侥幸，不做高空抛物的肇事者。

**【案例5-6】**

陈某和翁某为某幼儿园小班学生。2016年3月，翁某在幼儿园内五楼天台向下扔小沙砖块儿，将正在楼下活动的陈某头部砸伤。后陈某被送至医院住院治疗，于同年6月出院后，仍继续进行康复训练和治疗。经鉴定机构鉴定，陈某构成九级伤残。陈某因本案事故遭受人身损害造成损失共计38.3万元。

**法律解读：**

本案事故发生时，幼儿园五楼天台上供幼儿玩耍的沙堆中有大小约10cm×5cm的沙砖块，幼儿园没有及时发现、排查，使幼儿有机会接触到砖块而导致危险发生，且没有设置一定的防护措施防止高空抛、坠物，以致翁某将沙砖块扔出天台时没有及时被制止，砖块跌落楼下时也没能及时采取措施避免楼下幼儿受到伤害，对幼儿没有尽到应有的管理和保护职责，依法应当承担主要责任。翁某的监护人平时疏于教导，对翁某作出高空抛物的危险行为也负有一定的责任。

**律师建议：**

1. 本案发生在幼儿园内，侵权人及受害人均为幼儿，是在特定时间和场所发生的无民事行为能力人之间的高空抛物事件。幼儿园的教育对象是自我保护和识别能力非常有限的幼儿，因此对在校幼儿应尽到严格、周密的教育、管理和保护义务。

2. 幼儿园对提供给幼儿活动的场所和设施及时发现和消除安全隐患，对幼儿应尽到应有的管理和保护职责。

3. 幼儿的监护人应加强对幼儿的教导。

**法规速递：**

《中华人民共和国民法典》

第一千二百五十四条　禁止从建筑物中抛掷物品。从建筑物中抛掷物品或者从建筑物上坠落的物品造成他人损害的，由侵权人依法承担侵权责任；经调查难以确定具体侵权人的，除能够证明自己不是侵权人的外，由可能加害的建筑物使用人给予补偿。可能加害的建筑物使用人补偿后，有权向侵权人追偿。

《中华人民共和国刑法修正案（十一）》

三十三、在刑法第二百九十一条之一后增加一条，作为第二百九十一条之二："从建筑物或者其他高空抛掷物品，情节严重的，处一年以下有期徒刑、拘役或者管制，并处或者单处罚金。"

"有前款行为，同时构成其他犯罪的，依照处罚较重的规定定罪处罚。"

## 二、踩踏事件

踩踏事件是指当人群较为集中时，由于拥挤或不慎，前面有人摔倒，后面人未留意，没有止步导致人员互相踩踏而造成的人身伤害事故。学生踩踏事件多发生在放学、集会或就餐之时，学生相对集中且心情急迫；事故发生地点多在楼层间的楼梯拐弯处。在上下楼梯时，故意拥挤、起哄、恶作剧、打闹、推搡、突然停留和开玩笑等，在人多时，发生上述情况，更容易导致踩踏事故。特别是学生不易控制自己的情绪，遇事慌乱，常常作出拥挤并大喊大叫的行为，人群受到惊吓，产生恐慌，出现惊慌失措的失控局面，在无组织无目的的逃生中，相互拥挤踩踏，导致学生摔倒后严重受伤。

如何预防踩踏事件发生？

一是不在楼梯或狭窄通道嬉戏打闹，人多的时候不拥挤、不起哄、不制造紧张或恐慌气氛。

二是在人群中走动，遇到台阶或楼梯时，尽量抓住扶手，防止摔倒。

三是尽量避免到拥挤的人群中，不得已时，尽量走在人流的边缘。

四是顺着人流走,切不可逆着人流前进,否则,很容易被人流推倒。

五是当发觉拥挤的人群向着自己行走的方向涌来时,不要盲目奔跑,以免摔倒,不要逆流前进。最好马上避到一边,并尽量抓住旁边一些坚固牢靠的东西,如扶手、栏杆等。

六是假如陷入拥挤的人流,一定要先站稳,身体不要倾斜失去重心,即使鞋子被踩掉,也不要弯腰捡鞋子或系鞋带。有可能的话,可先尽快抓住坚固可靠的东西慢慢走动或停住,待人群过去后再迅速离开现场。

七是发现自己前面有人突然摔倒了,要马上停下脚步,同时大声呼救,告知后面的人不要向前靠近,及时分流拥挤人流,组织有序疏散。

## 【案例5-7】

某学校举行周会,在学校广播和铃声的催促下,教学楼上的数千名学生争先恐后奔往学校操场集合。学校副校长杨某未将教学楼西边楼梯铁栅门打开,使得二、三、四楼700多名学生只能全部涌向东边楼梯。学生们下到二楼和一楼楼梯拐弯处时,因楼道电灯未开,跑在前面的学生摸黑与少数上楼放书包的学生相遇,造成双方拥挤,个别身材小的学生跌倒后引起上下楼梯受阻,严重拥挤,造成6至11岁的小学生死亡28人,伤59人的特大伤亡事故。

某学校学生晚自习下课后,刚走出教室,灯突然熄灭,楼道一片漆黑,有学生怪叫"鬼来了"引起学生恐慌,大家争相往楼下奔跑,部分学生被挤倒,被后面涌上来的同学踩踏,造成10名学生死亡,27名学生受伤,其中重伤7人。

**法律解读:**

学生在校发生踩踏事故,学校究竟在这些事故或人身伤害案件中应不应该承担责任?应承担多大的责任?为什么要承担责任?学生与学校间的权利义务如何?我国现有的《未成年人保护法》《义务教育法》《教师法》等都未做确切具体的规定,有关司法解释也并不详尽。2002年8月,教育部颁布了《学生伤害事故处理办法》,规定了学校对未成年学生不承担监护职责,还规定了学生伤害事故发生后学校承担责任及不承担责任的具体情况。学校对未成年学生的保护职责不同于学生监护人的监护职责,并不是所有的校园伤害事故,学校都要承担责任,校园伤害事故的责任主体不全是学校,只有校方对校园伤害事故的发生确有过错时才承担责任,事故发生当事人都无过错时,可按公平原则由学校适当分担赔偿责任。

**律师建议:**

1. 学校应当对在校学生进行必要的安全教育和自护自救教育;应当按照规定,建立健全安全制度,采取相应的管理措施,预防和消除教育教学环境中存在的安全隐患;

当发生伤害事故时，应当及时采取措施救助受伤害学生。

2. 学校对学生进行安全教育、管理和保护，应当针对学生年龄、认知能力和法律行为能力的不同，采用相应的内容和预防措施。

3. 学生应当遵守学校的规章制度和纪律；在不同的受教育阶段，应当根据自身的年龄、认知能力和法律行为能力，避免和消除相应的危险。

4. 未成年学生的父母或者其他监护人应当依法履行监护职责，配合学校对学生进行安全教育，开展管理和保护工作。

**法规速递：**

《中华人民共和国民法典》

第一千一百九十八条 宾馆、商场、银行、车站、机场、体育场馆、娱乐场所等经营场所、公共场所的经营者、管理者或者群众性活动的组织者，未尽到安全保障义务，造成他人损害的，应当承担侵权责任。

因第三人的行为造成他人损害的，由第三人承担侵权责任；经营者、管理者或者组织者未尽到安全保障义务的，承担相应的补充责任。经营者、管理者或者组织者承担补充责任后，可以向第三人追偿。

第一千一百九十九条 无民事行为能力人在幼儿园、学校或者其他教育机构学习、生活期间受到人身损害的，幼儿园、学校或者其他教育机构应当承担侵权责任；但是，能够证明尽到教育、管理职责的，不承担侵权责任。

第一千二百条 限制民事行为能力人在学校或者其他教育机构学习、生活期间受到人身损害，学校或者其他教育机构未尽到教育、管理职责的，应当承担侵权责任。

《中华人民共和国突发事件应对法》

第三十条 各级各类学校应当把应急知识教育纳入教学内容，对学生进行应急知识教育，培养学生的安全意识和自救与互救能力。

教育主管部门应当对学校开展应急知识教育进行指导和监督。

《学生伤害事故处理办法》

第九条 因下列情形之一造成的学生伤害事故，学校应当依法承担相应的责任：

（一）学校的校舍、场地、其他公共设施，以及学校提供给学生使用的学具、教育教学和生活设施、设备不符合国家规定的标准，或者有明显不安全因素的；

（二）学校的安全保卫、消防、设施设备管理等安全管理制度有明显疏漏，或者管理混乱，存在重大安全隐患，而未及时采取措施的；

（三）学校向学生提供的药品、食品、饮用水等不符合国家或者行业的有关标准、要求的；

（四）学校组织学生参加教育教学活动或者校外活动，未对学生进行相应的安全

校园人：你不能不知道的法律知识

教育，并未在可预见的范围内采取必要的安全措施的；

（五）学校知道教师或者其他工作人员患有不适宜担任教育教学工作的疾病，但未采取必要措施的；

（六）学校违反有关规定，组织或者安排未成年学生从事不宜未成年人参加的劳动、体育运动或者其他活动的；

（七）学生有特异体质或者特定疾病，不宜参加某种教育教学活动，学校知道或者应当知道，但未予以必要的注意的；

（八）学生在校期间突发疾病或者受到伤害，学校发现，但未根据实际情况及时采取相应措施，导致不良后果加重的；

（九）学校教师或者其他工作人员体罚或者变相体罚学生，或者在履行职责过程中违反工作要求、操作规程、职业道德或者其他有关规定的；

（十）学校教师或者其他工作人员在负有组织、管理未成年学生的职责期间，发现学生行为具有危险性，但未进行必要的管理、告诫或者制止的；

（十一）对未成年学生擅自离校等与学生人身安全直接相关的信息，学校发现或者知道，但未及时告知未成年学生的监护人，导致未成年学生因脱离监护人的保护而发生伤害的；

（十二）学校有未依法履行职责的其他情形的。

### 三、校园性骚扰

校园性骚扰是发生在教育领域中的针对学生实施的性骚扰行为，是对学生的暴力和一种性别歧视，侵犯了学生的平等受教育权、性自主权和人格尊严。也有人将校园性骚扰界定为："校园关系"中的强势方（教师、校领导等）出于追求性刺激的目的，对弱势方（学生）实施的带有"性"意味之行为，这类行为违背弱势方意愿，并会使其产生身体或心理上的不适。校园性骚扰行为多发生在校园内部，一是基于中国传统的"尊师重道"的思想，学生自身权利意识也较为淡漠，一旦性骚扰行为发生在自己身上，受害人往往不知如何维护或基于自身的羞涩、惧怕等心理不敢维护自身权益；二是校内活动和学习环境均较为封闭，学生遭遇性骚扰往往是在旁人难以察觉的情况下发生，特别是高校具有利益关系的导师与学生之间的性骚扰行为更加难以察觉；三是由于学生的期末考、奖学金、实习、毕业等利益相关项很大程度上受校方影响，学生遭到性骚扰后往往因为担心影响自身前途而选择息事宁人。

校园性骚扰可以大致概括出三种类型，即语言性骚扰、身体性骚扰、环境性骚扰。语言性骚扰，主要指带有性含义的挑逗、侮辱、威胁等冒犯性言论，这些言论可以通过口头方式表现，也可以借助于书信、邮件、网络即时通信等方式。身体性骚扰，包括搂抱，触碰他人胸部、下体等敏感部位，向他人做下流的手势、动作等。环境性骚扰，指行为人通过在某一场所播放色情电影、展示淫秽图片物品等所创造的一个胁迫、敌意、羞辱或冒犯性的环境。

如何处理性骚扰问题？

一是拒绝任何异性的"亲昵行为"。不管是自己的异性同学，还是自己的老师，抑或是校领导，坚决不和他们产生任何的"亲昵行为"。不管对方用怎样的方式引诱，坚决不同意，更不尝试。学生年纪小，对这些事情并没有多大的敏感度，但只要有异性对你作出比如强行拥抱、亲吻、抚摸等行为，一定要严厉抗拒。

二是不在特殊时间和异性单独相处。什么是特殊时间？放学之后，同学还没到校之前，晚课时间、早自习时间、节假日，这些时候均是特殊时间。这些时间学校里的学生、老师和领导都会特别的少，一旦和异性单独相处于很私密的空间，很难控制会发生什么事情，因此，应杜绝在这些特殊时间和异性在校园单独相处。

三是严格遵守学校规定，切莫穿着暴露或身着奇装异服。学生青春期的身体已经开始发育，一旦穿着过于暴露或奇装异服，很容易引来异性不怀好意的念头，所以，不管是平日上学期间还是假期，都不要身穿暴露的衣服以及奇装异服，家长也要特别地留心这一点。

四是不接受任何异性的胁迫。不管是自己的老师还是校领导，用性骚扰的方式，达到你的某个要求，或者是用性骚扰的行为，换取某一件事，这个时候你千万不要同意。如果你犯了错误，异性老师威胁你告知家长并且和校领导汇报此事，学校会对你有一些惩罚手段，这个时候老师表示只要你接受他的一些"亲昵行为"就帮你隐瞒，那么请立刻将此事告知家长，一旦答应，校园性骚扰便会出现，且可能一次比一次严重。

五是立刻告知家长，切勿隐瞒。隐瞒是很多孩子在遭遇校园性骚扰后习惯做的事情，不敢和父母说这些事情，更不敢和别人说，只能自己忍受着。这样既影响了自己的身心健康，还给坏人一次次的可乘之机。一旦遭遇校园性骚扰，一定要立刻将此事告知父母，不管事态是否严重，只要出现被性骚扰的行为，都要第一时间告知家长。

## 【案例 5-8】

被告人林某系被害人王某某的老师。2016 年的一天，被告人林某在其住处给被害人王某某（女，事发时年仅 15 岁）补课后，强行抱住王某某对其实施猥亵。案发后，王某某向其母亲黄某某反映该事，黄某某与被告人林某交涉未果，于同年 7 月报警。后被告人林某被公安机关抓获归案。

林某违背教师职业要求和道德，利用补课便利对未成年学生实施猥亵，可对其处以从业禁止。法院经审理认为，被告人林某为满足性刺激而猥亵未满18周岁未成年人，其行为已构成强制猥亵罪。法院依照《中华人民共和国刑法》及相关规定，判处被告人林某犯强制猥亵罪，判处有期徒刑二年六个月。

**法律解读：**

强制猥亵、侮辱罪所要求的手段必须具有强制性，强制性是本罪核心的构成要素。本罪的成立，要求行为人以暴力胁迫或者其他手段致使他人不能反抗、不知反抗的方式强制猥亵他人。本罪中的暴力、胁迫手段不需要达到被害人无法反抗，只要能达到被害人明显难以反抗即可。结合本案，林某使用暴力手段猥亵他人的地点在林某住处，林某与受害人的关系为师生关系，结合林某的行为可以判断，林某的猥亵行为已经使王某某难以反抗，在林某实施猥亵行为过程中，并不需要林某致使王某某完全不能反抗作为构成本罪的前提。

**律师建议：**

教师是伟大且高尚的职业，本应教书育人，为人师表。本案中的林某，全然不顾教师职业道德，公然违背刑法的规定，为满足一己私欲强制猥亵自己的学生，理应受到严厉的惩罚。

对于学校而言，针对教师的教育大多数由政治部门主管，实践中并未切实加强对教师的思想教育工作，多数针对教师的思想道德学习也只流于形式，并未起到应有的效果。

本案告诫我们，对教师的教育不能松懈，学校、教育局等机构，要定时对教师进行思想道德培训，将各类警示案例频繁宣讲，增强教师的守法意识。同时，在校内，要大力开展学生的普法工作，落实匿名投诉举报渠道，鼓励学生勇于拿起法律武器维护自身的合法权益。

**法规速递：**

《中华人民共和国民法典》

第一千零一十条 违背他人意愿，以言语、文字、图像、肢体行为等方式对他人实施性骚扰的，受害人有权依法请求行为人承担民事责任。

机关、企业、学校等单位应当采取合理的预防、受理投诉、调查处置等措施，防止和制止利用职权、从属关系等实施性骚扰。

《中华人民共和国未成年人保护法》

第四十条 学校、幼儿园应当建立预防性侵害、性骚扰未成年人工作制度。对性侵害、性骚扰未成年人等违法犯罪行为，学校、幼儿园不得隐瞒，应当及时向公安机关、教育行政部门报告，并配合相关部门依法处理。

学校、幼儿园应当对未成年人开展适合其年龄的性教育，提高未成年人防范性侵害、性骚扰的自我保护意识和能力。对遭受性侵害、性骚扰的未成年人，学校、幼儿园应当及时采取相关的保护措施。

《中华人民共和国刑法》

第二百三十六条　以暴力、胁迫或者其他手段强奸妇女的，处三年以上十年以下有期徒刑。

奸淫不满十四周岁的幼女的，以强奸论，从重处罚。

强奸妇女、奸淫幼女，有下列情形之一的，处十年以上有期徒刑、无期徒刑或者死刑：

（一）强奸妇女、奸淫幼女情节恶劣的；

（二）强奸妇女、奸淫幼女多人的；

（三）在公共场所当众强奸妇女的；

（四）二人以上轮奸的；

（五）奸淫不满十周岁的幼女或者造成幼女伤害的；

（六）致使被害人重伤、死亡或者造成其他严重后果的。

第二百三十六条之一　对已满十四周岁不满十六周岁的未成年女性负有监护、收养、看护、教育、医疗等特殊职责的人员，与该未成年女性发生性关系的，处三年以下有期徒刑；情节恶劣的，处三年以上十年以下有期徒刑。

有前款行为，同时又构成本法第二百三十六条规定之罪的，依照处罚较重的规定定罪处罚。

第二百三十七条　以暴力、胁迫或者其他方法强制猥亵他人或者侮辱妇女的，处五年以下有期徒刑或者拘役。

《关于依法惩治性侵害未成年人犯罪的意见》

25. 针对未成年人实施强奸、猥亵犯罪的，应当从重处罚，具有下列情形之一的，更要依法从严惩处：

（1）对未成年人负有特殊职责的人员、与未成年人有共同家庭生活关系的人员、国家工作人员或者冒充国家工作人员，实施强奸、猥亵犯罪的；

（2）进入未成年人住所、学生集体宿舍实施强奸、猥亵犯罪的；

（3）采取暴力、胁迫、麻醉等强制手段实施奸淫幼女、猥亵儿童犯罪的；

（4）对不满十二周岁的儿童、农村留守儿童、严重残疾或者精神智力发育迟滞的未成年人，实施强奸、猥亵犯罪的；

（5）猥亵多名未成年人，或者多次实施强奸、猥亵犯罪的；

（6）造成未成年被害人轻伤、怀孕、感染性病等后果的；

（7）有强奸、猥亵犯罪前科劣迹的。

《中华人民共和国教师法》

第十四条 受到剥夺政治权利或者故意犯罪受到有期徒刑以上刑事处罚的，不能取得教师资格；已经取得教师资格的，丧失教师资格。

## 第六节 上学放学路上的安全

大多数学生们的生活都是两点一线的，从家到学校从来都不只是远近的距离，更是家长、学校对学生路上安全的担心，如何保障学生"最后一公里"的安全成为社会和法律的关切点。

碍于家长日常的繁忙，学生们往返学校最普遍的方式就是坐校车，但近年来校车交通事故频发，原因在于校车的准入不规范、驾驶人资格不符、学校监管不到位等。为了保障未成年人的路上安全，国务院出台了《校车安全管理条例》，旨在加强校车安全管理，保障乘坐校车学生的人身安全。

对于校车路上安全的管理，法律对以下几个不同的角色进行规制，即学校、学生监护人、校车驾驶人等。学校对教师、学生及其监护人进行交通安全教育，向学生讲解校车安全乘坐知识和校车安全事故应急处理技能，并定期组织校车安全事故应急处理演练。学生监护人配合学校或者校车服务提供者的校车安全管理工作。校车驾驶人要驾驶校车必须取得相应的校车驾驶资格，满足准驾车型驾龄、无犯罪记录等条件。

除了将安全责任细分到每个角色中，还让学生在上下学途中的各环节都得到有效的监管。一是在校园通行安全方面，要求校车行驶线路应当尽量避开急弯、陡坡、临崖、临水的危险路段；确实无法避开的，道路或者交通设施的管理、养护单位应当按照标准对上述危险路段设置安全防护设施、限速标志、警告标牌。二是在校园乘车安全方面，要求配备校车的学校、校车服务提供者应当指派照管人员随校车全程照管乘车学生。

学生们除了通过校车往返学校外，更多的就是放学时步行回家，很多都会在归途中结伴到各种场所玩耍，没有家长和老师的看护，这个过程中就会产生未知的危险。对此，《未成年人保护法》明确了对未成年人集中活动的场所加以管理，要求该等场所必须符合国家或者行业安全标准，对可能存在安全风险的设施，定期进行维护，在显著位置设置安全警示标志并标明适龄范围和注意事项，必要时应当安排专门人员看管等。诸如大型的商场、超市、游乐场等场所运营单位要求设置搜寻走失未成年人的安全警报系统，发生突发事件时，优先救护未成年人。

平日里很多让人忽视的环节，往往不仅会给人带来伤害，也可能导致自身违法。比如，在机动车道上使用滑板、旱冰鞋等滑行工具；16周岁以下，骑车行进在公共道路上；乘坐汽车时把手、胳膊等肢体伸出窗外；在高速行驶或非空旷的地方，打开天窗，把头部或身体露出。

**【案例 5-9】**

自 2014 年 10 月起，被告人粟某为谋取非法利益，在未取得校车驾驶资格和校车标牌的情况下，私自将一辆非营运面包车改装成校车后用于接送学生。2016 年 3 月 2 日早上，粟某驾驶该面包车搭载学生到江源小学上学，由崇州市永和大道沿羊江路往江源镇方向行驶，8 时 5 分许，当行驶至江源镇唐兴中街 129 号门前路段时，被崇州市公安局交警大队执勤民警拦下检查。经现场查证，车内共乘载 16 名乘客，其中 15 名为江源小学在读学生，而该车核载人数仅为 8 人，超过额定乘员 100%，属于严重超载。此外，被告人粟某曾于 2015 年 10 月 28 日，因超载学生被公安部门查处，后被起诉到法院。

法院认为，被告人粟某违反道路交通管理法规，无驾驶校车资格驾驶未取得校车许可的汽车从事接送小学生业务，且严重超过额定乘员载客，其行为违反校车管理规定，危害社会公共安全，构成危险驾驶罪；遂依法以危险驾驶罪判处被告人粟某拘役 3 个月，并处罚金 3000 元。一审宣判后，本案在法定期限内没有上诉、抗诉，一审判决遂发生法律效力。

**法律解读：**

学生的交通安全，事关千家万户的安宁。为加强校车管理、保障学生交通安全，国务院于 2012 年 4 月发布《校车安全管理条例》，对校车安全技术条件和驾驶人资格提出比一般客车更为严格的要求，并且明确学校和校车服务提供者有保障校车安全的义务和责任。《刑法修正案（九）》也将校车和客车严重超载入刑，目的在于防患于未然，通过严厉打击危险驾驶行为来预防危险事故的发生。

然而，由于缺乏宣传，现实中校车安全问题仍大量存在，特别是在一些农村地区，"黑校车"事故频发。大多数"黑校车"车况差，驾驶员安全意识淡薄，超员、超速行为较为普遍，极易导致严重道路交通事故，具有很大社会危害性。

**律师建议：**

提醒学校和广大学生家长，为了孩子的生命安全，千万不要贪图一时方便、节省成本而选择租用"黑校车"，更不要让孩子乘坐超员车。同时，也警告从事接送学生业务的人员和机构，必须依法办理校车许可及驾驶资质手续，否则，害人害己，一旦出事将难逃法律的严惩。

**法规速递：**

《校车安全管理条例》

第十四条　使用校车应当依照本条例的规定取得许可。

取得校车使用许可应当符合下列条件：

（一）车辆符合校车安全国家标准，取得机动车检验合格证明，并已经在公安机关交通管理部门办理注册登记；

（二）有取得校车驾驶资格的驾驶人；

（三）有包括行驶线路、开行时间和停靠站点的合理可行的校车运行方案；

（四）有健全的安全管理制度；

（五）已经投保机动车承运人责任保险。

第二十三条　校车驾驶人应当依照本条例的规定取得校车驾驶资格。

取得校车驾驶资格应当符合下列条件：

（一）取得相应准驾车型驾驶证并具有3年以上驾驶经历，年龄在25周岁以上、不超过60周岁；

（二）最近连续3个记分周期内没有被记满分记录；

（三）无致人死亡或者重伤的交通事故责任记录；

（四）无饮酒后驾驶或者醉酒驾驶机动车记录，最近1年内无驾驶客运车辆超员、超速等严重交通违法行为记录；

（五）无犯罪记录；

（六）身心健康，无传染性疾病，无癫痫、精神病等可能危及行车安全的疾病病史，无酗酒、吸毒行为记录。

第四十五条　使用未取得校车标牌的车辆提供校车服务，或者使用未取得校车驾驶资格的人员驾驶校车的，由公安机关交通管理部门扣留该机动车，处1万元以上2万元以下的罚款，有违法所得的予以没收。

取得道路运输经营许可的企业或者个体经营者有前款规定的违法行为，除依照前款规定处罚外，情节严重的，由交通运输主管部门吊销其经营许可证件。

伪造、变造或者使用伪造、变造的校车标牌的，由公安机关交通管理部门收缴伪造、变造的校车标牌，扣留该机动车，处2000元以上5000元以下的罚款。

第四十七条　机动车驾驶人未取得校车驾驶资格驾驶校车的，由公安机关交通管理部门处1000元以上3000元以下的罚款，情节严重的，可以并处吊销机动车驾驶证。

## 第七节　"压岁钱"的管理和使用

中国的家长逢年过节通常都会给孩子"压岁钱"，以期盼孩子新的一年平平安安，多数父母会将收到的压岁钱交给孩子自行保管。不同年龄段的未成年人在管理和使用压岁钱的过程中会产生不同的法律效果,父母应告知其如何管理和使用财物,避免产生"乱花钱、误花钱"的后果。

根据《中华人民共和国民法典》对未成年人的民事行为能力划分可知,不满8周岁的未成年人为无民事行为能力人,8周岁以上不满18周岁的未成年人为限制民事行为能力人。孩子在未成年的这两个阶段中使用压岁钱消费或购买商品时,父母作为法定监护人承担着重要角色,并非孩子冲动性的消费均会得到法律的认可。不满8周岁的未成年人心智尚未开发,辨别事物的能力还未长成,其决定可能是在缺乏理智的情况下作出的。为了保护无民事行为能力人的利益,其自身进行的法律行为,应认定为无效。换言之,不满8周岁的未成年人使用压岁钱买小玩具时,该行为并不被法律所认可。只能由其法定代理人代为处理才能赋予其法律效力,产生相应的权利义务法律关系。

8周岁以上不满18周岁的未成年人群体则更需要关注,这个阶段的群体普遍都有了较为独立的自我意识,对各类新鲜事物充满了好奇,更容易冲动消费,诸如购买游戏点卡、昂贵玩具、游戏机等。甚者还有偷偷拿父母的钱去满足其他消费的欲望,这对于需要用功读书成长的孩子来说,是非常不合适的。所以,《民法典》规定了效力待定制度:"八周岁以上的未成年人为限制民事行为能力人,实施民事法律行为由其法定代理人代理或者经其法定代理人同意、追认",就是为了解决诸如此类的问题。即该年龄段的孩子花钱购买商品或服务时,非经父母的同意或追认,商家不得理所当然地完成这项交易,这也就给孩子提供了一个缓冲区,保护其不被无良商家或自身冲动所伤害。

值得注意的是,法律并未机械固执地限制未成年人的民事行为。很多初长成人的孩子因没有父母的抚养或没有足够的经济能力而被迫放弃教育,自己早早地走向了社会,通过劳动获取自己的生活来源,这些"早熟"的孩子在这种情况下,如不能承认其能够自主决定和处理面对的选择及问题,他们也会失去在社会立足的很多机会。所以,在8周岁以上不满18周岁的年龄段中,《民法典》作了特殊规定,即16周岁以上的未成年人,以自己的劳动收入为主要生活来源的,视为完全民事行为能力人。

总而言之,不同年龄段的未成年人在压岁钱的管理和使用上,会产生不同的法律效果,学生和家长应在相应的时间节点上作出相应的法律行为。

**【案例5-10】**

13周岁的于某实名注册了网络游戏用户账号,玩起了付费网络游戏。2020年2月至4月,于某在家上网课期间,在家长不知情的情况下,于某用自己实名认证的网络游戏用户账号,向游戏运营商 H 公司一次性充值 100 元,向 T 公司累计充值 15000 元。同年 6 月,于某父亲获知此事后,向 H 公司、T 公司申请退款无果,于某父母以于某的名义起诉游戏公司。

法院经审理认为,13 周岁的于某系限制民事行为能力人,可以独立实施纯获利益的或者与其智力、年龄相适应的民事法律行为。于某玩付费网络游戏,多次充值累计 15000 余元的行为,既不属于纯获利益的行为,也不属于与其智力、年龄相适应的行为,且事后未获得法定代理人的同意或追认,故该行为无效,被告游戏公司应将充值返还。同时,根据国家新闻出版署《关于防止未成年人沉迷网络游戏的通知》规定,对 8 周岁以上未满 16 周岁的用户,单次充值金额不得超过 50 元,每月充值金额累计不得超过 200 元。经法官耐心细致的释法说理工作,开庭前,被告 H 公司、T 公司主动将于某的付费如数退还,并对未成年人付费服务作出了限制性设置,于某的法定代理人撤回起诉。

**法律解读:**

随着智能手机和移动支付方式的广泛应用,未成年人直播打赏、虚拟充值消费等导致的纠纷屡见不鲜。根据国家新闻出版署《关于防止未成年人沉迷网络游戏的通知》规定,网络游戏企业须采取有效措施,限制未成年人使用与其民事行为能力不符的付费服务。2020 年修订的《中华人民共和国未成年人保护法》设有网络保护的专题章节,对网络环境管理、网络沉迷防治等作出具体规范,明确规定网络服务提供者应针对未成年人使用其服务设置相应时间管理、权限管理、消费管理等功能。同时也希望借此案例引导网络公司进一步强化社会责任,遏制未成年人沉迷网络游戏、过度消费等不良行为,为未成年人健康成长创造良好网络环境。

**律师建议:**

父母可针对孩子不同的成长年龄段管理其压岁钱的使用:8 周岁以下的孩子,父母应当为其保管,可将压岁钱存入银行作为孩子的教育基金;8 周岁以上未成年的孩子,可根据其独立意识和金钱消费观念的长成,将小额的资金交给孩子管理使用,在购买商品和服务时,注意是否超出孩子的处置能力和资金额度,一旦超出控制的范围,父母应及时制止孩子的行为,要求平台或商家退还孩子的支出。

**法规速递:**

《中华人民共和国民法典》

第十七条　十八周岁以上的自然人为成年人。不满十八周岁的自然人为未成年人。

第十八条　成年人为完全民事行为能力人,可以独立实施民事法律行为。

十六周岁以上的未成年人,以自己的劳动收入为主要生活来源的,视为完全民事行为能力人。

第十九条　八周岁以上的未成年人为限制民事行为能力人，实施民事法律行为由其法定代理人代理或者经其法定代理人同意、追认；但是，可以独立实施纯获利益的民事法律行为或者与其年龄、智力相适应的民事法律行为。

第二十条　不满八周岁的未成年人为无民事行为能力人，由其法定代理人代理实施民事法律行为。

《中华人民共和国未成年人保护法》

第七十四条　网络产品和服务提供者不得向未成年人提供诱导其沉迷的产品和服务。

网络游戏、网络直播、网络音视频、网络社交等网络服务提供者应当针对未成年人使用其服务设置相应的时间管理、权限管理、消费管理等功能。

以未成年人为服务对象的在线教育网络产品和服务，不得插入网络游戏链接，不得推送广告等与教学无关的信息。

## 第八节　规范言行问题

### 一、人民币的保护

你是否有过怕自己的"压岁钱"丢失或被别人拿去无法找回，而在人民币写上自己名字的行为呢？如果有，那么你已经违法了！毁坏人民币的行为都是违法行为。在人民币上写字，即使没有使之损毁的故意，写字总是故意的，而写字必定要损毁人民币的原来形态，该行为就是违法的。

【案例 5-11】

2018 年 1 月 24 日，安徽省天长市铜城镇居民马某新房落成，乔迁之喜，亲朋好友应邀来到铜城镇的一家饭店喝酒庆祝，其中就有晁某城和任某华。席间，晁某城和任某华都喝了不少白酒，两人都认为自己比对方有钱，谁都不服对方，为此争吵起来，晁某城向任某华提议，双方都拿出一百元面额的人民币，来个"烧钱比赛"。任某华当场表示同意。于是，两人各自掏出一张百元面值的人民币，用打火机点燃，当众焚烧。这时候，同桌的杨某用手机拍下了这段视频，将两人"烧钱比赛"的视频发送到了自己的微信朋友圈里，结果，一传十、十传百，这段视频迅速扩散，引发了众多网友的点击、下载和转发，火爆了天长市人的微信朋友圈，很快也引起了市公安局的注意。查清案情后，市公安局根据《中华人民共和国人民币管理条例》第四十三条的规定,对行为人晁某城和任某华分别处以警告和罚款 1000 元的处罚。

## 【案例 5-12】

2018 年 3 月的一天,安徽阜阳女子孙某使用赠券带孩子到商场儿童乐园游玩,因退票问题与工作人员发生纠纷。在工作人员退还 20 元现金后,不依不饶的孙某当着警察的面把纸币撕烂。结果,孙某因毁损人民币被罚款 1000 元。

**法律解读:**

自己的钱就可以随便撕吗?安徽孙某用自己的亲身经历告诉大家,法律法规绝对不是摆设,有钱也不能任性,故意撕毁自己的钱也是犯法的。

近年来,不断有毁损人民币事件被媒体曝光,故意毁损人民币的行为可谓是五花八门,除了撕毁、烧毁之外,更多的是在人民币上乱涂乱画。比如,某地开学时节,一些学校在收取学生学费时,为了防止出现假钞,要求学生在上交的纸币上写上各自的名字。还有人将人民币当作临时便签,顺手拿出来记载联系人、电话号码、办事地点、火车汽车信息等。有些首饰加工店曾出现"5角硬币换金饰"现象,顾客自带旧版 5 角硬币,店主收取加工费后,将硬币熔炼,打造成戒指、项链等首饰。有人把人民币叠成形态各样的艺术品,还有的商家用百元大钞装点礼盒,以此来引得顾客。更有甚者,利用人民币流通范围广的特点,把人民币当作免费的广告载体,在人民币上面印上广告、征婚启事、交友热线等。损毁人民币的现象层出不穷,这些行为让监管部门措手不及,究其原因,主要还是人们的法律意识淡薄。

故意损毁人民币属违法行为,《中华人民共和国中国人民银行法》第十九条明确规定,禁止故意毁损人民币。《中华人民共和国人民币管理条例》中也有明确规定,禁止故意损毁、仿制、买卖、随意使用人民币图样,以及"其他损害人民币的行为"。根据《中华人民共和国人民币管理条例》第四十二条规定,故意毁损人民币的,由公安机关给予警告,并处 1 万元以下的罚款。

**律师建议:**

学校要加强对学生关于爱护人民币的教育宣传。人民币是国家的法定货币,是国家政权的象征,爱护人民币是每个公民的义务。在使用人民币时应注意:(1)不要乱揉乱折,整点存放时要平铺整齐;(2)不要在人民币票面上写、画或计数、盖印;(3)用机具收付款时,应注意避免损伤人民币;(4)在容易污损人民币的场所要使用收付款工具;(5)防止油浸和腐蚀性化学药物对人民币的侵蚀,在生活中不要将肥皂、洗涤剂与人民币放在一起;(6)凡发现图案不全,墨色过淡过浓、裁切偏斜、漏印花纹等人民币,应到就近银行鉴定,真币按面额兑换;(7)严禁将金属币穿孔、磨边、剪口、轧薄变形等；(8) 不准随意撕裂、剪割人民币；(9) 对收进的残损币应随时向银行兑付，不要再向外支付。

**法规速递：**

《中华人民共和国人民币管理条例》

第六条　任何单位和个人都应当爱护人民币。禁止损害人民币和妨碍人民币流通。

第二十六条　禁止下列损害人民币的行为：

(一) 故意毁损人民币；

(二) 制作、仿制、买卖人民币图样；

(三) 未经中国人民银行批准，在宣传品、出版物或者其他商品上使用人民币图样；

(四) 中国人民银行规定的其他损害人民币的行为。

前款人民币图样包括放大、缩小和同样大小的人民币图样。

第四十二条　故意毁损人民币的，由公安机关给予警告，并处1万元以下的罚款。

第四十三条　违反本条例第二十五条、第二十六条第一款第二项和第四项规定的，由工商行政管理机关和其他有关行政执法机关给予警告，没收违法所得和非法财物，并处违法所得1倍以上3倍以下的罚款；没有违法所得的，处1000元以上5万元以下的罚款。

工商行政管理机关和其他有关行政执法机关应当销毁非法使用的人民币图样。

《中华人民共和国人民银行法》

第十九条　禁止伪造、变造人民币。禁止出售、购买伪造、变造的人民币。禁止运输、持有、使用伪造、变造的人民币。禁止故意毁损人民币。禁止在宣传品、出版物或者其他商品上非法使用人民币图样。

## 二、"到此一游"

在景区建筑或景观上随意刻划，留下"到此一游"或自己姓名等痕迹的行为都是违法的。一定要养成规范自己的言行的好习惯，要对自己的行为负责，随意刻划，留下的不是永久的纪念和美好回忆，而是永久的耻辱。因为即便侥幸没有被法律处罚，但今后每一位来此观光游览的人，都会对这种破坏文物古迹的不良行为嗤之以鼻。

**【案例5-13】**

2018年10月国庆节期间，陈某到西安某著名景区游玩，途中在景区内石碑上写下"陈×到此一游"字样。当即被景区工作人员抓到并处以罚金。陈某不服，认为之前已经有人写过类似字样，自己不应该被处罚。

校园人：你不能不知道的法律知识

**法律解读：**

《中华人民共和国旅游法》第十三条规定："旅游者在旅游活动中应当遵守社会公共秩序和社会公德，尊重当地的风俗习惯、文化传统和宗教信仰，爱护旅游资源，保护生态环境，遵守旅游文明行为规范。"从以上法律规定可以看出，游客在旅游过程中，不仅享有欣赏各个旅游景点的权利，也负有保护景区景点的义务。游客在旅游过程中，必须遵守法律规定，保护好相关文物和旅游景点。

根据《中华人民共和国治安管理处罚法》第六十三条规定："有下列行为之一的，处警告或者二百元以下罚款；情节较重的，处五日以上十日以下拘留，并处二百元以上五百元以下罚款：（一）刻划、涂污或者以其他方式故意损坏国家保护的文物、名胜古迹的；……"因此，若是旅游者在旅游过程中，违反法律规定，对文物古迹进行刻划、涂污等，就属于违法行为，必须接受相应处罚。所以上述案例中，陈某的行为属于违法行为。

名胜古迹是指可供人参观游览的著名风景区以及虽未被人民政府核定公布为文物保护单位但也具有一定历史意义的古建筑、雕刻、石刻等历史陈迹。妨害文物管理行为之一的"刻划"，是指在文物、名胜古迹上面用各种硬物（包括笔、尖石块、各种金属等）刻写、凿划的行为。现实生活中，一些人在游览观光文物遗址或名胜古迹的同时，总不忘留几笔以作纪念。如"某某到此一游"，或者诗兴大发，题上一首打油诗等，使本来庄严古朴的文物或古建筑被刻划得伤痕累累。国家经常划拨巨额资金对古建筑和国家文物保护单位进行保护，我们每个公民应当自觉爱护受国家保护的文物。"涂污"，是指在文物上进行涂抹的行为。比如，在古建筑上张贴广告、宣传品或者往古建筑上泼洒污物、乱涂乱画等行为。另外，还有"以其他方式损坏国家保护的文物、名胜古迹"的行为。所谓"以其他方式"，是指除了刻划、涂污以外的方式。比如，在古建筑上钉钉子用以悬挂物品等。"以其他方式"是一种概括性的规定，它概括了除去所列举的两种以外的所有的损坏文物、名胜古迹的方式。这里需要指出的是，这里所列举的损坏文物、名胜古迹的行为是一种故意的行为。如果出于过失，则不构成本项规定的妨害文物管理的行为。比如，由于不小心将污物、油漆等溅洒到文物或古建筑上等。

**律师建议：**

喜欢一朵花你会把它摘下，而热爱一朵花你就会为它浇水。万物有灵，文明出行，对旅游地的万事万物都需要细心呵护。

从自己做起，从今天做起，以下十大旅游恶习不要沾染：

（1）公共场所大声喧哗；

（2）乱扔垃圾、随地吐痰；

（3）无视禁烟标志想吸就吸；

（4）不遵守秩序，乱插队；

（5）破坏文物，在文物上刻字；

（6）不尊重当地风俗习惯，衣冠不整参观庙宇，乱点评；

（7）不保护环境，在景观池中泡脚，向池中丢东西；

（8）吃自助餐浪费或者外带，影响其他人；

（9）禁止拍照场所执意拍照，不听劝告；

（10）因车辆、航班延误就大吵大闹，斤斤计较。

**法规速递：**

《中华人民共和国旅游法》

第十三条 旅游者在旅游活动中应当遵守社会公共秩序和社会公德，尊重当地的风俗习惯、文化传统和宗教信仰，爱护旅游资源，保护生态环境，遵守旅游文明行为规范。

《中华人民共和国治安管理处罚法》

第六十三条 有下列行为之一的，处警告或者二百元以下罚款；情节较重的，处五日以上十日以下拘留，并处二百元以上五百元以下罚款：

（一）刻划、涂污或者以其他方式故意损坏国家保护的文物、名胜古迹的；

（二）违反国家规定，在文物保护单位附近进行爆破、挖掘等活动，危及文物安全的。

《中华人民共和国文物保护法》

第六十五条 违反本法规定，造成文物灭失、损毁的，依法承担民事责任。

违反本法规定，构成违反治安管理行为的，由公安机关依法给予治安管理处罚。

违反本法规定，构成走私行为，尚不构成犯罪的，由海关依照有关法律、行政法规的规定给予处罚。

第六十六条 有下列行为之一，尚不构成犯罪的，由县级以上人民政府文物主管部门责令改正，造成严重后果的，处五万元以上五十万元以下的罚款；情节严重的，由原发证机关吊销资质证书：

（一）擅自在文物保护单位的保护范围内进行建设工程或者爆破、钻探、挖掘等作业的；

（二）在文物保护单位的建设控制地带内进行建设工程，其工程设计方案未经文物行政部门同意、报城乡建设规划部门批准，对文物保护单位的历史风貌造成破坏的；

（三）擅自迁移、拆除不可移动文物的；

（四）擅自修缮不可移动文物，明显改变文物原状的；

（五）擅自在原址重建已全部毁坏的不可移动文物，造成文物破坏的；

（六）施工单位未取得文物保护工程资质证书，擅自从事文物修缮、迁移、重建的。刻划、涂污或者损坏文物尚不严重的，或者损毁依照本法第十五条第一款规定设立的文物保护单位标志的，由公安机关或者文物所在单位给予警告，可以并处罚款。

# 第六章

# 家长篇

## 第一节 父母与子女的法律关系

### 一、父母对未成年子女的抚养义务

父母是未成年子女的法定监护人,承担以下几点责任和义务。

1. 父母必须从物质上履行对未成年子女的抚养义务和监护职责。也就是说,父母必须从物质上、经济上对未成年子女进行养育和照料,使子女身体能够健康成长。父母不得虐待、遗弃未成年子女,不得歧视女性和有残疾的未成年人。禁止溺婴、弃婴和其他残害婴儿的行为。这是保障儿童的基本生活和生存权利的需要。

2. 父母必须保证未成年子女接受义务教育的权利。父母必须让适龄子女入学接受义务教育,不得阻碍其入学或迫使其中途退学、辍学。接受教育,是未成年人依法享有的一项权利,是其认识世界、认识社会、全面发展的重要途径。未成年人的父母不但无权加以限制和剥夺,相反,保证未成年子女入学接受义务教育是依法必须履行的职责。

3. 父母对未成年子女应当加强理想、道德、法制和爱国主义、集体主义和社会主义教育。对达到义务教育年龄的未成年人,同时应当进行有益于身心健康的活动,不得有:(1)旷课、夜不归宿;(2)携带管制刀具;(3)打架斗殴、辱骂他人;(4)强行向他人索要财物;(5)偷窃、故意毁坏财物;(6)参与赌博或者变相赌博;(7)观看、收听色情、淫秽的音像制品、读物等;(8)进入法律、法规规定未成年人不适宜进入的营业性歌舞厅等场所及其他严重违背社会公德的不良行为。对已染上严重不良行为的未成年子女,父母应当和学校互相配合,严加管教,并采取有效措施对其不良行为进行矫治,决不能放任不管、放弃监护职责。

4. 父母应当保护子女的人身权不受侵害,包括身体不受伤害、生命不得剥夺以及姓名权、荣誉权及名誉权等不受侵害。未成年子女的人身权受到不法侵害时,父母应当作为未成年子女的法定代理人,以非讼或提起诉讼的方式,要求侵权人依法承担相应的责任。

5. 父母应当保护未成年子女的继承权及其他财产权利不受侵犯。父母作为未成年子女的法定监护人和法定代理人,有权排除他人对未成年子女财产的侵害。当未成年子女所进行的行为与年龄、智力不相适应时,父母有权否定。这既是其权利,也是其应当履行的职责。父母对未成年子女的合法财产要精心管理和监护,不得作出有损未成年子女权益的行为。

6. 当未成年子女对国家、集体或他人财产造成损害时,父母应承担民事责任。如果父母已尽了监护职责,那么适当减轻其责任。

## 二、父母对成年子女的抚养是生活扶助义务

在我国,凡年满18周岁的公民,即为成年人,依法具有完全民事行为能力,应该以自己的劳动能力和劳动收入满足自己的经济需求,形成独立能力、独立责任的人格体系,从而不再依赖他人抚养。父母对子女的抚养义务应因子女的成年而消灭,子女也应因成年而丧失要求父母抚养的权利。但是,由于目前社会经济发展水平的局限,社会对公民个体的综合保障系统尚不健全,再加上公民个人生理、心理、学习、就业存在着现实的差异,成年不等于有劳动能力,有劳动能力不等于有独立经济来源和生活保障。于是,在社会中有相当一部分成年人还必须依靠他人抚养,当社会无力全部承受时,则只有转化到父母子女等亲属关系中,从而父母对成年子女在一定条件下依法应承担抚养义务。其条件包括两个方面:(1)成年子女尚在校接受高中及其以下学历教育,或者丧失或未完全丧失劳动能力等非因主观原因而无法维持正常生活;(2)父母具备负担能力,即父母在维持自己的生活外还有承担抚养义务的给付能力。如果父母因负担抚养义务就不能维持自己的生活,则不负担抚养义务。

## 三、父母不履行抚养义务时,未成年的或不能独立生活的子女,有要求父母付给抚养费的权利

《中华人民共和国民法典》第一千零六十七条规定:父母不履行抚养义务的,未成年子女或者不能独立生活的成年子女,有要求父母给付抚养费的权利。成年子女不履行赡养义务的,缺乏劳动能力或者生活困难的父母,有要求成年子女给付赡养费的权利。

父母未履行抚养子女的义务,子女能否主张免除赡养义务?针对这一问题,最高

人民法院在《中华人民共和国民法典婚姻家庭编继承编理解与适用》一书中明确：需要根据父母未履行抚养义务的原因分情况处理：(1) 如果父母确因经济能力或者其他客观原因（比如，因犯罪被监禁）未能履行抚养义务，子女成年后主张免除赡养义务的，法院不予支持，子女不能将父母是否尽了抚养教育的义务作为自己履行赡养父母义务的基础和前提。在审判实践中，对此应予从严掌握。因为子女赡养父母的义务是法定的和无附加条件的，在目前社会保障机制尚不完善、家庭主要承担养老育幼职责的现状下，不能轻易免除子女对父母的赡养义务。鉴于子女与父母之间特殊的身份关系，也不能简单地用等价有偿、公平合理的一般民法理念加以衡量。(2) 如果父母具有抚养能力而拒不履行抚养义务或者对子女实施虐待、遗弃、故意杀害等行为，情节严重的，可以免除子女的赡养义务。从《民法典》"继承编"的规定来看，故意杀害被继承人、遗弃被继承人或者虐待被继承人情节严重的，丧失继承权。同样道理，犯有杀害、遗弃、虐待子女罪的父母原则上不再享有子女赡养的权利。因为让身心受到严重摧残的受害者再去赡养加害人，于法、于情、于理均说不过去。如果子女不计前嫌自愿赡养伤害过自己的父母，法律则不予干涉。

抚养费包括子女生活费、教育费、医疗费等费用。人民法院审理此类案件时，应首先进行调解，调解不成，依法判决，确定抚养费的数额、给付的期限和方法。必要时，人民法院还可以以裁定的方式，责令义务人先行给付，以保障被抚养人的正常生活。如义务人拒不执行裁定，人民法院还可以予以强制执行。同时，对拒绝抚养并且情节恶劣、构成犯罪的义务人，依法追究其刑事责任。

## 四、父母不得虐待、遗弃未成年子女，不得歧视女性未成年人或者有残疾的未成年子女；禁止溺婴和弃婴

父母对子女的抚养义务从子女出生之时开始，不论男婴、女婴，不论是否患有重病、是否有残疾，父母都有义务予以抚养，作出溺婴、弃婴和其他残害婴儿的行为均应当承担法律责任。按照《中华人民共和国刑法》第二百三十二条规定，溺婴属于杀人罪，应被判处三年以上十年以下的有期徒刑。弃婴构成遗弃罪的，按照《中华人民共和国刑法》第二百六十一条规定，处五年以下有期徒刑、拘役或者管制。其他残害婴儿的行为，如属于虐待，构成犯罪的，按照《中华人民共和国刑法》第二百六十条规定，处二年以下有期徒刑、拘役或者管制，致使婴儿重伤、死亡的，处二年以上七年以下有期徒刑。

总之，保护未成年人，是国家机关、武装力量、政党、社会团体、企业事业组织、城乡基层群众性自治组织、未成年人的监护人和其他成年公民的共同责任。家庭应当教育和帮助未成年人维护自己的合法权益，增强自我保护的意识和能力，增强社会责

任感。

**【案例 6-1】**

田某与杨某于 2014 年结婚，2015 年 3 月生下一子。正当全家人都沉浸在这份喜悦中的时候，突如其来的一个坏消息打破了这个家庭原本的平静。原来是刚刚出生的孩子被检查出先天性心脏病，活不过 8 岁。田某与妻子听到这个噩耗后悲痛至极，他们想要为孩子治病，但一想到昂贵的医药费就犯难。最终，两人决定放弃这个孩子，把孩子留在了医院，并更换了手机和住址。医院报警后，公安机关找到田某夫妇，但二人仍拒绝抚养孩子。

**法律解读：**

田某夫妇的行为不仅会受到道德的谴责，还可能构成遗弃罪。根据我国《刑法》第二百六十一条的规定，对于年幼、患病的人，负有扶养义务而拒绝扶养，情节恶劣的，处五年以下有期徒刑、拘役或者管制。父母对子女负有抚养的义务，这种义务不因孩子患病、经济困难等任何原因而解除。本案中，田某夫妇将孩子留在医院，且在公安机关找到的时候仍拒绝抚养，是明显的遗弃行为，涉嫌构成遗弃罪。

**律师建议：**

遗弃罪要求行为人必须情节恶劣，主要是指由于遗弃造成被害人重伤、死亡等严重后果，有遗弃行为屡教不改，或者遗弃手段、情节特别恶劣等。如果遇到这种情况，可以立即报警。尤其是医院的医务工作者遇到这样的情况，应当第一时间拨打 110。

**法规速递：**

《中华人民共和国刑法》

第二百六十一条　对于年老、年幼、患病或者其他没有独立生活能力的人，负有扶养义务而拒绝扶养，情节恶劣的，处五年以下有期徒刑、拘役或者管制。

## 第二节　反对家庭暴力

### 一、家庭暴力概述

在我国，一般认为家庭暴力是指在以婚姻、血缘和法律关系为基础而构成的家庭中，家庭成员以暴力、胁迫、摧残、折磨或其他手段侵害家庭成员身体、精神和性等人身权利的强暴行为。家庭暴力不仅是家庭的问题，也是一个带普遍性的社会问题，且有愈演愈烈之势。同时，家庭暴力对青少年的伤害很大，给青少年的健康成长造成了极为严重的负面影响,不可忽视。

社会大众对儿童暴力的理解一般为对儿童作出针对身体的虐待、殴打等伤害行为,这与国际社会对儿童暴力的界定有偏差,国际社会对儿童暴力的界定包括身体暴力、精神暴力、性暴力和忽视,在有关国内家庭暴力案件的统计中我们发现,尚未有对儿童精神暴力和忽视的报道,这可能与国内对暴力范围的理解还不深入以及国内对儿童的精神暴力与忽视还没有引起广泛关注有关。

在统计中,虐待、遗弃、拐卖、性侵害等形式的暴力不在少数。从暴力形式的统计看,主要还是针对未成年人身体的伤害,占64.28%,遗弃不养、家庭拐卖和性侵害的比例相差不多,分别占13.20%、12.91%和9.61%,这三种形式的暴力虽然不是直接作出针对未成年人身体的殴打伤害行为,也可能没有造成未成年人身体严重受伤的结果,但应该属于极为恶劣的暴力,是对未成年人极端的伤害,在统计中超过三成。有的案件中可能多种形式的暴力并存。

值得引起注意的还有性侵害案件,一般人会认为家庭性侵害案件主要来自再婚、收养家庭,但是统计发现,在67例性侵害案件中,49例是监护人实施的,其中生父母实施的28例,继父、养父实施的21例,因此原生家庭的性侵害案件应当引起关注,这类生父实施性侵害案件主要是生父平时就有恶习、一时性冲动,还有迷信等原因。其他人员实施的性侵害主要是母亲、叔叔等其他家庭成员。未成年人遭受性侵害的类型除了强奸外,还有生父母强迫未成年人卖淫的案件,给未成年人的身体和心理造成了极为严重的伤害。

## 二、家庭暴力对未成年人造成的伤害

未成年人处在身心发育的关键和特殊时期,心理尚未成熟,性格没有定型,周围环境和刺激对他们的生长发育都可能产生很大的影响。家庭作为青少年成长的主要环境之一,其状况如何必然影响青少年能否健康成长。家庭暴力是一种极为负面的家庭环境因素,对青少年的身心发育十分不利。作为家庭暴力的受害者,青少年受到的不仅仅是皮肉上的痛苦,更严重的是心灵上的创伤与扭曲以及由此带来的种种问题。

家庭暴力给青少年造成的心理创伤、家庭教育缺陷以及其提供的不良示范都会对青少年不良心理意识的产生起到一定的促进作用。家庭暴力给青少年造成的心理创伤大致可以分为如下三种。

一是父母之间因不和产生的家庭暴力给青少年造成的心理创伤。生活在家庭暴力环境中的孩子没有安全感、情绪低落,导致抑郁、急躁、易怒、自卑,生活缺乏自信心,学习成绩下滑;情绪波动大,事不如意,易采取过激行为;且容易把家庭施暴的恶习传承下去。

二是因家庭暴力导致家庭破裂（包括父母离婚或其中一方被伤害致死）给青少年造成的心理创伤。青少年身心的健康成长对家庭环境的依赖很大，健全、合理的家庭结构是家庭环境好坏的重要标志，而家庭暴力是导致家庭解体和角色混乱的重要原因之一。

三是直接针对青少年的家庭暴力给他们造成的心理伤害。这种家庭暴力不管是显性的，即"棍棒式的强制"，还是隐性的，即"温柔的强制"，给青少年造成的危害都是非常严重的，很容易导致青少年产生仇恨父母、社会等不良的心理意识。

### 三、家庭暴力产生的原因

家庭暴力成因形形色色，归纳起来主要有如下四个方面。

一是历史原因。无论哪个国家或地区，传统男权文化均是家庭暴力发生的根源之一。

二是主体原因。家庭成员的经济与社会地位的差异性易致处于强势地位的成员在家庭中居于主导支配地位；文化水平一定程度上决定了个人素质的高低，缺乏自信、容易偏执的家庭成员常常会背离非暴力的行为规范。

三是社会原因。社会对于家庭暴力的发生须担负一定责任，正是由于缺乏有效的社会引导和救助渠道，使得受害者的安全不能完全得到保障，施暴者行为不能完全得到及时制止。

四是法律原因。立法无论先进或滞后，都须与本地区社会发展水平和人们认知水平相契合：过度超前的先进立法和过度滞后的落后立法均不能有效防治和规制家庭暴力。

### 四、如何面对家庭暴力

青少年遇到父母打骂自己的情况，可以向公安机关、民政部门、共产主义青年团、妇女联合会、未成年人保护组织或者学校、城市居民委员会、农村村民委员会请求保护。

《中华人民共和国未成年人保护法》第二章"家庭保护"第十五条规定："未成年人的父母或其他监护人应当学习家庭教育知识，接受家庭教育指导，创造良好、和睦、文明的家庭环境。共同生活的其他成年家庭成员应当协助未成年人的父母或者其他监护人抚养、教育和保护未成年人。"

《中华人民共和国刑法》第四章第二百六十条第一款和第二款规定："虐待家庭成员，情节恶劣的，处两年以下有期徒刑、拘役或管制，引起被害人重伤、死亡的，处两年以上七年以下有期徒刑。"根据法律明确规定，父母不得虐待未成年人，对实施虐待行为未构成犯罪的,要给予道德谴责和行政处罚。父母虐待未成年人情节恶劣构成犯罪的,依照上述法律规定予以刑事处罚。

一般情况下,针对未成年人的家庭暴力发生后,未成年人受到亲情影响和能力所限,极少对父母的家暴行为进行报案,在统计中只有1.87%。其他家庭成员、村委会、居委会也认为管教孩子是家庭内部事务,一般也不报案。非施暴方监护人和其他家庭成员报案的案件虽然占到32%,但大多数是出现了特别严重后果的极端或残忍杀害、强奸和家庭拐卖案件,相对未成年人遭受家庭暴力的总数来说,家庭成员报案率并不算高;村委会、居委会作为基层群众组织,对未成年人负有保护义务,对发生家庭暴力负有劝阻、制止的责任,但在实践中却未发挥其应有的作用。

有关调查发现,与未成年人密切接触的人员和为未成年人提供服务的专业工作者对暴力的报告意识正在逐渐形成,邻居、市民、村民等与未成年人可能存在密切接触的人员报案的占32.85%,医务人员、教师、记者、民警等为未成年人提供服务的专业工作者报告的案件占10.61%。这为未成年人遭受家庭暴力强制报告制度的设立提供了实践基础。

从案件的处理情况来看,对案件和施暴人的处理方式简单,除后果特别严重的进行刑事处罚外,对一般案件缺少有效处理方式。从案件报道的内容分析,未成年人遭受家庭暴力出现死亡或特别严重的后果,案件才得到司法机关的处理。施暴人被警方刑事拘留或追究刑事责任的案件444例,占63.70%,犯罪类型涉及极端或残忍杀害、故意伤害、虐待、遗弃、强奸和出卖子女,其中包括286例身体暴力案件、74例性侵害案件、22例遗弃案件和71例出卖子女的案件,这些案件中造成未成年人死亡的就有260例,其余的也基本为身体受到严重伤害的案件。

除上述刑事处罚的案件外,在其余253例案件中也有很多是非常严重的家庭暴力,施暴人本应受到追究和惩戒,但由于目前我国对父母侵害未成年人合法权益案件的责任追究制度不健全和非刑罚处置方式简单,很多施暴父母得不到有效教育和处罚,一定程度上放任了家长对未成年人施暴的行为。例如,在没有受到刑事追究的253例案件中,只有27例案件的施暴父母受到治安处罚,其中一对父母多次采取火钳烙屁股、跪钉子等方法对孩子施暴,给孩子造成严重伤害,应该说情节比较恶劣,后果也比较严重;只有17例案件的施暴父母受到公安机关的批评教育,其中有因为觉得儿子是累赘而将其出卖的案件、逼孩子乞讨又嫌孩子挣钱少而当街施暴的案件和其他持续性家暴或亲属无力抚养遗弃未成年人造成一定后果的案件。其余209例案件无处理结果或处理结果不详,其中不少是极端或残忍杀害、遗弃、出卖子女的案件,但报道中没有显示处理结果或处理结果不详。

## 五、《反家庭暴力法》

家庭暴力因为它的隐蔽性和对妇女儿童极大的危害性，受到了社会的特别关注，尤其是近年来发生了许多针对未成年人的虐待、遗弃等触目惊心的案例，引发了国内更多关于未成年人保护立法和司法方面的讨论。但是未成年人作为家庭暴力的主要受害群体之一，一直隐藏在针对妇女的家庭暴力之后，还没有被独立地或有区别地对待。随着媒体对越来越多的未成年人遭受家庭暴力的案件进行报道，人们对未成年人遭受家庭暴力的关注程度也越来越深。

2015年12月27日，第十二届全国人民代表大会常务委员会第十八次会议通过了《中华人民共和国反家庭暴力法》，该法于2016年3月1日起正式施行。《中华人民共和国反家庭暴力法》在全国人大常委会表决通过，使中国在"家事"立"国法"上迈出了具有历史意义的一步。《反家庭暴力法》的出台表明，国家禁止任何形式的家庭暴力。

《反家庭暴力法》第二条中对家庭暴力进行了定义。家庭暴力是指家庭成员之间以殴打、捆绑、残害、限制人身自由以及经常性谩骂、恐吓等方式实施的身体、精神等侵害行为，这自然也包括家长对孩子实施的暴力行为。

儿童，的确是发生在我们身边家庭暴力的主要受害群体之一，这从近年来社会关注度极高的一些虐童的案例也可见一斑。诚然，并非一定要严重到打死打残才算暴力，也并不是只有身体伤害才算暴力，此次《反家庭暴力法》第二条规定的一大突破就是在定义中涵盖了精神伤害，大大拓宽了对家暴受害者的保护范围。

鉴于家庭暴力主要反映的是施暴者与受害者之间基于家庭地位和权力结构不平等导致的控制与被控制关系，而儿童不具有完全民事行为能力，在身体、心理、经济上都依赖于父母或其他法定监护人，无法像成年人一样独立寻求帮助，所以儿童在家暴中受到伤害特别是心理创伤往往隐蔽性更强、程度更深，持续时间也更长。正是基于此，《反家庭暴力法》（2015年修订）第五条明确提出，未成年人遭受家庭暴力的，应当给予特殊保护。第十二条更进一步规定，未成年人的监护人应当以文明的方式进行家庭教育，依法履行监护和教育职责，不得实施家庭暴力。也就是说，即使是为了教育孩子，也不应该诉诸暴力的形式。"打你是为了你好"，再也不能成为父母实施家庭暴力的借口。

中国已批准的联合国《儿童权利公约》第十九条规定："儿童在受父母、法定监护人或其他任何负责照管儿童的人的照料时，应受到保护，不致受到任何形式的身心摧残、伤害或凌辱，忽视或照料不周，虐待或剥削，包括性侵犯。"联合国儿童权利委员会也多次向公约各缔约国强调，不应允许任何形式或任何程度的体罚，并于2006年通过了关于"儿童受保护免遭体罚和其他残忍或不人道形式惩罚的权利"的第8号意见，并于2011年在第13号一般性意见"儿童免遭一切形式暴力侵害的权利"中重申体罚也是公约第十九条所述暴力的一种形式。我国《反家庭暴力法》的出台，在很大程度上体现了公约第十九条的宗旨和原则。

《反家庭暴力法》的另外一大突破，是采纳了联合国儿童权利委员会针对中国实施联合国《儿童权利公约》第三和第四次合并定期报告的结论性意见中的建议——"建立应对一切形式针对儿童的暴力的国家协调机制，包括强制报告制度及必要的后续跟进措施"，首次在立法中明确了针对家暴行为的强制报告制度。第十四条规定："学校、幼儿园、医疗机构、居民委员会、村民委员会、社会工作服务机构、救助管理机构、福利机构及其工作人员在工作中发现无民事行为能力人、限制民事行为能力人遭受或者疑似遭受家庭暴力的，应当及时向公安机关报案。"不报告造成严重后果的要承担责任。这些机构和人员之所以被法律规定具有强制报告义务，是因为家暴具有极大隐秘性，而法律虽然规定了受害人及其法定代理人、近亲属可以投诉、报案、起诉家暴行为，但现实中无民事行为能力人、限制民事行为能力人特别是儿童往往难以实施自救。

而上述机构由于工作性质，较易发现家暴行为的线索。通过创设强制报告制度，立法进一步明确了"家暴不是家务事"的宗旨，有利于及时发现和制止针对儿童的家暴行为。此外，该法还规定，任何单位、个人发现正在发生的家庭暴力行为，都有权及时劝阻。反家庭暴力是国家、社会和每个家庭的共同责任。

【案例6-2】

福建省仙游县某村村民林丽某（女）多次使用菜刀割伤9岁的亲生儿子林某的后背和双臂，用火钳鞭打双腿，并经常让林某挨饿。自2013年8月始，当地镇政府、村委会干部及派出所民警多次对林丽某进行批评教育，共青团莆田市委、市妇联等部门也曾联合对林丽某进行劝解教育，但林丽某书面保证后，仍然我行我素。2014年5月29日凌晨，林丽某再次用菜刀割伤林某的后背、双臂，仙游县公安局对林丽某作出行政拘留15日并处罚款1000元的处罚决定。6月13日，申请人仙游县某村民委员会以被申请人林丽某长期对林某的虐待行为已严重影响林某的身心健康为由，向法院申请撤销林丽某的监护人资格，指定某村委会作为林某的监护人。在法院审理期间，法院征求了林某的意见，林某明确表示不愿意随其母林丽某共同生活。

**法律解读：**

仙游县人民法院从最有利于保护林某的角度出发，在深入研究如何启动司法程序、妥善安置等问题的基础上，依法对某村委会以申请人的名义申请撤销林丽某的监护人资格一案予以立案。庭审后，依法撤销被申请人林丽某对林某的监护人资格；指定申请人仙游县某村民委员会担任林某的监护人。案件宣判后，法院与民政、团委、妇联等部门共同研究解决村民委员会直接履行监护职责的现实困难问题，决定委托社会福利机构——某市儿童村代养林某，并安排林某就学，主审法官不定期进行跟踪回访。

**律师建议：**

父母作为未成年子女的法定监护人，若不履行监护职责，甚至对子女实施虐待、伤害或者其他侵害行为，任其继续担任监护人将严重危害子女的身心健康。本案是全国较早依法撤销父母监护人资格的案例。本案根据《民法通则》和《未成年人保护法》的有关规定，从有利于被监护人成长的原则出发，探索由村民委员会作为申请撤销监护人资格的主体，并由法院依法指定其作为监护人的做法。之后，地方政府及有关部门、法院、妇联以及社会福利机构积极主动地开展了协商合作，对林某进行了妥善的后续安置。

**法规速递：**

《最高人民法院 最高人民检察院 公安部 民政部关于依法处理监护人侵害未成年人权益行为若干问题的意见》

27. 下列单位和人员（以下简称有关单位和人员）有权向人民法院申请撤销监护人资格：

（一）未成年人的其他监护人，祖父母、外祖父母、兄、姐，关系密切的其他亲属、朋友；

（二）未成年人住所地的村（居）民委员会，未成年人父、母所在单位；

（三）民政部门及其设立的未成年人救助保护机构；

（四）共青团、妇联、关工委、学校等团体和单位。

申请撤销监护人资格，一般由前款中负责临时照料未成年人的单位和人员提出，也可以由前款中其他单位和人员提出。

36. 判决撤销监护人资格，未成年人有其他监护人的，应当由其他监护人承担监护职责。其他监护人应当采取措施避免未成年人继续受到侵害。

没有其他监护人的，人民法院根据最有利于未成年人的原则，在民法通则第十六条第二款、第四款规定的人员和单位中指定监护人。指定个人担任监护人的，应当综合考虑其意愿、品行、身体状况、经济条件、与未成年人的生活情感联系以及有表达能力的未成年人的意愿等。

没有合适人员和其他单位担任监护人的，人民法院应当指定民政部门担任监护人，由其所属儿童福利机构收留抚养。

## 第三节 反对情感虐待

据调查显示，在家庭生活中，情感虐待是最广泛的儿童虐待形式。在我国，67.1%的家长曾在情感上虐待孩子。只是很多家长不知道或者没意识到，这是很可怕的事情，给孩子造成的伤害无法弥补，父母却不知情。《中华人民共和国未成年人保护法》第十六条规定："未成年人的父母或者其他监护人应当履行下列监护职责：（一）为未成年人提供生活、健康、安全等方面的保障；（二）关注未成年人的生理、心理状况和情感需求。"因此，作为父母，要首先认识什么是情感虐待？反思自己的言行是不是情感虐待？面对情感虐待我们能做什么？

### 一、情感虐待概述

情感虐待，是指通过心理攻击、恐吓胁迫、控制和情绪操纵等手段对他人持续的、蓄意的虐待。它有时被称为"精神虐待"，会严重损害孩子的情绪健康发展。

遭到情感虐待的儿童，往往会表现出：

（1）无助感、无用感（经常出现在遭受躯体虐待的儿童身上）；

（2）侵犯感和羞耻感（经常出现在遭到性虐待的儿童身上）；

（3）缺乏环境刺激和对正常发展的支持（经常出现在被忽视的儿童身上）。

相比于其他虐待（比如言语攻击、被威胁抛弃、目睹家暴），情感虐待的形式相对特殊，常与其他虐待同时发生。

### 二、情感虐待的具体表现

因为情感虐待的特征，也会出现在其他类型的孩童虐待和忽视行为中，所以将情感虐待从其他类型虐待中分辨出来较为困难。但是，我们可以根据日常经验总结出一些常见的情感虐待。

情感虐待包括：羞辱或经常批评孩子；威胁，对孩子吼叫；让孩子成为被取笑的对象，或是通过讽刺去伤害孩子；责怪，让孩子做替罪羊；让孩子做有辱人格的行为；不认可孩子自己的人格独立性，试图去控制他们的生活；逼孩子太紧或是不承认他们的局限性；将孩子暴露于痛苦的事件或情境中，如家庭暴力或是吸毒；不去促进孩子的社会发展；不允许孩子交朋友；长期忽视他们；生活中缺位；操纵孩子；不向孩子表达任何正向感受/不祝贺他们的成功；跟孩子互动时不表达任何情绪。

## 三、情感虐待出现的原因

父母长期的高压紧张生活状态,例如经济困难或长期失业,又或是遭受婚姻关系紧张甚至肢解的困扰,或是在社会得不到尊重和理解的痛苦,会将父母注意力从给孩子提供情感支持和爱方面转移出去。

他们可能会:

(1) 情感缺位,因为他们可能不在孩子身边或是太累了;

(2) 忘记提供奖赏或是鼓励;

(3) 期待孩子承担相比他们年龄更多的责任,例如去照顾其他家庭成员;

(4) 过度保护孩子,限制他们探索、学习以及交朋友的机会;

(5) 期待孩子可以满足父母的情感需要;

(6) 将自己的愤怒和挫败感发泄到孩子身上。

另外,如果父母在年幼时有过糟糕的类似体验,或是身边有一些类似这样的人,这会对他们长大后照顾自己孩子的方式产生影响。某些父母可能会发现理解孩子为什么会有某些行为非常困难,因而他们就会用糟糕的方式回应孩子。例如,他们可能会觉得宝宝故意哭得很大声来惹怒他们。当然,情感虐待也可能是父母或主要照料者同孩子之间的情感纽带或关系不好造成的。

因此,父母对孩子情感虐待的原因是多种多样的。但是不论对哪一种原因,都要尽可能地避免,因为父母的情感虐待对孩子的伤害很大。

## 四、情感虐待的危害

比起其他类型虐待,情感虐待通常因为没有直接的身体伤害而被忽视。但情感虐待会对孩子的社交、情绪和身体健康产生严重的长期影响。

(一) 增加冒险行为

长期遭受情感虐待的孩子,可能会发展出冒险行为,比如偷窃、欺凌或是逃跑行为,这给社会、学校、家庭都会造成隐患和困扰。

(二) 导致精神问题增加

孩子婴幼童期的遭遇,会影响其终身。情感虐待,会导致孩子出现心理问题,如进食障碍、自我伤害,比如,不爱吃饭、食量变少、自残自杀等行为。

有研究表明,孩子早期经历情感虐待,会影响他们之后的发展。当孩子长大,或虐待持续,这些影响会变得更严重。遭遇长时间情感虐待的青少年,更可能出现失眠或精神抑郁,最终导致抑郁症,从而产生轻生的念头,对家庭来说这是毁灭性的打击。

### (三) 限制正常的情感发展

情感虐待，会限制孩子的情感发展，包括他们如何适当表达感受、表达和控制情绪的能力。这样的孩子不会表达爱，或者明明心里有爱，就是不会表达，或向相反方向表达，产生误解了，也不知道如何沟通，最终导致各类人际关系均出现紧张。如果在长期受到指责、贬低的家庭长大，孩子可能会产生低自尊、易愤怒的问题。有的孩子因为无法适当地用语言和情感表达自己的喜怒哀乐，脾气暴躁，动不动就用武力解决，导致恶性循环。这样的孩子今后发展和维持亲密关系的能力，可能会受到严重影响，比如，不会追求异性，不会建立亲密关系和家庭关系，对婚姻和爱极度不信任，婚姻关系变得紧张也是迟早的事。

另外，跟其他虐待相比，情感虐待可能会让人对生活的满意度更低，抑郁水平更高。这样的人经常会处于抱怨和愤懑的状态，看谁都不满意，看什么都不高兴，总觉得全社会和全世界欠自己的。长此以往，这样的孩子在学校无好朋友，在家得不到家人的喜爱，在社会得不到尊重和认可，甚至会出现报复社会的行为，直接严重地影响其一生的幸福和发展。

总之，情感虐待的后果非常严重。很多家长认为孩子越来越冷漠，回家就把自己封闭在自己的小房间，门还反锁，除了必要的生活需要比如吃饭和上厕所，基本不出门、不说话，也不与父母交流，更不与外界交流，那么，父母就要引起高度关注了。另外，有的孩子很小的时候就与众不同，比如，幼儿园老师反映自己家孩子有多动症，家长也要对此足够重视，因为有研究显示，情感虐待和"多动症"也存在一定联系。

## 五、保护：请让孩子远离情感虐待

虽然有证据表明，情感虐待对孩子的发展和社会功能有长期、严重的影响，但对这方面，公共干预却非常有限。国家法律法规、社会心理组织、政府基层单位、公共事业等对如何更好地帮助孩子从情感虐待中康复，很少予以关注。那么，我们认为应当从以下几个方面努力，争取挽救遭受情感虐待的孩子。

### (一) 寻求父母合作，争取家庭支持

有专家认为，情感虐待的背后，反映的是混乱的亲子关系。家庭亲子关系出了问题，不正常了，才会有情感虐待。因此，有专家主张对虐待型家庭采用一种"优势视角"的治疗思路。治疗的核心在于通过寻求父母合作，建立更有效的教养策略，在"满足孩子需要"和"父母的能力"间寻求最优的平衡。也就是说，从父母和孩子两方面入手，分别向中间平衡点行动，相互配合、相互支持，形成合力，彼此赋能，使双方都保持平静和理智，最终达成一个最合适的平衡状态。以上这种做法跟传统的治

疗方法中，只关注父母的不当行为的思路完全不同。专家认为，正确的干预应该关注孩子发展性功能的损伤，并主张应该教会孩子重构经验的方法，加强他们的社会交往能力，为之后建立良好亲密关系打下基础。这可以在儿童早期，通过"亲子互动或其他人际关系互动中，不断强化他们的自我认同和自体分化"来实现。

因此，如果遭受过情感虐待的孩子，在家长意识到自己的言行后，第一是需要立即收手，停止情感虐待，反思自己的言行，真诚地给孩子道歉；第二是要马上与受伤害的孩子真诚地进行情感沟通，建立良好的亲子互动模式，增加与孩子的有效相处时间，增加与孩子的情感交流和肢体抚触，增强孩子的自信心和自尊心，让孩子感受到爱、会用行动去表达爱。

（二）开展社区宣传活动

不得不说的是，在国际上，发达国家对预防情感虐待的做法值得我们借鉴。比如，在美国，大量预防情感虐待的宣传活动在社区开展。他们有一则宣传语这样写道："孩子会相信父母告诉他们的一切。请留意你说过的话。不要再说可能会对你孩子，造成伤害的话。"通过横幅或宣传海报的形式，每天让看到它们的家长随时检验自己的言行，起到监督和督促的作用，也是对父母言行进行自查自纠的提醒，从而让可能遭受情感虐待的孩子能及时得到挽救。

而维多利亚教委会开展了一个"健康家庭项目"，它背后传达的理念是"行为模式的代际传递，是可以改变的"。项目的核心，是通过积极主动的教养方法，从内到外均强化孩子的自然弹性。它教会孩子，一个人是有力量去改变自己的生活的，他们完全可以发展出更多有建设性的教养方式，而不只是沿袭自己从小经历的那个模式。也就是说，我们原生家庭带来的模式不是根深蒂固的，我们可以通过后天的努力，改变原生家庭对我们产生的伤害和影响，让这个恶性循环就此打住，不再延续到小家庭和新家庭。据称，这个项目已经进入当地小学主流课程体系。

总之，每一个父母都要从我做起，做一个对孩子幸福负责的人。从我做起，从点滴言行开始；从小事做起，注意自己说话的语调和音调，注意用词和语境，记得多微笑和拥抱孩子，要对得起父母这个称谓。而社会、基层政府、学校，也要一起努力，从儿童开始抓起，帮助他们做幸福感强的人，做一个自信自尊自强的人。为国家的希望、民族的未来，贡献自己的一份绵薄之力。

（三）为孩子建立支持系统

社会支持，对改善情感虐待的影响意义重大。遭遇情感虐待的孩子，往往错失了发展共情能力的机会，很可能导致今后的同伴关系、亲密关系出现困难。严重的情感虐待，可能导致孩子出现反社会、暴力行为。

在幸存者案例（孩子有幸脱离了长久的情感虐待伤害）中，一个普遍的共性是，孩子拥有一位亲密的支持者。这样的人可以帮助孩子发展出决策能力和对是非判断基于现实基础的意义。让孩子在情感层面逐渐脱离来自父母的虐待，转投其他关系中。

我们认为，基层群众自治组织比如村委会和居委会、基层政府、学校、民政部门、公益组织等社会单位要成为孩子的亲密支持者。如果有必要，基层公安机关和基层司法机关也要加入孩子亲密支持者的行列，给予其关爱和支持、帮助和照顾。这样，各种社会力量一起合力，才能把孩子从情感的泥潭中拯救出来。

（四）为父母建立支持网络

亲密关系的建立需要相处，需要时间的积累。情感虐待发生的因素之一就是社会隔离。因为父母需要接触关于自己与孩子之间不同的观点和看法，这些观点和看法的缺失有可能会造成父母的困扰，让父母不知所措，或者父母因为对孩子的长期不了解和不亲密，导致对孩子的行为问题升级为"情感虐待"。比如很多留守儿童因为父母常年在外打工，父母对孩子的教育缺失、关爱缺失、交流缺失，对孩子的内心情感需求不了解、不重视，只一味提供金钱或衣物等物质支持，导致父母和孩子之间的隔阂越来越大。孩子感觉被抛弃，不被爱，不被重视，感受不到温暖的亲情，只感觉到了被冷落的滋味。

因此，经过特别设计的社交支持网络，可以扮演各式功能，例如父母教育、照顾孩子，家长增益课程，互助支持小组，旨在增进参与者的社会联系。父母一方必须留下来照顾孩子，或通过视频电话的方式定期关心孩子的生活和学习，还有心情和情绪。如果父母不能具备此条件的，由合法监护人代替作出这些行为。学校老师的家访和定期家长会、民政部门关于留守儿童的关心小组都有这样的意义。

（五）普通人：面对情感虐待，我们可以做些什么？

情感、言语虐待的心理损伤，可能影响终身。我们关注儿童身体虐待，呼吁来自国家的保护。然而，当身体虐待被精神虐待取代，对于那些对儿童自尊的侵蚀和情感忽视，保护机构通常无能为力。

这些或长期遭受父母言语诋毁、情感虐待的孩子，我们可以为他们做些什么？如果你认识遭受父母言语虐待的孩子，你会走上去为他说两句话吗？

1. 主动去接触一个经受言语虐待的孩子，与他进行友善互动

有时候一点点的善意，就可能带来很大的改变。有一项研究提到，经受父母虐待的孩子，能够拥有哪怕一个正常的积极的成人关系，这唯一的依恋关系，就可以抗衡所有虐待的深远影响。无论是叔伯阿姨、邻居，或是老师，哪怕只是间歇性的接触，

都可能带来救赎。因此，不要吝啬我们的善意笑脸和拥抱。

2. 向孩子解释言语虐待背后的真相

我们要蹲下身子，要试着向受伤的孩子解释，父母生气时说出的伤害性语言，是不准确的描述。每个人都有两面性，魔鬼和天使，在生气的时候，他们就是魔鬼，说的话不受大脑控制。因此，要向他们解释，当人们情绪失控发狂时，他们总是会说一些词不达意、不真实的话。并不是他们真的不爱孩子，也不是嫌弃孩子，更不会出现抛弃孩子的行为。还需要向孩子解释，言语虐待绝对不是孩子的错。这是父母大脑暂时性出现的问题，它在瞬间产生了太多愤怒。

我们需要直视孩子的眼睛，向他们解释，在你的眼中，他们其实是很好的孩子，非常聪明，非常优秀，是父母的宝贝，是国家和民族的未来和希望。这会让孩子重拾信心和力量。

3. 寻求权威机构的干预

古人说：各人自扫门前雪，休管他人瓦上霜。当前社会，尤其是城市，是一个陌生人的世界。邻里之间互不来往，发生什么事，也是多一事不如少一事，睁一只眼闭一只眼。其实，这样做是不对的，我们不要做一个冷漠的人。社会主义核心价值观里也谈到，要友爱、要互助。

如果我们遇到遭受情感虐待的孩子，我们要第一时间呼叫社会服务机构，比如基层群众自治组织、社区公益组织、社会爱心组织、基层政府、公安机关派出所、民政局、学校领导和信任的学校老师，寻求来自他们的有效干预。如果你试图向这些人求助，他们如果不积极反应，要记得强调精神虐待可能会给孩子带来的巨大伤害，让他们了解到自己的干预可能会带来巨大的积极意义。

4. 鼓励受到困扰的父母寻求专业帮助

其实很多人在爆发脾气后，很后悔，很懊恼，很恐惧，很后怕，并多次发誓不再生气，不再失去理智，不再骂人或打人，不再乱摔东西，有的人甚至通过经济制裁或其他方法，惩罚自己的乱发脾气，但是下一次怒火来了，还是控制不住情绪，无力控制自己伤人伤自己的言行。因此，我们可以尝试去理解并共情发脾气时候的父母们所承受的痛苦，可能会为他们打开一扇门，让他们了解到自己的情绪失控的深层次原因，如果能寻求专业心理咨询，或许会帮助他们戒除对孩子的语言等情感暴力。

在一般情况下，虐待孩子的父母洞察力往往较低，任何可以启发他们洞察力的治疗都将会是有益的。因此，一种比较好的帮助方式就是非言语治疗，尝试去舒缓父母时常过度反应的情绪。"身体对话"会是其中一种比较好的治疗方法。有时针灸也会起到类似的镇静效果。另外，药物治疗有时也会有类似的疗效。

总之，我们的父母需要稳定心态，敞开心扉，意识到自己情绪或心理出现了问题不是丢脸的事，反而如果伤害到了孩子，影响孩子的未来幸福和发展才是最可怕的事。

5. 鼓励父母让孩子去接受治疗，这样孩子就会有更好的行为表现，也会更少出现让父母失望的行为

现实情况是，父母如果很固执，那么比起批判父母，认同他们"孩子是自己愤怒的源头"的想法、自己的孩子是个不折不扣的"熊孩子"，对改善孩子这个不好的境遇更加有效。而且让孩子有机会接触心理治疗师，可能会对他从精神虐待的创伤中恢复过来，从而避免长期的情绪创伤造成的伤害更有效果。此外，心理治疗师也很有希望有机会与孩子的父母进行深度而专业的沟通和交谈，从而避免后续精神虐待的发生。

因此，不管什么方式方法，能达到好的效果就是好办法。

## 第四节　家长应尊重孩子隐私权和财产权

在家庭生活中，家长经常认为孩子还小，对孩子加强监管很有必要，导致青少年的隐私权、财产权等权利易被忽视，而当未成年人不满时，以我们是父母，有这个权利，加以搪塞过去；孩子也不懂，也只有把不满深埋心底，这对亲子关系和谐发展极为不利。因此，未成年人的隐私权和财产权保护，值得我们重视起来。

### 一、隐私权

法律对未成年人亦享有隐私权的规定，是非常有必要的。现实生活中，许多人，尤其是一些未成年人的家长不懂得尊重子女的隐私权，侵犯未成年人隐私权的现象时有发生。侵权行为的表现方式多是偷看子女的日记，私拆、隐匿或毁弃子女的信件等。尽管父母偷看子女日记、信件多是出于好意，是想了解子女的思想动态，以便更好地对子女进行引导和教育，但效果适得其反，其行为不仅伤害了子女的感情，增加了子女对父母的不信任感，而且这种行为构成对子女隐私权的侵犯，是一种违法行为。

未成年人年龄虽小，但亦有隐私，亦有其不愿告诉别人或不愿公开的个人的事，包括他的日记、信件、生理方面的疾病以及曾经遭受过的侮辱、经历的痛苦、生活习惯、生活方式等；而且，正因为未成年人年龄小，心理承受能力较弱，才更需要全社会，尤其是他们的父母加以关心和爱护，尊重他们的隐私，维护他们的人格尊严。任何人，包括未成年人的父母，都无权侵犯未成年人的隐私权。任何侵犯未成年人隐私权的行为，都是法律所不允许的，是一种违法行为，将受到法律的制裁。作为未成年人自己，应拿起法律武器，积极维护自己的权利。

造成未成年人隐私权屡遭侵犯的原因是多方面的，比较重要的原因主要有如下

两点。

1. 意识形态、历史发展、社会文化观念等诸多因素的影响。由于我国具有五千多年的文明史，改革开放以来又有特殊的国情，原先古老的国家文明日益受到各种思潮的影响，现代人的思想正在悄然发生着微妙的转变。我们的父母头脑中固有的"父为子纲"等级观念使他们理所当然地认为搜孩子的书包、偷听电话、看日记等种种行为表现是天经地义，并无任何问题。这些问题反映出我们父母在现在经济高速发展的社会条件下家庭教育方面的无力和无奈。除了一些个别父母有扭曲的心理外，大部分父母这样做，出发点还真是想为了教育好孩子。

家长打探孩子隐私不是管理、教育好孩子的必然手段。中国计划生育政策导致很多独生子女家庭出现，给很多父母教育子女带来了挑战。长期以来，我们对家庭教育的指导重视不够，没有将父母教育子女作为一门科学来看待，长期处于传统、粗放型教育阶段。另外，对于那些父母难以驾驭的未成年人，我们也缺乏一个政府干预机制。在西方国家，像美国、澳大利亚等，政府都有这样的机构，法律也会有这样的程序来帮助父母更好地矫治他们已经失控的孩子。

2. 现行法律制度亟待健全因素的影响。说到这一点，究其根源还是我国经济发展的不平衡和传统文化的深远影响，使我们的各项经济、政治、文化、法律制度都很少关注到未成年人隐私权的保护这一问题。即使是现阶段的法治社会阶段，对这个问题也只是停留在基本的、原则性的条文规定上，缺乏可操作性，致使这个问题长期存在，并一直持续到现在也没有很好地得到解决。

应该说，成年人的隐私权已经得到了社会的尊重和保障，而法律对未成年人隐私权应当如何加强保护呢？

1. 进一步完善我国的法律法规。当然这一方面已经取得了一定的进步，比如我国《未成年人保护法》（2020年修订）第四条规定："保护未成年人，应当坚持最有利于未成年人的原则。处理涉及未成年人事项，应当符合下列要求：（一）给予未成年人特殊、优先保护；（二）尊重未成年人人格尊严；（三）保护未成年人隐私权和个人信息；（四）适应未成年人身心健康发展的规律和特点；（五）听取未成年人的意见；（六）保护与教育相结合。"

第四十九条规定："新闻媒体应当加强未成年人保护方面的宣传，对侵犯未成年人合法权益的行为进行舆论监督。新闻媒体采访报道涉及未成年人事件应当客观、审慎和适度，不得侵犯未成年人的名誉、隐私和其他合法权益。"

第六十三条规定："任何组织或者个人不得隐匿、毁弃、非法删除未成年人的信件、日记、电子邮件或者其他网络通讯内容。除下列情形外，任何组织或者个人不得开拆、查阅未成年人的信件、日记、电子邮件或者其他网络通讯内容：（一）无民事行为能力未成年人的父母或者其他监护人代未成年人开拆、查阅；（二）因国家安全或者追查刑事犯罪依法进行检查；（三）紧急情况下为了保护未成年人本人的人身安全。"

另外，《治安管理处罚法》第四十二条、第四十八条也对侵犯他人隐私作出处罚性规定。这个处罚规则不光适用于其他成年人，同样也适用于侵犯未成年人隐私的家长。

《中华人民共和国治安管理处罚法》第四十二条规定："有下列行为之一的，处五日以下拘留或者五百元以下罚款；情节较重的，处五日以上十日以下拘留，可以并处五百元以下罚款：……（六）偷窥、偷拍、窃听、散布他人隐私的。"

第四十八条规定："冒领、隐匿、毁弃、私自开拆或者非法检查他人邮件的，处五日以下拘留或者五百元以下罚款。"

《中华人民共和国邮政法》（2015年修正）第三条规定："公民的通信自由和通信秘密受法律保护。除因国家安全或者追查刑事犯罪的需要，由公安机关、国家安全机关或者检察机关依照法律规定的程序对通信进行检查外，任何组织或者个人不得以任何理由侵犯公民的通信自由和通信秘密。除法律另有规定外，任何组织或者个人不得检查、扣留邮件、汇款。"

《联合国儿童权利公约》明确规定："儿童的隐私、家庭、住宅或通信不受任意或非法干涉，其荣誉和名誉不受非法攻击。"联合国儿童权利公约，是有关保护儿童权益的国际条约。1989年11月20日联合国大会通过。1990年9月2日起生效。共4部分54条。中国于1990年8月29日签署，并声明，中国将在符合其宪法关于计划生育规定的前提下，并根据《中华人民共和国未成年人保护法》，履行公约第6条所规定的义务。截至2015年5月，有195个国家签署。

因此，我们国家的立法工作，更应该立足国内、放眼世界，与国际接轨。认真借鉴其他国家的成功法律实践经验，为努力提高未成年人隐私权保护的法治水平和质量，而继续努力。

2. 未成年人自身应当进行自我完善。未成年人应当努力解放自己，勇敢地走出自己固有的狭小的生活圈子，要用一种平常的心态去接受外面的世界，用真心去感受身边真正关心自己的每一个人；要努力摒弃自己某些固有的偏执的看法和想法，用乐观的心态去面对人生、体验人生。

3. 加强普法宣传，提高家长等法律意识。现在，我国关于未成年人保护的法律可以说还是比较完备的。但为什么会经常发生，尤其是教育部门、学生家长身上屡屡发生看似合理，实则侵犯未成年人人格尊严和隐私的行为呢？现在看来主要还是思想认识不到位所致。因此，加强全社会尤其是家长和学校等教育部门的公民法律意识的普

校园人：你不能不知道的法律知识

法教育任重道远，迫在眉睫，需要基层司法机关、基层法院、基层检察院、律师共同参与全社会的公益法治教育宣传。

4. 换位思考，加强交流。"我可以不同意你的做法，但我要誓死捍卫你的隐私权，捍卫孩子的隐私权。如果承认每个孩子都是独立的个体的话，就要承认每个孩子都有隐私权。"这句话应该成为隐私权含义的经典表述。"孩子的隐私权是天生的，没有隐私的孩子是长不大的"这话说得很对。孩子虽然是父母创造出来的，但孩子仍然是个不同于父母的独立个体。作为家长，可以与孩子交流，让孩子敞开心扉，自己说出内心的想法；作为孩子，也要把父母当作最好的朋友，主动与父母聊聊学习和生活，谈谈自己的想法和思考。可怜天下父母心，天下父母的心愿都是希望自己的孩子能过得比自己好。父母为了自己的孩子愿意付出一切，但是不是所有的父母都是心理专家，教育专家，特别是面对青春期叛逆心理的孩子，有的父母确实有些手足无措，是可以理解的。

因此，父母和孩子需要换位思考，将心比心。只有做到了这一点，父母子女双方的关系才会更加融洽和谐，孩子的隐私权才会最大限度地得到尊重和保护。未成年人隐私权保护需要双方共同付诸努力，才能更和谐地向前发展。

**【案例 6-3】**

杰杰是某学校初二年级的学生。因为青春期的影响，杰杰开始有了自己的小秘密，自己的心事不愿和父母分享，却养成了写日记的习惯。杰杰父母担心杰杰做一些无关学习的事情，于是有一天，他们趁杰杰出去玩的时候偷看了杰杰的日记。但正巧被突然回来的杰杰发现。杰杰非常生气，他认为父母已经侵犯了自己的隐私。

**法律解读：**

很多时候，父母为了避免自己的孩子犯错误，恨不得将自己孩子的一举一动都加以严密监控。然而，这样的做法反而会适得其反，孩子的抵触情绪会更加严重。父母作为未成年人的监护人尽管负有监护的责任，但是作为家长应当用正确的方式关心子女，了解他们的心态，理解他们的成长，同时多向学校老师了解子女的状况，让孩子有心里话向父母讲，绝不能用私拆信件、偷看日记的方式伤害孩子的自尊。在这方面，《中华人民共和国未成年人保护法》（2020年修订）、《中华人民共和国治安处罚条例》《中华人民共和国邮政法》等法律法规也有规定，父母应当保护未成年人的隐私，正确行使自己的监护职责，否则要承担相应的法律责任。

**律师建议：**

未成年人是不完全民事行为能力人，必须接受家长、学校、社会各方面的教育。对父母而言，他们应当引导未成年人进行有益身心健康的活动，这种教育，必然会在某种程度上对未成年人的自由、隐私形成干涉和妨碍。所以,家长应当把握好度,避免给孩子造成伤害,甚至涉及违法行为。

**法规速递:**

《中华人民共和国未成年人保护法》(2020年修订)

第四条 保护未成年人,应当坚持最有利于未成年人的原则。处理涉及未成年人事项,应当符合下列要求:

(三)保护未成年人隐私权和个人信息;

第四十九条 新闻媒体应当加强未成年人保护方面的宣传,对侵犯未成年人合法权益的行为进行舆论监督。新闻媒体采访报道涉及未成年人事件应当客观、审慎和适度,不得侵犯未成年人的名誉、隐私和其他合法权益。

第六十三条 任何组织或者个人不得隐匿、毁弃、非法删除未成年人的信件、日记、电子邮件或者其他网络通讯内容。除下列情形外,任何组织或者个人不得开拆、查阅未成年人的信件、日记、电子邮件或者其他网络通讯内容:

(一)无民事行为能力未成年人的父母或者其他监护人代未成年人开拆、查阅;

(二)因国家安全或者追查刑事犯罪依法进行检查;

(三)紧急情况下为了保护未成年人本人的人身安全。

《中华人民共和国治安管理处罚法》

第四十二条 有下列行为之一的,处五日以下拘留或者五百元以下罚款;情节较重的,处五日以上十日以下拘留,可以并处五百元以下罚款:

(六)偷窥、偷拍、窃听、散布他人隐私的。

第四十八条 冒领、隐匿、毁弃、私自开拆或者非法检查他人邮件的,处五日以下拘留或者五百元以下罚款。

《中华人民共和国邮政法》(2015年修正)

第三条 公民的通信自由和通信秘密受法律保护。除因国家安全或者追查刑事犯罪的需要,由公安机关、国家安全机关或者检察机关依照法律规定的程序对通信进行检查外,任何组织或者个人不得以任何理由侵犯公民的通信自由和通信秘密。除法律另有规定外,任何组织或者个人不得检查、扣留邮件、汇款。

## 二、独立的财产拥有权

未成年人与成年人一样享有财产权,这里所谓的财产权是指未成年人拥有独立于监护人财产之外财产的权利。我们认为未成年人拥有独立的财产权的理由有如下几点。

1. 我国《民法典》第四条规定:"民事主体在民事活动中的法律地位一律平等。"第十四条规定:"自然人的民事权利能力一律平等。"第一百一十三条规定:"民事主体的财产权利受法律平等保护。"从这些规定可以看出,未成年人享有与成年人一样的权利。未成年人作为独立的个体,其行为能力、意思能力虽然受到限制,但未成年人有和成年人平等的民事权利能力,财产权作为一项重要的民事权利,既为成年人所享有,也为未成年人所享有。所以,未成年人应该享有独立的财产权。

2. 我国《民法典》规定未成年人有继承的权利。可以在继承开始后,获得应得的份额,其法定代理人不能代理其未成年子女放弃继承权、受遗赠权。《中华人民共和国民法典》第十九条规定:"八周岁以上的未成年人为限制民事行为能力人,实施民事法律行为由其法定代理人代理或者经其法定代理人同意、追认;但是,可以独立实施纯获利益的民事法律行为或者与其年龄、智力相适应的民事法律行为。"第一千一百二十七条规定:"遗产按照下列顺序继承:(一)第一顺序:配偶、子女、父母;(二)第二顺序:兄弟姐妹、祖父母、外祖父母。继承开始后,由第一顺序继承人继承,第二顺序继承人不继承;没有第一顺序继承人继承的,由第二顺序继承人继承。本编所称子女,包括婚生子女、非婚生子女、养子女和有扶养关系的继子女。本编所称父母,包括生父母、养父母和有扶养关系的继父母。本编所称兄弟姐妹,包括同父母的兄弟姐妹、同父异母或者同母异父的兄弟姐妹、养兄弟姐妹、有扶养关系的继兄弟姐妹。"法律虽然规定了由未成年人的法定监护人代理未成年人行使继承权,进行继承活动,但还是规定了未成年人在财产继承时有独立的人格,是独立于监护人之外的个体,监护人代理未成年人继承的财产应该归未成年人所有,而不能归作代理人的监护人所有。

3. 我国法律确定了未成年人有获得赠予、稿费等收入的权利,并未规定这部分财产应由监护人所有。有的同学正在写书或者文章,有的已经正式出版或者发表,获得了版权与稿费,这些财产归谁呢?这些财产属于同学们的合法财产。根据我国《民法典》第十九条规定,八周岁以上的未成年人可以独立实施纯获利益的民事法律行为。根据《民法典》第三条,对公民的财产权利依法保护,包括未成年人的财产权利,任何组织或者个人不得侵犯。

因此,未成年人的独立的财产权和独立的处分权,包含个人拥有,由个人支配,包含父母在内的其他任何人不能侵犯。父母在内的监护人也不能因为孩子小而帮忙代管,因为如果未成年人的财产与其监护人财产混同的话,容易给监护人造成挪用、侵占未成年人财产的机会,从而损害了未成年人的合法财产权益。

【案例6-4】

东东是家里唯一的孩子,每年过年都会收到很多的压岁钱。东东上初二时,已经攒了将近5万元的压岁钱。东东想买一款手机,于是回家和父母商量此事,但父母却不同意,父母认为东东眼下最重要的是学习,所以不同意东东买手机。

**法律解读：**

根据我国《民法典》第十九条规定："八周岁以上的未成年人为限制民事行为能力人，实施民事法律行为由其法定代理人代理或者经其法定代理人同意、追认；但是，可以独立实施纯获利益的民事法律行为或者与其年龄、智力相适应的民事法律行为。"第二十二条规定："不能完全辨认自己行为的成年人为限制民事行为能力人，实施民事法律行为由其法定代理人代理或者经其法定代理人同意、追认；但是，可以独立实施纯获利益的民事法律行为或者与其智力、精神健康状况相适应的民事法律行为。"第二十三条 规定："无民事行为能力人、限制民事行为能力人的监护人是其法定代理人。"《中华人民共和国民法典》第十八条规定："成年人为完全民事行为能力人，可以独立实施民事法律行为。十六周岁以上的未成年人，以自己的劳动收入为主要生活来源的，视为完全民事行为能力人。"本案中，东东上初一了，一般是13岁左右，不满16周岁，属于限制民事行为能力人，依法可以从事与其年龄、智力相适应的民事活动，比如购买书本等行为。但是，购买手机这样的行为已经明显超出了东东的判断能力。因此，东东是不能自己购买手机的。同时，东东的父母作为东东的监护人，有义务对东东的财产进行监管。

**律师建议：**

8周岁以上的未成年人进行的民事活动应当与其年龄、智力相适应，才是有效的行为。一旦其从事的活动超出自己所能处理的范围，应当由其法定代理人代为进行；独自进行的，需要经其法定代理人追认，否则，该行为应该认定为无效。如果还没有交易，应与父母商量，得到允许。如果偷偷交易了，父母可以根据实际情况决定是否确认，不予确认的，可以认为该交易行为无效，买卖双方应当办理退货退款。

我们认为，在生活中，属于未成年人独立拥有的财产主要有：（1）接受亲友的赠与，如压岁钱、生日礼物等；（2）接受继承或遗赠所得的财产；（3）稿费、表演费等收入；（4）16岁以上未成年人打工所得的收入；（5）所获得的各种物质奖励等。

**法规速递：**

《中华人民共和国民法典》

第十八条　成年人为完全民事行为能力人，可以独立实施民事法律行为。十六周岁以上的未成年人，以自己的劳动收入为主要生活来源的，视为完全民事行为能力人。

第十九条　八周岁以上的未成年人为限制民事行为能力人，实施民事法律行为由其法定代理人代理或者经其法定代理人同意、追认；但是，可以独立实施纯获利益的民事法律行为或者与其年龄、智力相适应的民事法律行为。

第二十二条　不能完全辨认自己行为的成年人为限制民事行为能力人，实施民事法律行为由其法定代理人代理或者经其法定代理人同意、追认；但是，可以独立实施纯获利益的民事法律行为或者与其智力、精神健康状况相适应的民事法律行为。

第二十三条　无民事行为能力人、限制民事行为能力人的监护人是其法定代理人。

### 三、独立的财产支配权

由于未成年人对其财产享有独立的财产支配权，其应该享有财产权的各项权能，包括占有、使用、收益、处分。这4项权能由于未成年人本身为无行为能力人、限制行为能力人的地位而处于不同的状态，占有、使用、收益这3项权能主要针对8周岁以上的未成年人，八周岁以下的未成年人由于是无行为能力人，他们的民事行为需由监护人代理，所以财产也应由监护人代为占有、使用、处分，自己不能行使上述权能，无权处分自己的财产。8周岁以上的未成年人可以独立支配自己的财产，包含占有、使用、收益、处分。包含父母在内的监护人如果侵犯未成年人子女的财产权，可以要求其依法赔偿。

**【案例6-5】**

在天天15岁生日时，天天的叔叔送给了东东一个新款的智能手机，手机价值不菲，需要七千才能买到，天天很喜欢，拿到手机后爱不释手，用于学习和娱乐。但是天天用了几天后，天天的母亲担心天天因玩手机而耽误学习、影响孩子的视力，而且作为一个学生，没有必要用那么好的手机，于是天天的母亲决定将天天的手机没收了，说等天天考上大学了，再给他。天天不同意，母子两人便争吵起来，天天母亲一气之下将天天的手机摔到地上，摔坏了。天天很是气愤，不知道该怎么办。

**法律解读：**

未成年人享有和成年人同等的权利，可以拥有个人的独立的财产。只要天天的叔叔是想把手机赠送给东东个人，而不是给天天的父母或其他家庭成员，那么手机就应当作为东东的个人财产，父母或者其他人都不能将手机收归自己所有。如果是他人造成了东东的财产损失，天天的父母或其他监护人应当向造成天天财产损失的人主张权利，并在必要的时候代理天天进行诉讼，运用法律武器保护天天的合法权益，使天天的财产权益得到保护。但如果是父母造成了未成年子女财产的损失，同样也要承担赔偿责任。

**律师建议：**

天天可以要求母亲赔偿。监护是一种权利，但更体现为一种义务。监护人依法履行监护职责的权利，受法律保护。但同时，监护人不履行监护职责或者侵害被监护人的合法权益的，应当承担相应责任，对被监护人造成财产损失的，应当赔偿损失。必要时还可以申请人民法院撤销监护人的资格。虽然父母作为监护人，有权利替未成年子女保管其财产，但是，财产毕竟是孩子的，而非监护人所有，损坏了也是要赔偿的。天天的母亲砸坏天天的手机，很明显是故意造成的，所以天天的母亲应当赔偿因此给天天造成的财产损失。

**法规速递：**

《中华人民共和国民法典》

第三十四条　监护人的职责是代理被监护人实施民事法律行为，保护被监护人的人身权利、财产权利以及其他合法权益等。

监护人依法履行监护职责产生的权利，受法律保护。

监护人不履行监护职责或者侵害被监护人合法权益的，应当承担法律责任。

因发生突发事件等紧急情况，监护人暂时无法履行监护职责，被监护人的生活处于无人照料状态的，被监护人住所地的居民委员会、村民委员会或者民政部门应当为被监护人安排必要的临时生活照料措施。

第三十五条　监护人应当按照最有利于被监护人的原则履行监护职责。监护人除为维护被监护人利益外，不得处分被监护人的财产。

未成年人的监护人履行监护职责，在作出与被监护人利益有关的决定时，应当根据被监护人的年龄和智力状况，尊重被监护人的真实意愿。

## 第五节　家长应保障孩子受教育权

当前，有些偏远地区经济落后的家庭，受重男轻女封建思想作祟，家长对子女尤其是女孩的教育还不是很重视。加上最近几年大学生就业形势不容乐观，因此社会上产生了一些"读书无用论"的观点，认为孩子读书再多，也不过是为了谋生，不如现在就出去打工补贴家用。再加上有些家长的法律意识淡薄，不知道剥夺未成年子女受教育权是违法行为，因此，让未成年子女辍学的现象还是存在的。

**【案例 6-6】**

马某为适龄入学儿童，其监护人马某哈、马某格牙无正当理由，未将马某按时送入学校接受九年义务教育。经青海省化隆回族自治县扎巴镇人民政府认定，马某哈、马某格牙的行为违反了《中华人民共和国义务教育法》的规定，于 2018 年 9 月作出行政处罚决定书，对马某哈、马某格牙处以罚款，并责令将马某送入学校就读。被执行人马某哈、马某格牙收到《行政处罚决定书》后，在法定期限内未申请复议，也未提起诉讼，且拒不履行行政处罚决定。镇人民政府于 2019 年 3 月向人民法院申请强制执行。

人民法院依法裁定，准予强制执行青海省化隆回族自治县扎巴镇人民政府作出的《行政处罚决定书》。裁定作出后，经法院多次执行，2名被执行人拒不履行义务。法院对被执行人马某哈依法作出了行政拘留15日的决定书。在拘留期间，被执行人马某哈、马某格牙履行了《行政处罚决定书》所确定的义务，马某现已入学就读。

**法律解读：**

在青海省化隆回族自治县属特困区，当地农民有的不重视教育，不让适龄子女接受义务教育的现象较为普遍，严重违反义务教育法规定，严重背离法定监护职责。作为监护人不送适龄子女上学是一种违法行为，要依法承担法律责任。法院通过此类案件的审理和执行，有力保护了未成年人合法权益，使留守儿童重返校园，受教育权得到法律保障。

**律师建议：**

家长送学龄儿童去学校读书是法律明确作出规定的。受教育既是公民的权利也是公民的义务。不论什么原因导致的学龄儿童辍学，当地教育行政机关和学校都要积极想办法让失学儿童复学。

该案的发生背后引申出的是社会问题，也是文化教育和法律普及的问题。只有加大普法力度、加强学习教育才能避免此类情形的发生，而不是单纯依靠事后处罚去解决。政府机构主动申请也体现出国家公权力对未成年人受教育权利的主动保护。

**法规速递：**

《中华人民共和国义务教育法》

第二条 国家实行九年义务教育制度。

义务教育是国家统一实施的所有适龄儿童、少年必须接受的教育，是国家必须予以保障的公益性事业。

第五条 各级人民政府及其有关部门应当履行本法规定的各项职责，保障适龄儿童、少年接受义务教育的权利。

适龄儿童、少年的父母或者其他法定监护人应当依法保证其按时入学接受并完成义务教育。

依法实施义务教育的学校应当按照规定标准完成教育教学任务，保证教育教学质量。

社会组织和个人应当为适龄儿童、少年接受义务教育创造良好的环境。

第五十八条 适龄儿童、少年的父母或者其他法定监护人无正当理由未依照本法规定送适龄儿童、少年入学接受义务教育的，由当地乡镇人民政府或者县级人民政府教育行政部门给予批评教育，责令限期改正。

《中华人民共和国未成年人保护法》（2020年修订）

第十六条　未成年人的父母或者其他监护人应当履行下列监护职责：

（一）为未成年人提供生活、健康、安全等方面的保障；

（二）关注未成年人的生理、心理状况和情感需求；

（三）教育和引导未成年人遵纪守法、勤俭节约，养成良好的思想品德和行为习惯；

（四）对未成年人进行安全教育，提高未成年人的自我保护意识和能力；

（五）尊重未成年人受教育的权利，保障适龄未成年人依法接受并完成义务教育；

（六）保障未成年人休息、娱乐和体育锻炼的时间，引导未成年人进行有益身心健康的活动；

（七）妥善管理和保护未成年人的财产；

（八）依法代理未成年人实施民事法律行为；

（九）预防和制止未成年人的不良行为和违法犯罪行为，并进行合理管教；

（十）其他应当履行的监护职责。

## 第六节　家长应保护孩子交通安全

道路交通伤害是导致全世界未成年人死亡的首要原因。作为交通参与者的一部分，未成年人每日往返于家庭与学校之间，上下学的交通方式有步行、自己骑自行车、父母骑电动车三轮车接送、父母开车接送、自己乘公共汽车、乘坐出租车或地铁等，由于年龄、判断力、行为支配力和不可抗力等诸多因素，未成年人极易成为交通事故的受害者。

### 一、行人交通安全

（一）未成年人在行走中应当注意的事项

1. 必须遵守《道路交通管理条例》《高速公路交通管理办法》和各省、自治区、直辖市制定的实施办法等交通管理法规；

2. 必须遵守车辆、人各行其道的规定，借道通行时，应当让在其本道内行驶的车辆或行人优先通行；

3. 必须遵守指挥灯信号、人行横道灯信号的规定，即"红灯停、绿灯行、黄灯闪烁多注意"；

4. 必须遵守交通标志和交通标线的规定；

5. 服从交通警察的指挥与管理；

6. 不准在道路上扒车、追车、强行拦车、抛物击车，或在道路上躺卧、纳凉、聚众围观等；

7. 不准迫使、纵容他人违反交通法规，同时对任何人违反交通法规都有劝阻和控告的权利。

（二）未成年人安全行走方法

未成年人是道路交通中的弱者，只有严格遵守交通法规规定，增强自我保护意识，才能保证自身安全。具体讲，未成年人在道路上行走必须走人行道。没有人行道的，必须靠路边行走，即在从道路边缘线算起1米内行走。不要穿越、倚坐人行道、车行道和铁路道口的护栏。遇到红灯或禁止通行的交通标志时，不要强行通过，应等绿灯放行后通行。

学龄前儿童在道路上行走，必须有成年人带领。残疾人或精神病患者，应当由监护人陪同照料。列队行走时，每横列不得超过二人。成年人的队列在可以紧靠车行道右边行进。儿童的队列须在人行道上行走。行人在任何情况下，均不得进入高速公路行走。

（三）未成年人横过马路安全第一

未成年人横过城市马路，属于借道通行，应当让在其本道内行驶的车辆或行人优先通过。宁可等十分钟，不可抢一秒钟。

为确保自身安全和取得横过马路的优先权，未成年人横过马路时，应做到如下几点：

第一，应当选择离自己最近的人行过街天桥或地下通道通过，或者选择离自己最近的人行横道通过。

第二，通过人行横道时，有信号灯控制的应当遵守信号灯的规定，绿灯亮时，要迅速通过；没有信号灯控制的，应看清来往车辆，直行通过，千万不要与车辆抢道，或相互追逐、猛跑。

第三，在没有人行横道的地方横过道路，应该先向左看后向右看，确认安全后直行通过；横过多条车行道，或者车行道的车流量比较大时，可以采取"左右左"看、一条一条车道通过。

第四，横过道路时，不要突然改变行走路线、突然猛跑、突然往后退，更不能在车辆临近时突然横穿。

第五，行人列队横过道路时，须从人行横道迅速通过；没有人行横道的，应直行通过不要斜穿。

(四) 未成年人如何安全通过铁路道口

未成年人如果上下学需要通过铁路道口时，父母教育孩子千万要注意安全。如果能绕道，就尽量不过铁路轨道。如果实在不能绕道，则应按照下面的要求通行：一是在遇有道口栏杆（栏门）关闭、音响器发出报警、红灯亮时，或看守人员示意停止行进时，应站在停止线以外，或在最外股铁轨 5 米以外等候放行；二是在遇道口信号两个红灯交替闪烁或红灯亮时，不能通过；白灯亮时，才能通过；三是通过无人看守的道口时，应先站在道口外，监护人陪同照料。列队行走时，每横列不得超过二人。成年人的队列在可以紧靠车行道右边行进。儿童的队列须在人行道上行走。行人在任何情况下，均不得进入高速公路行走。

## 二、自行车行驶安全

(一) 未成年人骑车安全常识

从保证交通安全出发，《中华人民共和国道路交通安全法实施条例》第七十二条明文规定，(一) 驾驶自行车、三轮车必须年满 12 周岁；(二) 驾驶电动自行车和残疾人机动轮椅车必须年满 16 周岁；(三) 不得醉酒驾驶；(四) 转弯前应当减速慢行，伸手示意，不得突然猛拐，超越前车时不得妨碍被超越的车辆行驶；(五) 不得牵引、攀扶车辆或者被其他车辆牵引，不得双手离把或者手中持物；(六) 不得扶身并行、互相追逐或者曲折竞驶；(七) 不得在道路上骑独轮自行车或者 2 人以上骑行的自行车；(八) 非下肢残疾的人不得驾驶残疾人机动轮椅车；(九) 自行车、三轮车不得加装动力装置；(十) 不得在道路上学习驾驶非机动车。当未成年人已经达到法定的骑车年龄，准备骑车时，则必须认真地学习有关骑自行车的规定，要掌握骑自行车的基本要领。

自行车首先应该保持机件完好，安全设施齐全，牌、证齐全。出发之前，应该先检查一下铃、锁、刹车、车轮、踏脚、链条、撑脚、坐垫等是否完好无损。学骑自行车时，应选择人车稀少的道路或广场、操场。禁止在交通繁忙地段学骑自行车。

当未成年人已经掌握骑车技术，可以单独骑车时，还应该掌握以下几条骑车规范，保证道路行驶安全：

1. 在非机动车车道内顺序行驶，严禁驶入机动车道。在没有划分非机动车道和机动车道的道路上行驶，应尽量靠右边行驶，不能骑车在道路中间，不要数车并行，逆向行驶。骑车至路口，应主动地让机动车先行。遇红灯停止信号时，应停在停止线或人行横道线以内。严禁用推行或绕行的方法闯越红灯。

2. 骑车转弯时，要伸手示意。左转弯时伸出左手示意；同时要选择前后暂无来往车辆时转弯，切不可在机动车驶近时急转猛拐，争道抢行；也不要转小弯。自行车在道路上停放，应按交通标志指定的地点和范围有秩序地停放；在不设置交通标志的支路上停放也不要影响车辆、行人的正常通行。

3. 骑自行车载物，长度不能超过车身，宽度不能超出车把宽度，高度不能超过骑车人的双肩。骑自行车在市区道路上不准带人。骑自行车不准在道路上互相追逐、曲折竞驶、扶身并行。不准一手扶把，一手撑伞骑车。撑伞时，要下车推行。

骑自行车的安全问题应当重视，在各类交通事故中，自行车事故要占总事故的一半以上。自行车给人们的交通带来了便利，同时也容易使人们造成事故。为此，青少年应该严格遵守骑车规范，避免成为自行车的"牺牲品"。

（二）未成年人骑车要安全第一

1. 在道路上骑自行车必须年满12周岁，并遵守交通法律、法规的规定；

2. 骑自行车时应在非机动车道上行驶，在未设非机动车道路上，应靠道路右侧行驶，即在从道路右侧边缘线算起1.5米内行驶；

3. 转弯时应减速慢行，先看清后面是否有来车并及早打出向左或右转弯的手势，千万不能突然猛拐；

4. 通过交叉路口时应遵守交通信号、交通标志标线的规定，遇有停止信号必须停在停止线或路口以外，在路口外慢行或者停车瞭望，让右方道路的来车先行，相对方向行驶的右转弯的非机动车让左转弯的车辆先行；

5. 通过铁路道口时，应遵守道口信号灯规定，通过无人看过的道口应停车瞭望，确认安全后再通过；

6. 遇雨雪天时，不要打伞骑车，不要让穿戴的雨衣挡住视线，拐弯时应拐大弯，不要猛拐把、猛捏闸；

7. 夜间骑车遇有对面来车灯光炫目时，应减速并尽量保持原行驶路线，必要时下车推至路边，待来车通过后再行驶，千万不可盲目继续行驶或侥幸行驶；

8. 从停车的汽车边通过时，要防止驾驶员或乘车人突然打开车门。

（三）未成年人骑车的违章行为

1. 酗酒后骑车。

2. 不满12周岁儿童在道路上骑车。

3. 转弯或横穿道路前不减速缓行，不观察车后情况，不伸手示意，突然猛拐，在沙上路面遇机动车，为抢占上风头躲避灰尘而突然横穿道路。

4. 下陡坡、横穿四条以上机动车道不下车推行。

5. 下车前不靠边，不伸手上下摆动示意，妨碍后面车辆通行。

6. 结伴骑行，勾肩搭背，互相追逐，曲折竞行，低头猛拐；或骑车时注意力不集中，上坡、顶风骑行时低头蹬车不注意观察前方。

7. 行经交叉路口随意闯红灯。

8. 在公路上学骑自行车或摩托车、电瓶车等非机动车。

9. 在公路上攀扶行驶中的机动车。

10. 超越前车时，妨碍被超车辆行驶。

11. 载物超高超宽或骑车带人。

12. 雨天打伞骑车，暴风雨来临时低头猛赶。

13. 在非机动车和机动车隔离的道路上，窜入机动车道行驶。

（四）未成年人骑车的"八项注意"

这"八项注意"不仅适合父母骑车送孩子上下学的情形，也适合孩子独自骑车上下学的情况；不仅适合骑自行车的情况，也适合骑摩托车、电瓶车等非机动车的情况。

1. 在生病或受到意外伤害后，身体不适可能影响到骑车安全时，尽量不要骑车。

2. 在与机动车平行骑行时，要尽量与机动车保持一定安全距离。

3. 应该在非机动车道内行驶，在没有划分车辆分道线的道路上，应紧靠道路右侧行驶。

4. 在骑车通过交叉路口时要遵守如下规则：支路车让干路车先行；支路、干路无法区分时，自行车让机动车先行；进入环行路口时，要让已在路口内的车先行。

另外，骑车时千万不要从不太引人注意的地方突然窜出，容易造成机动车驾驶员措手不及而导致交通事故。骑车通过有信号灯控制的交叉路口时，要遵守以下规则：绿灯亮时，准许通过，但转弯的车辆不准妨碍直行的车辆和被放行的行人通行；黄灯亮时，不准通行，但已越过停止线的车辆可以继续通行；红灯亮时，须依次停在停止线以外的非机动车道内，没有停止线的，要停在路口以外，不准用推行或绕行的方法通过路口。

5. 在转弯时，必须伸手示意，切不可突然猛拐。

6. 在慢车道正常行驶时，要注意避让驶入慢车道的机动车。从停着的汽车旁通过时，应十分留神，要按铃并降低车速，发现情况及时捏闸。

7. 避让转弯车辆。当汽车的方向灯一闪一闪时，说明汽车要转弯了。这时，我们要注意不能靠车辆太近。此外，在骑车时，还要注意避让执行任务的警车、消防车、工程救险车、救护车。

8. 在骑车通过公路与铁路的平交道口时，要注意以下几点：当遇有道口栏杆（栏门）关闭、音响器发生报警声、红灯亮时或看守道口人员示意停止行进时，须依次停在停止线以外；没有停止线的，停在距最外股铁轨五米以外；当遇有道口信号两个红灯交替闪烁或红灯亮时，不准通过；红灯和绿灯同时熄灭时，要认真观察，确认安全后方可通过，即使报警器没响，信号栏杆没有放下，也应注意，因为有时可能是设备发生故障所致；在通过无人看守的道口时，须下车瞭望，确认安全后再抓紧通过。

### 三、驾车行驶安全

随着经济的发展，有车一族越来越多，这也相应增加了现代交通的压力和危险系数。因为公民满18周岁才可以开车，所以开车接送未成年人上下学的责任就落在父母身上，父母更应该注意安全驾驶车辆。

（一）交通事故的主要原因

各种统计数据和研究表明，我国已经进入道路交通事故的高发时期。究其原因主要有如下四点：

一是，一些人交通安全意识和法治观念比较淡漠，违章现象比较普遍。特别是车辆驾驶人员超载、超速、疲劳驾驶、酒后驾车、无证驾驶等严重影响道路交通安全的行为大量存在。

二是，公路安全设施相对滞后，一些险路、危桥长期得不到有效治理，容易诱发道路交通事故。

三是，道路运输企业不能正确处理安全与效益的关系，不重视安全生产，存在着严重的安全隐患。

四是，一些地方和单位对道路交通安全工作不重视，道路交通管理措施不落实，一些执法队伍素质不高，存在着执法不严、执法不公等问题，从管理理念到管理手段、方法、机制等，都不适应新形势、新任务的要求，道路交通管理水平亟待提高。

（二）正确掌握交通信号灯

交通信号灯由红灯、绿灯、黄灯组成。红灯表示禁止通行，绿灯表示准许通行，黄灯表示警示。黄灯表示警示，主要有两种情况：一是黄灯亮时，不准车辆、行人通行，但已越过停止线的车辆和已进入人行横道的行人，可以继续通行；右转弯车辆和T形路口右边无横道的直行车辆，遇有黄灯亮时，在不妨碍放行车辆和行人通行的情况下，可以通行。绿灯之后的黄灯表示禁止超越信号；红灯之后的黄灯表示准备通行。二是黄灯闪烁时，车辆、行人须在确保安全的原则下通行。

## 【案例6-7】

### 小学生骑共享单车上学发生事故案

某直辖市某小学三年级学生小明（10周岁）每天骑共享单车上学，并把单车停在靠近学校的小道以便放学骑行回家。某日，在放学的路上，小明在骑行过程中与客车相碰，被客车卷入车底碾压而身亡。

**法律解读：**

我国《道路交通安全法实施条例》明确规定，未满12周岁的未成年不得骑行自行车。父母作为未成年人的监护人负有教育和照顾监护人的义务，应当禁止未满12周岁的孩子骑行。即使有家长陪同，12周岁以下的未成年人也不得骑行自行车。本案中，小明骑车身亡显然其监护人是没有尽到相应的监护职责的，应当承担主要责任。

至于学校是否应承担责任，《学生伤害事故处理办法》第十三条规定，在学生自行上学、放学、返校、离校途中发生的学生人身伤害事故，学校行为并无不当的，不承担责任。自共享单车普及以来，小学生骑共享单车发生事故的事件屡屡发生。尽管共享单车企业通过实名认证、智能解锁等方式杜绝未满12周岁的未成年人骑行，但路上仍然有他们的身影。作为校方，学校要加强对学生的交通安全知识及相关法律法规的教育引导，告知他们未满12周岁不得骑共享单车。小明骑车身亡显然其监护人是没有尽到相应的监护职责的，应当承担主要责任。

**律师建议：**

1. 家长要对孩子负责，小学就读时，孩子年龄还小，上下学需要家长或其他监护人接送陪伴，不能让孩子独自一人骑车或步行上下学。

2. 家长要加强交通安全知识及相关法律法规的学习，并传授给孩子，随时叮嘱。

3. 学校可通过家长会或告知书的方式告知家长，禁止12周岁以下的孩童骑单车，督促家长做好对孩子的监督工作。

**法规速递：**

《中华人民共和国道路交通安全法实施条例》

第七十二条 在道路上驾驶自行车、三轮车、电动自行车、残疾人机动轮椅车应当遵守下列规定：

（一）驾驶自行车、三轮车必须年满12周岁；

（二）驾驶电动自行车和残疾人机动轮椅车必须年满16周岁；

（三）不得醉酒驾驶；

（四）转弯前应当减速慢行，伸手示意，不得突然猛拐，超越前车时不得妨碍被超越的车辆行驶；

（五）不得牵引、攀扶车辆或者被其他车辆牵引，不得双手离把或者手中持物；

（六）不得扶身并行、互相追逐或者曲折竞驶；

（七）不得在道路上骑独轮自行车或者2人以上骑行的自行车；

（八）非下肢残疾的人不得驾驶残疾人机动轮椅车；

（九）自行车、三轮车不得加装动力装置；

（十）不得在道路上学习驾驶非机动车。

## 第七节　家长应保护孩子人身安全

家长是未成年子女的第一保护人，是最忠实的朋友，是相处时间最多的人，也是法律上的监护人。子女作为父母生命的延续，作为未来的希望，请家长一定要尽全力保护好未成年子女的人身安全。

《中华人民共和国未成年人保护法》（2020年修订）第二十条规定："未成年人的父母或者其他监护人发现未成年人身心健康受到侵害、疑似受到侵害或者其他合法权益受到侵犯的，应当及时了解情况并采取保护措施；情况严重的，应当立即向公安、民政、教育等部门报告。"

第十六条规定："未成年人的父母或者其他监护人应当履行下列监护职责：（一）为未成年人提供生活、健康、安全等方面的保障；（二）关注未成年人的生理、心理状况和情感需求；（三）教育和引导未成年人遵纪守法、勤俭节约，养成良好的思想品德和行为习惯；（四）对未成年人进行安全教育，提高未成年人的自我保护意识和能力；（五）尊重未成年人受教育的权利，保障适龄未成年人依法接受并完成义务教育；（六）保障未成年人休息、娱乐和体育锻炼的时间，引导未成年人进行有益身心健康的活动；（七）妥善管理和保护未成年人的财产；（八）依法代理未成年人实施民事法律行为；（九）预防和制止未成年人的不良行为和违法犯罪行为，并进行合理管教；（十）其他应当履行的监护职责。"

第十八条规定："未成年人的父母或者其他监护人应当为未成年人提供安全的家庭生活环境，及时排除引发触电、烫伤、跌落等伤害的安全隐患；采取配备儿童安全座椅、教育未成年人遵守交通规则等措施，防止未成年人受到交通事故的伤害；提高户外安全保护意识，避免未成年人发生溺水、动物伤害等事故。"

既然法律有明确规定父母保护未成年子女的监护职责，下面我们通过常见的校园案例以案说法。

## 【案例6-8】

### 校园敲诈勒索案

16岁的小朱与15岁的小李是初三的同班同学,平时就妄自尊大、恃强凌弱;二人家庭经济都较困难,很羡慕有钱的同学穿名牌。一天,某低年级学生穿了一双耐克鞋在路上一脚把一块石头踢到小朱的身上,小朱很生气,想教训教训这个小同学。小李一看是一双新的耐克鞋,就说把这双鞋换过来穿穿算了,小同学不肯,二人上去一下把他按在地,小朱往他屁股上踢了一脚,小同学只好把鞋给了小朱。小同学的家长报了案,小朱与小李被叫到了公安局。经查,小朱和小李还数次向其他小同学强索人民币,有的10元,有的20元、50元,最多一次强索170元,后因被害人要求返还70元总共强索金额100元,学生家长们反应十分强烈。公安机关根据《治安管理处罚法》与《预防未成年人犯罪法》做了处理。

**法律解读:**

虽然我国《刑法》规定,敲诈勒索必须达到1000元以上,才构成刑事犯罪。但是本案尽管数额不多,才几百元,也可以根据我国《治安管理处罚法》第二十六条的规定,对上述学生在校的违法行为进行处罚。

**律师建议:**

1. 家长在日常接送孩子上下学的时候,时刻叮嘱孩子,不要落单,要结伴而行,不要行至人烟稀少偏僻处。

2. 家长应帮助学生树立自我保护意识,告诉学生在遇到被强行索要财物时要主动向父母或老师反映情况,拒绝沉默。

3. 学校应对敲诈勒索同学的学生根据校纪校规予以处分。

4. 邀请法官、检察官、律师等法律工作者到学校定期开展有关法律知识的普法讲座,加强学生的法制教育,提高法治观念。同时,提升学生用法律保护自己的法律意识。

**法规速递:**

《中华人民共和国刑法》

第二百七十四条 敲诈勒索公私财物,数额较大或者多次敲诈勒索的,处三年以下有期徒刑、拘役或者管制,并处或者单处罚金;数额巨大或者有其他严重情节的,处三年以上十年以下有期徒刑,并处罚金;数额特别巨大或者有其他特别严重情节的,处十年以上有期徒刑,并处罚金。

《中华人民共和国治安管理处罚法》

第二十六条 有下列行为之一的,处五日以上十日以下拘留,可以并处五百元以

下罚款;情节较重的,处十日以上十五日以下拘留,可以并处千元以下罚款:

(一)结伙斗殴的;

(二)追逐、拦截他人的;

(三)强拿硬要或者任意损毁、占用公私财物的;

(四)其他寻衅滋事行为。

## 【案例6-9】

### 15岁少年制止校园霸凌被打死案

2020年5月6日晚,14岁的被告人范某与小盛等人在微信群表示欲教训该校初一年级某男生,后小盛将此信息告知了两人的朋友胡某,引起胡某对范某的不满,被告人范某遂对小盛怀恨在心、欲予报复。5月7日下午,被告人范某放学后到理发店找小盛,将其殴打,直至失去知觉,后经抢救无效后死亡。2021年5月10日,某市中级人民法院作出判决,判处范某有期徒刑14年。

**法律解读:**

按照我国《刑法》规定,年满14周岁不满16周岁的人实施故意杀人、故意伤害致人重伤或者死亡、强奸、抢劫、贩卖毒品、放火、爆炸、投毒行为的,应承担刑事责任。本案被告人范某在实施犯罪行为时已年满14周岁但不满16周岁,并实施故意伤害致人死亡的情节,经法院各方认定,最终判处其14年的有期徒刑。

**律师建议:**

家长在孩子遭受校园暴力的第一时间,要拨打110报警,同时申请司法鉴定,留下法律证据。因为根据司法鉴定结果,有两种法律处理方法。第一,若达不到故意伤害罪刑事立案标准的,可依照《治安管理处罚法》有关规定对实施暴力者进行行政处罚。第二,经过司法鉴定,达到故意伤害罪刑事立案标准,还要看加害方是否满足刑事责任年龄的条件。

另外,无论实施暴力者是否经行政处罚还是刑事处罚,都需要承担民事侵权责任赔偿。同时,学校如未尽到管理职责,可要求学校承担相应的补充责任。可以同时把学校和加害方列为共同被告,起诉到法院。

**法规速递:**

《中华人民共和国刑法》

第十七条 已满十六周岁的人犯罪,应当负刑事责任。

已满十四周岁不满十六周岁的人,犯故意杀人、故意伤害致人重伤或者死亡、强奸、抢劫、贩卖毒品、放火、爆炸、投放危险物质罪的,应当负刑事责任。

已满十二周岁不满十四周岁的人，犯故意杀人、故意伤害罪，致人死亡或者以特别残忍手段致人重伤造成严重残疾，情节恶劣，经最高人民检察院核准追诉的，应当负刑事责任。

对依照前三款规定追究刑事责任的不满十八周岁的人，应当从轻或者减轻处罚。

《中华人民共和国民法典》

第一千一百七十九条　侵害他人造成人身损害的，应当赔偿医疗费、护理费、交通费、营养费、住院伙食补助费等为治疗和康复支出的合理费用，以及因误工减少的收入。造成残疾的，还应当赔偿辅助器具费和残疾赔偿金；造成死亡的，还应当赔偿丧葬费和死亡赔偿金。

第一千一百八十八条　无民事行为能力人、限制民事行为能力人造成他人损害的，由监护人承担侵权责任。监护人尽到监护职责的，可以减轻其侵权责任。

有财产的无民事行为能力人、限制民事行为能力人造成他人损害的，从本人财产中支付赔偿费用；不足部分，由监护人赔偿。

第一千二百零一条　无民事行为能力人或者限制民事行为能力人在幼儿园、学校或者其他教育机构学习、生活期间，受到幼儿园、学校或者其他教育机构以外的第三人人身损害的，由第三人承担侵权责任；幼儿园、学校或者其他教育机构未尽到管理职责的，承担相应的补充责任。幼儿园、学校或者其他教育机构承担补充责任后，可以向第三人追偿。

【案例6-10】

## 新东方教室奸杀案

2016年5月19日，16岁的姚某在北京昌平新东方外国语学校被同学王某奸杀，北京市一中院一审以故意杀人罪、强奸罪，数罪并罚，判处王某无期徒刑。受害人家属又提起了民事诉讼，2021年5月19日，判决王某于判决生效之日起15日内书面道歉。王某母亲吕某赔偿丧葬费、死亡赔偿金、住宿费、交通费、精神损害抚慰金共计1500755元，被告王某与吕某承担90%责任，新东方学校承担10%。

**法律解读：**

对于刑事责任部分，王某的行为构成故意杀人罪、强奸罪，实施犯罪时未满18周岁，系未成年人，依法对其从轻处罚；案发后，其主动投案，并如实供述故意杀人的犯罪事实，系自首，但考虑其所犯故意杀人罪的情节、后果及社会危害程度，对其不予从轻处罚。法院最终判决，根据王某某犯罪的事实、性质、情节以及对社会的危害程度，决定对其执行无期徒刑，剥夺政治权利终身。对于民事赔偿部分，因受害人的人身伤害系教育机构以外的第三人造成，由第三人承担侵权责任；因教育机构未尽到管理职责的，承担相应的补充责任。

**律师建议：**

家长要教育孩子随时保护好自己的人身安全，尤其是未成年女性，更是如此。如果在校园遭受人身伤害，若达到刑事立案标准，除要求对实施伤害的被告人承担刑事责任之外，还可以提起民事赔偿，除被告人承担赔偿责任外，若学校或教育机构未尽到管理职责的，还可要求有关机构承担补充责任。可以同时把教育机构和加害人列为共同被告，起诉到法院。

**法规速递：**

《中华人民共和国刑法》

第六十七条第一款　犯罪以后自动投案，如实供述自己的罪行的，是自首。对于自首的犯罪分子，可以从轻或者减轻处罚。

《中华人民共和国民法典》

第一千一百七十九条　侵害他人造成人身损害的，应当赔偿医疗费、护理费、交通费、营养费、住院伙食补助费等为治疗和康复支出的合理费用，以及因误工减少的收入。造成残疾的，还应当赔偿辅助器具费和残疾赔偿金；造成死亡的，还应当赔偿丧葬费和死亡赔偿金。

第一千一百八十八条　无民事行为能力人、限制民事行为能力人造成他人损害的，由监护人承担侵权责任。监护人尽到监护职责的，可以减轻其侵权责任。有财产的无民事行为能力人、限制民事行为能力人造成他人损害的，从本人财产中支付赔偿费用；不足部分，由监护人赔偿。

第一千二百零一条　无民事行为能力人或者限制民事行为能力人在幼儿园、学校或者其他教育机构学习、生活期间，受到幼儿园、学校或者其他教育机构以外的第三人人身损害的，由第三人承担侵权责任；幼儿园、学校或者其他教育机构未尽到管理职责的，承担相应的补充责任。幼儿园、学校或者其他教育机构承担补充责任后，可以向第三人追偿。

## 第八节　家长维权需理性

前一节讲到家长要全力保护好自己的子女，作为孩子最信任最可靠的支持者和依靠者，孩子在学校或社会上受到欺凌或伤害，家长理应第一时间站出来维权，安慰保护好自己的孩子，这是天性，也是责任。但是家长维权，也要理性，不可冲动行事。

比如有的家长在微信群里辱骂别的家长和孩子，到学校去闹事，或者直接去伤害和自己孩子发生冲突的未成年人，甚至酿成血案。这样处理问题的结果，可能会触犯《治安管理处罚法》，也可能因为故意伤害或故意杀人而触犯《刑法》。社会上家长不理性维权的新闻也时有发生，一方面是由于学校老师没有积极回应或不合理的处理，更主要的是由于家长不能控制自己的情绪，不能理性地解决问题，社会影响非常恶劣。下面的案例应该引起我们的深思。

## 【案例 6-11】

### 失控学生家长持凶杀人——家长伤害未成年人案

王某的女儿何某与9岁的刘某系同班同学，2019年的一天，王某得知女儿被刘某"欺负"后在家长群发消息质问，刘某之父刘某某联系王某未果，又联系其妻何某某进行沟通、道歉。班主任汪某某从何某处得知王某脾气暴躁，应何某要求转告刘某某夫妇先不要和王某见面，并答应给刘某调换座位。某日早晨，王某送何某上学时购买刀具，冲进教室，持刀连续捅刺刘某的要害部位，又将刘某拎出教室摔在走廊上，致刘某大量失血死亡。后来，警察将在学校等待的王某抓获归案。

人民法院经审理认为，被告人王某的女儿与同学发生摩擦矛盾后，学校老师及对方家长已经在积极沟通、协调解决，但被告人不能理性、平和处理，竟购买刀具闯入学校课堂公然行凶，致被害人当场死亡，人民法院依法对被告人王某以故意杀人罪判处并核准执行死刑。

**法律解读：**

王某持刀捅杀刘某的行为，侵犯了刘某的生命权，违反了我国《刑法》的规定，构成故意杀人罪。王某持刀公然砍杀毫无反抗能力的弱小幼童的犯罪手段特别残忍，社会影响极其恶劣，社会危害极大，虽有自首情节，但不足以从轻处罚，因此最终依法判决王某死刑。

**律师建议：**

作为家长，应当学习相应的安全知识，向子女灌输相应的安全保护知识，依法保护未成年子女的生命安全。同时，作为家长，在自己的子女受到伤害时，要第一时间与学校沟通，班主任如果不积极解决，可以联系学校的德育副校长或法治副校长，如果不能妥善解决，可以联系当地教委或教育局；如果还是不满意解决方案，可以收集证据起诉到法院。办法总比困难多，不要冲动伤害任何人，冲动是魔鬼，冲动的结果就是不但不解决问题，还会让事情变得更复杂，甚至让自己陷入法律的深渊不能自拔，得不偿失。

作为学校,应加强内部管理,严格落实外校人员入校登记审核制度,设置必要的安检设备,配备必要的安保人员,依法保障未成年人在校期间的人身安全。

**法规速递：**

《中华人民共和国刑法》

第二百三十二条 故意杀人的,处死刑、无期徒刑或者十年以上有期徒刑;情节较轻的,处三年以上十年以下有期徒刑。

## 第九节 家长要预防制止孩子犯罪

未成年人还处在价值观人生观世界观都不成形的阶段,对什么该做、什么能做、什么不该做、什么不能做,处于懵懂状态,加上学校学习任务紧张,学校法律知识的宣传与教育有限,甚至很多学校只满足于把孩子恐吓住,让其听老师话,不欺负老师就行,方法简单粗暴。个别法律意识强一些的学校,会联系附近的派出所民警一个学期过来普法一次,目的也很明确,就是让学生遵守学校的规章制度。但是效果如何,方法是否恰当,有待商榷。

当然,学校的老师管那么多孩子,是一对多方式管教,而且以学知识为主,又面临升学压力,我们对学校的期望值不能太高。作为家长,对自己的孩子实行的是一对一的个性化教育,以品德教育和法律规范为主,不能有把孩子扔给学校就什么都不管的思想。要对自己的孩子负责,就要加强对孩子的教育,这是作为家长的义务。尤其明确哪些是触犯国家法律法规的行为,一定要教育孩子有红线,有高压线,千万不能触碰,否则年纪轻轻,就可能毁掉自己的人生。

《中华人民共和国未成年人保护法》第十六条规定:"未成年人的父母或者其他监护人应当履行下列监护职责:(三)教育和引导未成年人遵纪守法、勤俭节约,养成良好的思想品德和行为习惯;(九)预防和制止未成年人的不良行为和违法犯罪行为,并进行合理管教。"该条款明确了父母对未成年人管教的职责,下面我们通过几个典型的校园案例予以警戒。

**【案例6-12】**

### 未成年人校内抢劫案

被告人于某系某中学学生,先后持刀在大学校园内抢劫被害人杜某某、王某某、胡某某、徐某某等人,共劫得手机3部(价值700余元)及现金400余元。案发后,于某如实供述了抢劫罪行，赃款、赃物均已交还被害人。人民法院经审理认为，被告人于某持刀劫取他人财物，其行为已构成抢劫罪，理应严惩。

经审理查明，于某系未成年人，认罪、悔罪态度良好且已积极赔偿被害人经济损失，得到被害人谅解。于某在校期间也一直表现良好，持续担任班级学生干部，连续3年被评为区、校级三好学生。

此次犯罪与家庭关系紧张有一定关系。于某的主观恶性及社会危害性相对较小，人民法院决定依法从轻处罚，以抢劫罪判处被告人于某有期徒刑3年，缓刑3年，并处罚金6000元。于某在缓刑执行期间，返回学校参加高考，以全班第一名的成绩考入大学。大学期间，于某成绩优异，获得国家级奖学金，缓刑考验期满后顺利出国留学，现已完成学业回国工作。

**法律解读：**

抢劫罪是指通过暴力或者胁迫手段压制被害人的反抗，利用压制被害人的状态抢夺财物并占有或者取得财产性利益的行为。

本案中于某系未成年人，认罪、悔罪态度较好，已积极赔偿被害人经济损失，得到被害人谅解；于某在校期间表现良好，一直担任班级学生干部，连续3年被评为区、校级三好学生；此次犯罪与家庭关系紧张、与父母存在沟通障碍有一定关系。于某的主观恶性及社会危害性相对较小，贯彻教育为主、惩罚为辅原则，最大限度地教育、感化、挽救未成年被告人。

**律师建议：**

对于家长来说，我们不仅生养了子女，还要把子女教育成对国家社会有用的人，而预防孩子犯罪是首当其冲的事。因此，我们家长必须对孩子施以合理的管教。

对于学校来说，要加强校园内的安全保卫工作，加强法制宣传，在学生心中树立法律的权威性。

另外，对未成年人犯罪，应当具体分析、区别对待，在准确定罪、恰当量刑的同时，要高度重视做好对未成年被告人的教育挽救、跟踪帮扶工作；要通过认真负责、耐心细致的工作，促使犯罪的未成年人悔过自新，不再重蹈覆辙，成为遵纪守法的公民和社会的有用之才。

**法规速递：**

《中华人民共和国刑法》

第二百六十三条　以暴力、胁迫或者其他方法抢劫公私财物的，处3年以上10年以下有期徒刑，并处罚金；

有下列情形之一的，处十年以上有期徒刑、无期徒刑或者死刑，并处罚金或者没收财产：

（一）入户抢劫的；

（二）在公共交通工具上抢劫的；

（三）抢劫银行或者其他金融机构的；

（四）多次抢劫或者抢劫数额巨大的；

（五）抢劫致人重伤、死亡的；

（六）冒充军警人员抢劫的；

（七）持枪抢劫的；

（八）抢劫军用物资或者抢险、救灾、救济物资的。

《最高人民法院关于审理未成年人刑事案件具体应用法律若干问题的解释》

第十六条　对未成年罪犯符合刑法第七十二条第一款规定的，可以宣告缓刑。如果同时具有下列情形之一，对其适用缓刑确实不致再危害社会的，应当宣告缓刑：

（一）初次犯罪；

（二）积极退赃或赔偿被害人经济损失；

（三）具备监护、帮教条件。

## 【案例6-13】

### 16岁男孩与13岁女孩恋爱同居涉嫌强奸罪案

深圳市罗湖区法院审理了一起具有警示意义的典型强奸案，一名案发时年仅16岁的男孩与13岁女孩恋爱同居，在双方家长都未追究的情况下，男孩被公诉机关提起公诉，被判强奸罪，处有期徒刑1年3个月。

**法律解读：**

所谓强奸罪，是指违背妇女意志，使用暴力、胁迫或者其他手段，强行与妇女发生性交的行为，或者故意与不满14周岁的幼女发生性关系的行为。许多人认为该16岁男孩与13岁女孩是基于恋爱关系才同居的，并非违背女方意志，男方也没有采取任何强制手段来迫使女孩与其发生性关系。二人由于相爱或者法律意识淡薄从而发生性关系可以理解，况且他们俩的自愿行为并未对社会造成直接危害，因此他们简单地认为他的行为并不构成强奸罪，不该对其处以重刑。但是，根据《刑法》第二百三十六条第二款规定，奸淫不满14周岁的幼女的，以强奸论，从重处罚。虽然同居属于自愿，但是小女孩只有13岁，还属于限制民事行为能力人，缺乏一定的辨别意识，此种"自愿"在法律原则上是不成立的；男孩虽然属于未成年人，但已满16岁了，属于应当承担刑事责任的年龄，对他判处1年3个月的有期徒刑是合法合理的；虽然他们的行为没有对社会造成直接危害，但是若不严惩，则会失去法律的尊严，会让更多的人对法律失去信心。

**律师建议：**

当前社会上许多未成年人法律意识淡薄，法治观念匮乏。本案也是如此，双方父母都认为不追究就不违法，事实上，这是缺乏法律意识的表现。因此，我们在严惩打击违法犯罪的同时，更要注重法律教育，尤其是家庭教育，父母是孩子的第一任老师和人生之路的引导者，应加强法律学习，积极参加学校社区组织的普法活动，主动学习法律知识，提升法律素养，用自己的言行为孩子言传身教，为保证法律的有效实施尽自己的一份绵薄之力。

**法规速递：**

《中华人民共和国刑法》

第二百三十六条第二款　奸淫不满十四周岁的幼女的，以强奸论，从重处罚。

## 【案例 6-14】

### 情感迷失酿悲剧，一失足成千古恨案

刘某是某医学院的学生，从小父母对其悉心培养，学习美术、音乐、舞蹈，原本是个多才多艺的花季少女，令人羡慕的好学生。16 岁认识了一个男青年，男青年说非常喜欢她，她轻易地就相信了。那个青年是个小混混，小兄弟很多，带着她玩、跳迪斯科、打架。父母反对，她搞假自杀逼父母让步。在男朋友的教唆下，又跟小混混逃走，放弃学业，骗钱，用安眠药使人睡着后进行盗窃，甚至还被多名混混强奸，为了一段本不该发生的"恋情"付出了前程、青春和才华。

**法律解读：**

青春期被许多心理学家视为危险年龄期及危机四伏时期。意思是说：青春期好似人生道路上容易误入歧途的十字路口。青少年生理发育趋于成熟，有性的欲望和冲动，而社会要求他们努力学习知识与本领，不能有性行为及过早恋爱。

青少年必须对自身欲望有正当合理的克制。如果这一矛盾解决不好，轻则损害自己身心健康及前途，重则会导致犯罪行为危害社会。

**律师建议：**

作为家长，必须教育青少年正确对待恋爱、婚姻问题，及时对青少年进行性知识的和伦理教育，帮其排除性心理困惑，引导他们树立科学正确的性道德观念，防止青少年性犯罪。对未成年女性，父母更要时刻关心照顾，保护好她们的身心健康。古人说得好："近朱者赤近墨者黑"，父母也要教育孩子与品行优良的孩子交往，坚决不与社会不良少年交朋友，发现异常，第一时间与学校沟通，家长和学校一起配合，做好

让孩子收心安心上学的思想教育工作。

**法规速递：**

《中华人民共和国刑法》

第十七条第一款 已满十六周岁的人犯罪，应当负刑事责任。

## 【案例 6-15】

### 因小事冲动故意伤害他人致死案

初三学生小海在初一时就加入了共青团并当选为班长，其工作负责、学习优良，先后被评为三好学生、优秀共青团员。有一天，其与父母告别后准备回家时，发现一个初二学生在他父母后面做鬼脸，这本来是一件很小的事情，问一问、说一说，都可以解决问题，但是小海非常生气，认为是对自己父母的侮辱，竟和几个同学一起上去教训他一顿。原以为被教训者不会怎样，没想到他邀约一帮人来报复。为了不甘示弱，又发生了对报复者的报复，在双方殴打中，小海拿出随身带的一把刀捅上去，造成一死一伤。法院判处小海犯故意伤害罪。在监狱里，小海面对铁窗、铁门，回顾这件不该发生的事，无限悔恨。

**法律解读：**

故意伤害致死和故意杀人既遂，两者主观上都是故意犯罪，且客观上都造成了被害人死亡的结果，但两者故意的内容不同，故意杀人罪的故意内容是剥夺他人生命，希望或放任他人死亡结果的发生，而故意伤害罪的故意内容只是要损害他人身体，并不是剥夺他人的生命。即使伤害行为客观上造成被害人的死亡，也往往是由于行为时出现未曾料到的原因而致打击方向出现偏差，或因伤势过重等情况而引起。行为人对这种死亡后果既不希望，也不放任，完全是出于过失。因此，不能将故意伤害致死与故意杀人等同。

**律师建议：**

1. 父母是孩子的第一老师，也是相处时间最多的人。所以，平时应多给孩子教导"如何正确处理同学之间的矛盾""如何与朝夕相处的同学搞好关系"等。应告诉孩子同学之间和谐相处的必要性，教育孩子心胸宽容，不要斤斤计较，不要动手动脚，控制好自己的情绪，注意说话和做事的分寸。

2. 家长发现孩子有被殴打的情况，立即向学校汇报，学校将依据规章制度对涉事学生作出处罚。

3. 家长告诉孩子注意"近朱者赤，近墨者黑"的道理，多与优秀同学相处，远离坏孩子。

**法规速递：**

《中华人民共和国刑法》

第二百三十四条第一款、第二款　故意伤害他人身体的，处三年以下有期徒刑、拘役或者管制。

犯前款罪，致人重伤的，处三年以上十年以下有期徒刑；致人死亡或者以特别残忍手段致人重伤造成严重残疾的，处十年以上有期徒刑、无期徒刑或者死刑。本法另有规定的，依照规定。

# 附录

# 校园人应遵守的相关法律法规

## 中华人民共和国未成年人保护法

### 第一章 总 则

第一条 为了保护未成年人身心健康，保障未成年人合法权益，促进未成年人德智体美劳全面发展，培养有理想、有道德、有文化、有纪律的社会主义建设者和接班人，培养担当民族复兴大任的时代新人，根据宪法，制定本法。

第二条 本法所称未成年人是指未满十八周岁的公民。

第三条 国家保障未成年人的生存权、发展权、受保护权、参与权等权利。

未成年人依法平等地享有各项权利，不因本人及其父母或者其他监护人的民族、种族、性别、户籍、职业、宗教信仰、教育程度、家庭状况、身心健康状况等受到歧视。

第四条 保护未成年人，应当坚持最有利于未成年人的原则。处理涉及未成年人事项，应当符合下列要求：

（一）给予未成年人特殊、优先保护；

（二）尊重未成年人人格尊严；

（三）保护未成年人隐私权和个人信息；

（四）适应未成年人身心健康发展的规律和特点；

（五）听取未成年人的意见；

（六）保护与教育相结合。

第五条 国家、社会、学校和家庭应当对未成年人进行理想教育、道德教育、科学教育、文化教育、法治教育、国家安全教育、健康教育、劳动教育，加强爱国主义、集体主义和中国特色社会主义的教育，培养爱祖国、爱人民、爱劳动、爱科学、爱社会主义的公德，抵制资本主义、封建主义和其他腐朽思想的侵蚀，引导未成年人树立和践行社会主义核心价值观。

第六条 保护未成年人，是国家机关、武装力量、政党、人民团体、企业事业单位、社会组织、城乡基层群众性自治组织、未成年人的监护人以及其他成年人的共同责任。

国家、社会、学校和家庭应当教育和帮助未成年人维护自身合法权益，增强自我保护的意识和能力。

第七条 未成年人的父母或者其他监护人依法对未成年人承担监护职责。

国家采取措施指导、支持、帮助和监督未成年人的父母或者其他监护人履行监护职责。

第八条 县级以上人民政府应当将未成年人保护工作纳入国民经济和社会发展规划，相关经费纳入本级政府预算。

第九条 县级以上人民政府应当建立未成年人保护工作协调机制，统筹、协调、督促和指导有关部门在各自职责范围内做好未成年人保护工作。协调机制具体工作由县级以上人民政府民政部门承担，省级人民政府也可以根据本地实际情况确定由其他有关部门承担。

第十条 共产主义青年团、妇女联合会、工会、残疾人联合会、关心下一代工作委员会、青年联合会、学生联合会、少年先锋队以及其他人民团体、有关社会组织，应当协助各级人民政府及其有关部门、人民检察院、人民法院做好未成年人保护工作，维护未成年人合法权益。

第十一条 任何组织或者个人发现不利于未成年人身心健康或者侵犯未成年人合法权益的情形，都有权劝阻、制止或者向公安、民政、教育等有关部门提出检举、控告。

国家机关、居民委员会、村民委员会、密切接触未成年人的单位及其工作人员，在工作中发现未成年人身心健康受到侵害、疑似受到侵害或者面临其他危险情形的，应当立即向公安、民政、教育等有关部门报告。

有关部门接到涉及未成年人的检举、控告或者报告，应当依法及时受理、处置，并以适当方式将处理结果告知相关单位和人员。

第十二条 国家鼓励和支持未成年人保护方面的科学研究，建设相关学科、设置相关专业，加强人才培养。

第十三条 国家建立健全未成年人统计调查制度，开展未成年人健康、受教育等状况的统计、调查和分析，发布未成年人保护的有关信息。

第十四条 国家对保护未成年人有显著成绩的组织和个人给予表彰和奖励。

## 第二章 家庭保护

第十五条 未成年人的父母或者其他监护人应当学习家庭教育知识，接受家庭教育指导，创造良好、和睦、文明的家庭环境。

共同生活的其他成年家庭成员应当协助未成年人的父母或者其他监护人抚养、教育和保护未成年人。

第十六条　未成年人的父母或者其他监护人应当履行下列监护职责：

（一）为未成年人提供生活、健康、安全等方面的保障；

（二）关注未成年人的生理、心理状况和情感需求；

（三）教育和引导未成年人遵纪守法、勤俭节约，养成良好的思想品德和行为习惯；

（四）对未成年人进行安全教育，提高未成年人的自我保护意识和能力；

（五）尊重未成年人受教育的权利，保障适龄未成年人依法接受并完成义务教育；

（六）保障未成年人休息、娱乐和体育锻炼的时间，引导未成年人进行有益身心健康的活动；

（七）妥善管理和保护未成年人的财产；

（八）依法代理未成年人实施民事法律行为；

（九）预防和制止未成年人的不良行为和违法犯罪行为，并进行合理管教；

（十）其他应当履行的监护职责。

第十七条　未成年人的父母或者其他监护人不得实施下列行为：

（一）虐待、遗弃、非法送养未成年人或者对未成年人实施家庭暴力；

（二）放任、教唆或者利用未成年人实施违法犯罪行为；

（三）放任、唆使未成年人参与邪教、迷信活动或者接受恐怖主义、分裂主义、极端主义等侵害；

（四）放任、唆使未成年人吸烟（含电子烟，下同）、饮酒、赌博、流浪乞讨或者欺凌他人；

（五）放任或者迫使应当接受义务教育的未成年人失学、辍学；

（六）放任未成年人沉迷网络，接触危害或者可能影响其身心健康的图书、报刊、电影、广播电视节目、音像制品、电子出版物和网络信息等；

（七）放任未成年人进入营业性娱乐场所、酒吧、互联网上网服务营业场所等不适宜未成年人活动的场所；

（八）允许或者迫使未成年人从事国家规定以外的劳动；

（九）允许、迫使未成年人结婚或者为未成年人订立婚约；

（十）违法处分、侵吞未成年人的财产或者利用未成年人牟取不正当利益；

（十一）其他侵犯未成年人身心健康、财产权益或者不依法履行未成年人保护义务的行为。

第十八条　未成年人的父母或者其他监护人应当为未成年人提供安全的家庭生活环境，及时排除引发触电、烫伤、跌落等伤害的安全隐患；采取配备儿童安全座椅、教育未成年人遵守交通规则等措施，防止未成年人受到交通事故的伤害；提高户外安全保护意识，避免未成年人发生溺水、动物伤害等事故。

第十九条　未成年人的父母或者其他监护人应当根据未成年人的年龄和智力发展状况，在作出与未成年人权益有关的决定前，听取未成年人的意见，充分考虑其真实意愿。

第二十条　未成年人的父母或者其他监护人发现未成年人身心健康受到侵害、疑似受到侵害或者其他合法权益受到侵犯的，应当及时了解情况并采取保护措施；情况严重的，应当立即向公安、民政、教育等部门报告。

第二十一条　未成年人的父母或者其他监护人不得使未满八周岁或者由于身体、心理原因需要特别照顾的未成年人处于无人看护状态，或者将其交由无民事行为能力、限制民事行为能力、患有严重传染性疾病或者其他不适宜的人员临时照护。

未成年人的父母或者其他监护人不得使未满十六周岁的未成年人脱离监护单独生活。

第二十二条　未成年人的父母或者其他监护人因外出务工等原因在一定期限内不能完全履行监护职责的，应当委托具有照护能力的完全民事行为能力人代为照护；无正当理由的，不得委托他人代为照护。

未成年人的父母或者其他监护人在确定被委托人时，应当综合考虑其道德品质、家庭状况、身心健康状况、与未成年人生活情感上的联系等情况，并听取有表达意愿能力未成年人的意见。

具有下列情形之一的，不得作为被委托人：

（一）曾实施性侵害、虐待、遗弃、拐卖、暴力伤害等违法犯罪行为；

（二）有吸毒、酗酒、赌博等恶习；

（三）曾拒不履行或者长期怠于履行监护、照护职责；

（四）其他不适宜担任被委托人的情形。

第二十三条　未成年人的父母或者其他监护人应当及时将委托照护情况书面告知未成年人所在学校、幼儿园和实际居住地的居民委员会、村民委员会，加强和未成年人所在学校、幼儿园的沟通；与未成年人、被委托人至少每周联系和交流一次，了解未成年人的生活、学习、心理等情况，并给予未成年人亲情关爱。

未成年人的父母或者其他监护人接到被委托人、居民委员会、村民委员会、学校、幼儿园等关于未成年人心理、行为异常的通知后，应当及时采取干预措施。

第二十四条　未成年人的父母离婚时，应当妥善处理未成年子女的抚养、教育、探望、财产等事宜，听取有表达意愿能力未成年人的意见。不得以抢夺、藏匿未成年子女等方式争夺抚养权。

未成年人的父母离婚后，不直接抚养未成年子女的一方应当依照协议、人民法院判决或者调解确定的时间和方式，在不影响未成年人学习、生活的情况下探望未成年子女，直接抚养的一方应当配合，但被人民法院依法中止探望权的除外。

## 第三章 学校保护

第二十五条 学校应当全面贯彻国家教育方针，坚持立德树人，实施素质教育，提高教育质量，注重培养未成年学生认知能力、合作能力、创新能力和实践能力，促进未成年学生全面发展。

学校应当建立未成年学生保护工作制度，健全学生行为规范，培养未成年学生遵纪守法的良好行为习惯。

第二十六条 幼儿园应当做好保育、教育工作，遵循幼儿身心发展规律，实施启蒙教育，促进幼儿在体质、智力、品德等方面和谐发展。

第二十七条 学校、幼儿园的教职员工应当尊重未成年人人格尊严，不得对未成年人实施体罚、变相体罚或者其他侮辱人格尊严的行为。

第二十八条 学校应当保障未成年学生受教育的权利，不得违反国家规定开除、变相开除未成年学生。

学校应当对尚未完成义务教育的辍学未成年学生进行登记并劝返复学；劝返无效的，应当及时向教育行政部门书面报告。

第二十九条 学校应当关心、爱护未成年学生，不得因家庭、身体、心理、学习能力等情况歧视学生。对家庭困难、身心有障碍的学生，应当提供关爱；对行为异常、学习有困难的学生，应当耐心帮助。

学校应当配合政府有关部门建立留守未成年学生、困境未成年学生的信息档案，开展关爱帮扶工作。

第三十条 学校应当根据未成年学生身心发展特点，进行社会生活指导、心理健康辅导、青春期教育和生命教育。

第三十一条 学校应当组织未成年学生参加与其年龄相适应的日常生活劳动、生产劳动和服务性劳动，帮助未成年学生掌握必要的劳动知识和技能，养成良好的劳动习惯。

第三十二条 学校、幼儿园应当开展勤俭节约、反对浪费、珍惜粮食、文明饮食等宣传教育活动，帮助未成年人树立浪费可耻、节约为荣的意识，养成文明健康、绿色环保的生活习惯。

第三十三条　学校应当与未成年学生的父母或者其他监护人互相配合，合理安排未成年学生的学习时间，保障其休息、娱乐和体育锻炼的时间。

学校不得占用国家法定节假日、休息日及寒暑假期，组织义务教育阶段的未成年学生集体补课，加重其学习负担。

幼儿园、校外培训机构不得对学龄前未成年人进行小学课程教育。

第三十四条　学校、幼儿园应当提供必要的卫生保健条件，协助卫生健康部门做好在校、在园未成年人的卫生保健工作。

第三十五条　学校、幼儿园应当建立安全管理制度，对未成年人进行安全教育，完善安保设施、配备安保人员，保障未成年人在校、在园期间的人身和财产安全。

学校、幼儿园不得在危及未成年人人身安全、身心健康的校舍和其他设施、场所中进行教育教学活动。

学校、幼儿园安排未成年人参加文化娱乐、社会实践等集体活动，应当保护未成年人的身心健康，防止发生人身伤害事故。

第三十六条　使用校车的学校、幼儿园应当建立健全校车安全管理制度，配备安全管理人员，定期对校车进行安全检查，对校车驾驶人进行安全教育，并向未成年人讲解校车安全乘坐知识，培养未成年人校车安全事故应急处理技能。

第三十七条　学校、幼儿园应当根据需要，制定应对自然灾害、事故灾难、公共卫生事件等突发事件和意外伤害的预案，配备相应设施并定期进行必要的演练。

未成年人在校内、园内或者本校、本园组织的校外、园外活动中发生人身伤害事故的，学校、幼儿园应当立即救护，妥善处理，及时通知未成年人的父母或者其他监护人，并向有关部门报告。

第三十八条　学校、幼儿园不得安排未成年人参加商业性活动，不得向未成年人及其父母或者其他监护人推销或者要求其购买指定的商品和服务。

学校、幼儿园不得与校外培训机构合作为未成年人提供有偿课程辅导。

第三十九条　学校应当建立学生欺凌防控工作制度，对教职员工、学生等开展防治学生欺凌的教育和培训。

学校对学生欺凌行为应当立即制止，通知实施欺凌和被欺凌未成年学生的父母或者其他监护人参与欺凌行为的认定和处理；对相关未成年学生及时给予心理辅导、教育和引导；对相关未成年学生的父母或者其他监护人给予必要的家庭教育指导。

对实施欺凌的未成年学生，学校应当根据欺凌行为的性质和程度，依法加强管教。对严重的欺凌行为，学校不得隐瞒，应当及时向公安机关、教育行政部门报告，并配合相关部门依法处理。

第四十条　学校、幼儿园应当建立预防性侵害、性骚扰未成年人工作制度。对性侵害、性骚扰未成年人等违法犯罪行为，学校、幼儿园不得隐瞒，应当及时向公安机关、教育行政部门报告，并配合相关部门依法处理。

学校、幼儿园应当对未成年人开展适合其年龄的性教育，提高未成年人防范性侵害、性骚扰的自我保护意识和能力。对遭受性侵害、性骚扰的未成年人，学校、幼儿园应当及时采取相关的保护措施。

第四十一条　婴幼儿照护服务机构、早期教育服务机构、校外培训机构、校外托管机构等应当参照本章有关规定，根据不同年龄阶段未成年人的成长特点和规律，做好未成年人保护工作。

## 第四章　社会保护

第四十二条　全社会应当树立关心、爱护未成年人的良好风尚。

国家鼓励、支持和引导人民团体、企业事业单位、社会组织以及其他组织和个人，开展有利于未成年人健康成长的社会活动和服务。

第四十三条　居民委员会、村民委员会应当设置专人专岗负责未成年人保护工作，协助政府有关部门宣传未成年人保护方面的法律法规，指导、帮助和监督未成年人的父母或者其他监护人依法履行监护职责，建立留守未成年人、困境未成年人的信息档案并给予关爱帮扶。

居民委员会、村民委员会应当协助政府有关部门监督未成年人委托照护情况，发现被委托人缺乏照护能力、怠于履行照护职责等情况，应当及时向政府有关部门报告，并告知未成年人的父母或者其他监护人，帮助、督促被委托人履行照护职责。

第四十四条　爱国主义教育基地、图书馆、青少年宫、儿童活动中心、儿童之家应当对未成年人免费开放；博物馆、纪念馆、科技馆、展览馆、美术馆、文化馆、社区公益性互联网上网服务场所以及影剧院、体育场馆、动物园、植物园、公园等场所，应当按照有关规定对未成年人免费或者优惠开放。

国家鼓励爱国主义教育基地、博物馆、科技馆、美术馆等公共场馆开设未成年人专场，为未成年人提供有针对性的服务。

国家鼓励国家机关、企业事业单位、部队等开发自身教育资源，设立未成年人开放日，为未成年人主题教育、社会实践、职业体验等提供支持。

国家鼓励科研机构和科技类社会组织对未成年人开展科学普及活动。

第四十五条　城市公共交通以及公路、铁路、水路、航空客运等应当按照有关规定对未成年人实施免费或者优惠票价。

第四十六条　国家鼓励大型公共场所、公共交通工具、旅游景区景点等设置母婴室、婴儿护理台以及方便幼儿使用的坐便器、洗手台等卫生设施，为未成年人提供便利。

第四十七条 任何组织或者个人不得违反有关规定，限制未成年人应当享有的照顾或者优惠。

第四十八条 国家鼓励创作、出版、制作和传播有利于未成年人健康成长的图书、报刊、电影、广播电视节目、舞台艺术作品、音像制品、电子出版物和网络信息等。

第四十九条 新闻媒体应当加强未成年人保护方面的宣传，对侵犯未成年人合法权益的行为进行舆论监督。新闻媒体采访报道涉及未成年人事件应当客观、审慎和适度，不得侵犯未成年人的名誉、隐私和其他合法权益。

第五十条 禁止制作、复制、出版、发布、传播含有宣扬淫秽、色情、暴力、邪教、迷信、赌博、引诱自杀、恐怖主义、分裂主义、极端主义等危害未成年人身心健康内容的图书、报刊、电影、广播电视节目、舞台艺术作品、音像制品、电子出版物和网络信息等。

第五十一条 任何组织或者个人出版、发布、传播的图书、报刊、电影、广播电视节目、舞台艺术作品、音像制品、电子出版物或者网络信息，包含可能影响未成年人身心健康内容的，应当以显著方式作出提示。

第五十二条 禁止制作、复制、发布、传播或者持有有关未成年人的淫秽色情物品和网络信息。

第五十三条 任何组织或者个人不得刊登、播放、张贴或者散发含有危害未成年人身心健康内容的广告；不得在学校、幼儿园播放、张贴或者散发商业广告；不得利用校服、教材等发布或者变相发布商业广告。

第五十四条 禁止拐卖、绑架、虐待、非法收养未成年人，禁止对未成年人实施性侵害、性骚扰。

禁止胁迫、引诱、教唆未成年人参加黑社会性质组织或者从事违法犯罪活动。

禁止胁迫、诱骗、利用未成年人乞讨。

第五十五条 生产、销售用于未成年人的食品、药品、玩具、用具和游戏游艺设备、游乐设施等，应当符合国家或者行业标准，不得危害未成年人的人身安全和身心健康。上述产品的生产者应当在显著位置标明注意事项，未标明注意事项的不得销售。

第五十六条 未成年人集中活动的公共场所应当符合国家或者行业安全标准，并采取相应安全保护措施。对可能存在安全风险的设施，应当定期进行维护，在显著位置设置安全警示标志并标明适龄范围和注意事项；必要时应当安排专门人员看管。

大型的商场、超市、医院、图书馆、博物馆、科技馆、游乐场、车站、码头、机场、旅游景区景点等场所运营单位应当设置搜寻走失未成年人的安全警报系统。场所运营单位接到求助后，应当立即启动安全警报系统，组织人员进行搜寻并向公安机关报告。

公共场所发生突发事件时，应当优先救护未成年人。

第五十七条　旅馆、宾馆、酒店等住宿经营者接待未成年人入住，或者接待未成年人和成年人共同入住时，应当询问父母或者其他监护人的联系方式、入住人员的身份关系等有关情况；发现有违法犯罪嫌疑的，应当立即向公安机关报告，并及时联系未成年人的父母或者其他监护人。

第五十八条　学校、幼儿园周边不得设置营业性娱乐场所、酒吧、互联网上网服务营业场所等不适宜未成年人活动的场所。营业性歌舞娱乐场所、酒吧、互联网上网服务营业场所等不适宜未成年人活动场所的经营者，不得允许未成年人进入；游艺娱乐场所设置的电子游戏设备，除国家法定节假日外，不得向未成年人提供。经营者应当在显著位置设置未成年人禁入、限入标志；对难以判明是否是未成年人的，应当要求其出示身份证件。

第五十九条　学校、幼儿园周边不得设置烟、酒、彩票销售网点。禁止向未成年人销售烟、酒、彩票或者兑付彩票奖金。烟、酒和彩票经营者应当在显著位置设置不向未成年人销售烟、酒或者彩票的标志；对难以判明是否是未成年人的，应当要求其出示身份证件。

任何人不得在学校、幼儿园和其他未成年人集中活动的公共场所吸烟、饮酒。

第六十条　禁止向未成年人提供、销售管制刀具或者其他可能致人严重伤害的器具等物品。经营者难以判明购买者是否是未成年人的，应当要求其出示身份证件。

第六十一条　任何组织或者个人不得招用未满十六周岁未成年人，国家另有规定的除外。

营业性娱乐场所、酒吧、互联网上网服务营业场所等不适宜未成年人活动的场所不得招用已满十六周岁的未成年人。

招用已满十六周岁未成年人的单位和个人应当执行国家在工种、劳动时间、劳动强度和保护措施等方面的规定，不得安排其从事过重、有毒、有害等危害未成年人身心健康的劳动或者危险作业。

任何组织或者个人不得组织未成年人进行危害其身心健康的表演等活动。经未成年人的父母或者其他监护人同意，未成年人参与演出、节目制作等活动，活动组织方应当根据国家有关规定，保障未成年人合法权益。

第六十二条　密切接触未成年人的单位招聘工作人员时，应当向公安机关、人民检察院查询应聘者是否具有性侵害、虐待、拐卖、暴力伤害等违法犯罪记录；发现其具有前述行为记录的，不得录用。

密切接触未成年人的单位应当每年定期对工作人员是否具有上述违法犯罪记录进

行查询。通过查询或者其他方式发现其工作人员具有上述行为的，应当及时解聘。

第六十三条　任何组织或者个人不得隐匿、毁弃、非法删除未成年人的信件、日记、电子邮件或者其他网络通讯内容。

除下列情形外，任何组织或者个人不得开拆、查阅未成年人的信件、日记、电子邮件或者其他网络通讯内容：

（一）无民事行为能力未成年人的父母或者其他监护人代未成年人开拆、查阅；

（二）因国家安全或者追查刑事犯罪依法进行检查；

（三）紧急情况下为了保护未成年人本人的人身安全。

## 第五章　网络保护

第六十四条　国家、社会、学校和家庭应当加强未成年人网络素养宣传教育，培养和提高未成年人的网络素养，增强未成年人科学、文明、安全、合理使用网络的意识和能力，保障未成年人在网络空间的合法权益。

第六十五条　国家鼓励和支持有利于未成年人健康成长的网络内容的创作与传播，鼓励和支持专门以未成年人为服务对象、适合未成年人身心健康特点的网络技术、产品、服务的研发、生产和使用。

第六十六条　网信部门及其他有关部门应当加强对未成年人网络保护工作的监督检查，依法惩处利用网络从事危害未成年人身心健康的活动，为未成年人提供安全、健康的网络环境。

第六十七条　网信部门会同公安、文化和旅游、新闻出版、电影、广播电视等部门根据保护不同年龄阶段未成年人的需要，确定可能影响未成年人身心健康网络信息的种类、范围和判断标准。

第六十八条　新闻出版、教育、卫生健康、文化和旅游、网信等部门应当定期开展预防未成年人沉迷网络的宣传教育，监督网络产品和服务提供者履行预防未成年人沉迷网络的义务，指导家庭、学校、社会组织互相配合，采取科学、合理的方式对未成年人沉迷网络进行预防和干预。

任何组织或者个人不得以侵害未成年人身心健康的方式对未成年人沉迷网络进行干预。

第六十九条　学校、社区、图书馆、文化馆、青少年宫等场所为未成年人提供的互联网上网服务设施，应当安装未成年人网络保护软件或者采取其他安全保护技术措施。

智能终端产品的制造者、销售者应当在产品上安装未成年人网络保护软件，或者以显著方式告知用户未成年人网络保护软件的安装渠道和方法。

第七十条　学校应当合理使用网络开展教学活动。未经学校允许，未成年学生不得将手机等智能终端产品带入课堂，带入学校的应当统一管理。

学校发现未成年学生沉迷网络的，应当及时告知其父母或者其他监护人，共同对未成年学生进行教育和引导，帮助其恢复正常的学习生活。

第七十一条　未成年人的父母或者其他监护人应当提高网络素养，规范自身使用网络的行为，加强对未成年人使用网络行为的引导和监督。

未成年人的父母或者其他监护人应当通过在智能终端产品上安装未成年人网络保护软件、选择适合未成年人的服务模式和管理功能等方式，避免未成年人接触危害或者可能影响其身心健康的网络信息，合理安排未成年人使用网络的时间，有效预防未成年人沉迷网络。

第七十二条　信息处理者通过网络处理未成年人个人信息的，应当遵循合法、正当和必要的原则。处理不满十四周岁未成年人个人信息的，应当征得未成年人的父母或者其他监护人同意，但法律、行政法规另有规定的除外。

未成年人、父母或者其他监护人要求信息处理者更正、删除未成年人个人信息的，信息处理者应当及时采取措施予以更正、删除，但法律、行政法规另有规定的除外。

第七十三条　网络服务提供者发现未成年人通过网络发布私密信息的，应当及时提示，并采取必要的保护措施。

第七十四条　网络产品和服务提供者不得向未成年人提供诱导其沉迷的产品和服务。

网络游戏、网络直播、网络音视频、网络社交等网络服务提供者应当针对未成年人使用其服务设置相应的时间管理、权限管理、消费管理等功能。

以未成年人为服务对象的在线教育网络产品和服务，不得插入网络游戏链接，不得推送广告等与教学无关的信息。

第七十五条　网络游戏经依法审批后方可运营。

国家建立统一的未成年人网络游戏电子身份认证系统。网络游戏服务提供者应当要求未成年人以真实身份信息注册并登录网络游戏。

网络游戏服务提供者应当按照国家有关规定和标准，对游戏产品进行分类，作出适龄提示，并采取技术措施，不得让未成年人接触不适宜的游戏或者游戏功能。

网络游戏服务提供者不得在每日二十二时至次日八时向未成年人提供网络游戏服务。

第七十六条　网络直播服务提供者不得为未满十六周岁的未成年人提供网络直播发布者账号注册服务；为年满十六周岁的未成年人提供网络直播发布者账号注册服务时，应当对其身份信息进行认证，并征得其父母或者其他监护人同意。

第七十七条　任何组织或者个人不得通过网络以文字、图片、音视频等形式，对未成年人实施侮辱、诽谤、威胁或者恶意损害形象等网络欺凌行为。

遭受网络欺凌的未成年人及其父母或者其他监护人有权通知网络服务提供者采取删除、屏蔽、断开链接等措施。网络服务提供者接到通知后，应当及时采取必要的措施制止网络欺凌行为，防止信息扩散。

第七十八条　网络产品和服务提供者应当建立便捷、合理、有效的投诉和举报渠道，公开投诉、举报方式等信息，及时受理并处理涉及未成年人的投诉、举报。

第七十九条　任何组织或者个人发现网络产品、服务含有危害未成年人身心健康的信息，有权向网络产品和服务提供者或者网信、公安等部门投诉、举报。

第八十条　网络服务提供者发现用户发布、传播可能影响未成年人身心健康的信息且未作显著提示的，应当作出提示或者通知用户予以提示；未作出提示的，不得传输相关信息。

网络服务提供者发现用户发布、传播含有危害未成年人身心健康内容的信息的，应当立即停止传输相关信息，采取删除、屏蔽、断开链接等处置措施，保存有关记录，并向网信、公安等部门报告。

网络服务提供者发现用户利用其网络服务对未成年人实施违法犯罪行为的，应当立即停止向该用户提供网络服务，保存有关记录，并向公安机关报告。

## 第六章　政府保护

第八十一条　县级以上人民政府承担未成年人保护协调机制具体工作的职能部门应当明确相关内设机构或者专门人员，负责承担未成年人保护工作。

乡镇人民政府和街道办事处应当设立未成年人保护工作站或者指定专门人员，及时办理未成年人相关事务；支持、指导居民委员会、村民委员会设立专人专岗，做好未成年人保护工作。

第八十二条　各级人民政府应当将家庭教育指导服务纳入城乡公共服务体系，开展家庭教育知识宣传，鼓励和支持有关人民团体、企业事业单位、社会组织开展家庭教育指导服务。

第八十三条　各级人民政府应当保障未成年人受教育的权利，并采取措施保障留守未成年人、困境未成年人、残疾未成年人接受义务教育。

对尚未完成义务教育的辍学未成年学生，教育行政部门应当责令父母或者其他监护人将其送入学校接受义务教育。

第八十四条　各级人民政府应当发展托育、学前教育事业，办好婴幼儿照护服务机构、幼儿园，支持社会力量依法兴办母婴室、婴幼儿照护服务机构、幼儿园。

县级以上地方人民政府及其有关部门应当培养和培训婴幼儿照护服务机构、幼儿园的保教人员，提高其职业道德素质和业务能力。

第八十五条　各级人民政府应当发展职业教育，保障未成年人接受职业教育或者职业技能培训，鼓励和支持人民团体、企业事业单位、社会组织为未成年人提供职业技能培训服务。

第八十六条　各级人民政府应当保障具有接受普通教育能力、能适应校园生活的残疾未成年人就近在普通学校、幼儿园接受教育；保障不具有接受普通教育能力的残疾未成年人在特殊教育学校、幼儿园接受学前教育、义务教育和职业教育。

各级人民政府应当保障特殊教育学校、幼儿园的办学、办园条件，鼓励和支持社会力量举办特殊教育学校、幼儿园。

第八十七条　地方人民政府及其有关部门应当保障校园安全，监督、指导学校、幼儿园等单位落实校园安全责任，建立突发事件的报告、处置和协调机制。

第八十八条　公安机关和其他有关部门应当依法维护校园周边的治安和交通秩序，设置监控设备和交通安全设施，预防和制止侵害未成年人的违法犯罪行为。

第八十九条　地方人民政府应当建立和改善适合未成年人的活动场所和设施，支持公益性未成年活动场所和设施的建设和运行，鼓励社会力量兴办适合未成年人的活动场所和设施，并加强管理。

地方人民政府应当采取措施，鼓励和支持学校在国家法定节假日、休息日及寒暑假期将文化体育设施对未成年人免费或者优惠开放。

地方人民政府应当采取措施，防止任何组织或者个人侵占、破坏学校、幼儿园、婴幼儿照护服务机构等未成年人活动场所的场地、房屋和设施。

第九十条　各级人民政府及其有关部门应当对未成年人进行卫生保健和营养指导，提供卫生保健服务。

卫生健康部门应当依法对未成年人的疫苗预防接种进行规范，防治未成年人常见病、多发病，加强传染病防治和监督管理，做好伤害预防和干预，指导和监督学校、幼儿园、婴幼儿照护服务机构开展卫生保健工作。

教育行政部门应当加强未成年人的心理健康教育，建立未成年人心理问题的早期发现和及时干预机制。卫生健康部门应当做好未成年人心理治疗、心理危机干预以及精神障碍早期识别和诊断治疗等工作。

第九十一条　各级人民政府及其有关部门对困境未成年人实施分类保障，采取措施满足其生活、教育、安全、医疗康复、住房等方面的基本需要。

第九十二条　具有下列情形之一的，民政部门应当依法对未成年人进行临时监护：

（一）未成年人流浪乞讨或者身份不明，暂时查找不到父母或者其他监护人；

(二) 监护人下落不明且无其他人可以担任监护人；

(三) 监护人因自身客观原因或者因发生自然灾害、事故灾难、公共卫生事件等突发事件不能履行监护职责，导致未成年人监护缺失；

(四) 监护人拒绝或者怠于履行监护职责，导致未成年人处于无人照料的状态；

(五) 监护人教唆、利用未成年人实施违法犯罪行为，未成年人需要被带离安置；

(六) 未成年人遭受监护人严重伤害或者面临人身安全威胁，需要被紧急安置；

(七) 法律规定的其他情形。

第九十三条 对临时监护的未成年人，民政部门可以采取委托亲属抚养、家庭寄养等方式进行安置，也可以交由未成年人救助保护机构或者儿童福利机构进行收留、抚养。

临时监护期间，经民政部门评估，监护人重新具备履行监护职责条件的，民政部门可以将未成年人送回监护人抚养。

第九十四条 具有下列情形之一的，民政部门应当依法对未成年人进行长期监护：

(一) 查找不到未成年人的父母或者其他监护人；

(二) 监护人死亡或者被宣告死亡且无其他人可以担任监护人；

(三) 监护人丧失监护能力且无其他人可以担任监护人；

(四) 人民法院判决撤销监护人资格并指定由民政部门担任监护人；

(五) 法律规定的其他情形。

第九十五条 民政部门进行收养评估后，可以依法将其长期监护的未成年人交由符合条件的申请人收养。收养关系成立后，民政部门与未成年人的监护关系终止。

第九十六条 民政部门承担临时监护或者长期监护职责的，财政、教育、卫生健康、公安等部门应当根据各自职责予以配合。

县级以上人民政府及其民政部门应当根据需要设立未成年人救助保护机构、儿童福利机构，负责收留、抚养由民政部门监护的未成年人。

第九十七条 县级以上人民政府应当开通全国统一的未成年人保护热线，及时受理、转介侵犯未成年人合法权益的投诉、举报；鼓励和支持人民团体、企业事业单位、社会组织参与建设未成年人保护服务平台、服务热线、服务站点，提供未成年人保护方面的咨询、帮助。

第九十八条 国家建立性侵害、虐待、拐卖、暴力伤害等违法犯罪人员信息查询系统，向密切接触未成年人的单位提供免费查询服务。

第九十九条 地方人民政府应当培育、引导和规范有关社会组织、社会工作者参与未成年人保护工作，开展家庭教育指导服务，为未成年人的心理辅导、康复救助、监护及收养评估等提供专业服务。

## 第七章　司法保护

第一百条　公安机关、人民检察院、人民法院和司法行政部门应当依法履行职责，保障未成年人合法权益。

第一百零一条　公安机关、人民检察院、人民法院和司法行政部门应当确定专门机构或者指定专门人员，负责办理涉及未成年人案件。办理涉及未成年人案件的人员应当经过专门培训，熟悉未成年人身心特点。专门机构或者专门人员中，应当有女性工作人员。

公安机关、人民检察院、人民法院和司法行政部门应当对上述机构和人员实行与未成年人保护工作相适应的评价考核标准。

第一百零二条　公安机关、人民检察院、人民法院和司法行政部门办理涉及未成年人案件，应当考虑未成年人身心特点和健康成长的需要，使用未成年人能够理解的语言和表达方式，听取未成年人的意见。

第一百零三条　公安机关、人民检察院、人民法院、司法行政部门以及其他组织和个人不得披露有关案件中未成年人的姓名、影像、住所、就读学校以及其他可能识别出其身份的信息，但查找失踪、被拐卖未成年人等情形除外。

第一百零四条　对需要法律援助或者司法救助的未成年人，法律援助机构或者公安机关、人民检察院、人民法院和司法行政部门应当给予帮助，依法为其提供法律援助或者司法救助。

法律援助机构应当指派熟悉未成年人身心特点的律师为未成年人提供法律援助服务。

法律援助机构和律师协会应当对办理未成年人法律援助案件的律师进行指导和培训。

第一百零五条　人民检察院通过行使检察权，对涉及未成年人的诉讼活动等依法进行监督。

第一百零六条　未成年人合法权益受到侵犯，相关组织和个人未代为提起诉讼的，人民检察院可以督促、支持其提起诉讼；涉及公共利益的，人民检察院有权提起公益诉讼。

第一百零七条　人民法院审理继承案件，应当依法保护未成年人的继承权和受遗赠权。

人民法院审理离婚案件，涉及未成年子女抚养问题的，应当尊重已满八周岁未成年子女的真实意愿，根据双方具体情况，按照最有利于未成年子女的原则依法处理。

第一百零八条　未成年人的父母或者其他监护人不依法履行监护职责或者严重侵

犯被监护的未成年人合法权益的,人民法院可以根据有关人员或者单位的申请,依法作出人身安全保护令或者撤销监护人资格。

被撤销监护人资格的父母或者其他监护人应当依法继续负担抚养费用。

第一百零九条 人民法院审理离婚、抚养、收养、监护、探望等案件涉及未成年人的,可以自行或者委托社会组织对未成年人的相关情况进行社会调查。

第一百一十条 公安机关、人民检察院、人民法院讯问未成年犯罪嫌疑人、被告人,询问未成年被害人、证人,应当依法通知其法定代理人或者其成年亲属、所在学校的代表等合适成年人到场,并采取适当方式,在适当场所进行,保障未成年人的名誉权、隐私权和其他合法权益。

人民法院开庭审理涉及未成年人案件,未成年被害人、证人一般不出庭作证;必须出庭的,应当采取保护其隐私的技术手段和心理干预等保护措施。

第一百一十一条 公安机关、人民检察院、人民法院应当与其他有关政府部门、人民团体、社会组织互相配合,对遭受性侵害或者暴力伤害的未成年被害人及其家庭实施必要的心理干预、经济救助、法律援助、转学安置等保护措施。

第一百一十二条 公安机关、人民检察院、人民法院办理未成年人遭受性侵害或者暴力伤害案件,在询问未成年被害人、证人时,应当采取同步录音录像等措施,尽量一次完成;未成年被害人、证人是女性的,应当由女性工作人员进行。

第一百一十三条 对违法犯罪的未成年人,实行教育、感化、挽救的方针,坚持教育为主、惩罚为辅的原则。

对违法犯罪的未成年人依法处罚后,在升学、就业等方面不得歧视。

第一百一十四条 公安机关、人民检察院、人民法院和司法行政部门发现有关单位未尽到未成年人教育、管理、救助、看护等保护职责的,应当向该单位提出建议。被建议单位应当在一个月内作出书面回复。

第一百一十五条 公安机关、人民检察院、人民法院和司法行政部门应当结合实际,根据涉及未成年人案件的特点,开展未成年人法治宣传教育工作。

第一百一十六条 国家鼓励和支持社会组织、社会工作者参与涉及未成年人案件中未成年人的心理干预、法律援助、社会调查、社会观护、教育矫治、社区矫正等工作。

## 第八章 法律责任

第一百一十七条 违反本法第十一条第二款规定,未履行报告义务造成严重后果的,由上级主管部门或者所在单位对直接负责的主管人员和其他直接责任人员依法给予处分。

第一百一十八条　未成年人的父母或者其他监护人不依法履行监护职责或者侵犯未成年人合法权益的，由其居住地的居民委员会、村民委员会予以劝诫、制止；情节严重的，居民委员会、村民委员会应当及时向公安机关报告。

公安机关接到报告或者公安机关、人民检察院、人民法院在办理案件过程中发现未成年人的父母或者其他监护人存在上述情形的，应当予以训诫，并可以责令其接受家庭教育指导。

第一百一十九条　学校、幼儿园、婴幼儿照护服务等机构及其教职员工违反本法第二十七条、第二十八条、第三十九条规定的，由公安、教育、卫生健康、市场监督管理等部门按照职责分工责令改正；拒不改正或者情节严重的，对直接负责的主管人员和其他直接责任人员依法给予处分。

第一百二十条　违反本法第四十四条、第四十五条、第四十七条规定，未给予未成年人免费或者优惠待遇的，由市场监督管理、文化和旅游、交通运输等部门按照职责分工责令限期改正，给予警告；拒不改正的，处一万元以上十万元以下罚款。

第一百二十一条　违反本法第五十条、第五十一条规定的，由新闻出版、广播电视、电影、网信等部门按照职责分工责令限期改正，给予警告，没收违法所得，可以并处十万元以下罚款；拒不改正或者情节严重的，责令暂停相关业务、停产停业或者吊销营业执照、吊销相关许可证，违法所得一百万元以上的，并处违法所得一倍以上十倍以下的罚款，没有违法所得或者违法所得不足一百万元的，并处十万元以上一百万元以下罚款。

第一百二十二条　场所运营单位违反本法第五十六条第二款规定、住宿经营者违反本法第五十七条规定的，由市场监督管理、应急管理、公安等部门按照职责分工责令限期改正，给予警告；拒不改正或者造成严重后果的，责令停业整顿或者吊销营业执照、吊销相关许可证，并处一万元以上十万元以下罚款。

第一百二十三条　相关经营者违反本法第五十八条、第五十九条第一款、第六十条规定的，由文化和旅游、市场监督管理、烟草专卖、公安等部门按照职责分工责令限期改正，给予警告，没收违法所得，可以并处五万元以下罚款；拒不改正或者情节严重的，责令停业整顿或者吊销营业执照、吊销相关许可证，可以并处五万元以上五十万元以下罚款。

第一百二十四条　违反本法第五十九条第二款规定，在学校、幼儿园和其他未成年人集中活动的公共场所吸烟、饮酒的，由卫生健康、教育、市场监督管理等部门按照职责分工责令改正，给予警告，可以并处五百元以下罚款；场所管理者未及时制止的，由卫生健康、教育、市场监督管理等部门按照职责分工给予警告，并处一万元以下罚款。

第一百二十五条　违反本法第六十一条规定的，由文化和旅游、人力资源和社会保障、市场监督管理等部门按照职责分工责令限期改正，给予警告，没收违法所得，可以并处十万元以下罚款；拒不改正或者情节严重的，责令停产停业或者吊销营业执照、吊销相关许可证，并处十万元以上一百万元以下罚款。

第一百二十六条　密切接触未成年人的单位违反本法第六十二条规定，未履行查询义务，或者招用、继续聘用具有相关违法犯罪记录人员的，由教育、人力资源和社会保障、市场监督管理等部门按照职责分工责令限期改正，给予警告，并处五万元以下罚款；拒不改正或者造成严重后果的，责令停业整顿或者吊销营业执照、吊销相关许可证，并处五万元以上五十万元以下罚款，对直接负责的主管人员和其他直接责任人员依法给予处分。

第一百二十七条　信息处理者违反本法第七十二条规定，或者网络产品和服务提供者违反本法第七十三条、第七十四条、第七十五条、第七十六条、第七十七条、第八十条规定的，由公安、网信、电信、新闻出版、广播电视、文化和旅游等有关部门按照职责分工责令改正，给予警告，没收违法所得，违法所得一百万元以上的，并处违法所得一倍以上十倍以下罚款，没有违法所得或者违法所得不足一百万元的，并处十万元以上一百万元以下罚款，对直接负责的主管人员和其他责任人员处一万元以上十万元以下罚款；拒不改正或者情节严重的，并可以责令暂停相关业务、停业整顿、关闭网站、吊销营业执照或者吊销相关许可证。

第一百二十八条　国家机关工作人员玩忽职守、滥用职权、徇私舞弊，损害未成年人合法权益的，依法给予处分。

第一百二十九条　违反本法规定，侵犯未成年人合法权益，造成人身、财产或者其他损害的，依法承担民事责任。

违反本法规定，构成违反治安管理行为的，依法给予治安管理处罚；构成犯罪的，依法追究刑事责任。

## 第九章　附　则

第一百三十条　本法中下列用语的含义：

（一）密切接触未成年人的单位，是指学校、幼儿园等教育机构；校外培训机构；未成年人救助保护机构、儿童福利机构等未成年人安置、救助机构；婴幼儿照护服务机构、早期教育服务机构；校外托管、临时看护机构；家政服务机构；为未成年人提供医疗服务的医疗机构；其他对未成年人负有教育、培训、监护、救助、看护、医疗等职责的企业事业单位、社会组织等。

（二）学校，是指普通中小学、特殊教育学校、中等职业学校、专门学校。

（三）学生欺凌，是指发生在学生之间，一方蓄意或者恶意通过肢体、语言及网络等手段实施欺压、侮辱，造成另一方人身伤害、财产损失或者精神损害的行为。

第一百三十一条　对中国境内未满十八周岁的外国人、无国籍人，依照本法有关规定予以保护。

第一百三十二条　本法自 2021 年 6 月 1 日起施行。

## 学生伤害事故处理办法

### 第一章　总　则

第一条　为积极预防、妥善处理在校学生伤害事故，保护学生、学校的合法权益，根据《中华人民共和国教育法》《中华人民共和国未成年人保护法》和其他相关法律、行政法规及有关规定，制定本办法。

第二条　在学校实施的教育教学活动或者学校组织的校外活动中，以及在学校负有管理责任的校舍、场地、其他教育教学设施、生活设施内发生的，造成在校学生人身损害后果的事故的处理，适用本办法。

第三条　学生伤害事故应当遵循依法、客观公正、合理适当的原则，及时、妥善地处理。

第四条　学校的举办者应当提供符合安全标准的校舍、场地、其他教育教学设施和生活设施。

教育行政部门应当加强学校安全工作，指导学校落实预防学生伤害事故的措施，指导、协助学校妥善处理学生伤害事故，维护学校正常的教育教学秩序。

第五条　学校应当对在校学生进行必要的安全教育和自护自救教育；应当按照规定，建立健全安全制度，采取相应的管理措施，预防和消除教育教学环境中存在的安全隐患；当发生伤害事故时，应当及时采取措施救助受伤害学生。

学校对学生进行安全教育、管理和保护，应当针对学生年龄、认知能力和法律行为能力的不同，采用相应的内容和预防措施。

第六条　学生应当遵守学校的规章制度和纪律；在不同的受教育阶段，应当根据自身的年龄、认知能力和法律行为能力，避免和消除相应的危险。

第七条　未成年学生的父母或者其他监护人（以下称为监护人）应当依法履行监护职责，配合学校对学生进行安全教育、管理和保护工作。

学校对未成年学生不承担监护职责，但法律有规定的或者学校依法接受委托承担相应监护职责的情形除外。

## 第二章 事故与责任

第八条 发生学生伤害事故，造成学生人身损害的，学校应当按照《中华人民共和国侵权责任法》及相关法律、法规的规定，承担相应的事故责任。

第九条 因下列情形之一造成的学生伤害事故，学校应当依法承担相应的责任：

（一）学校的校舍、场地、其他公共设施，以及学校提供给学生使用的学具、教育教学和生活设施、设备不符合国家规定的标准，或者有明显不安全因素的；

（二）学校的安全保卫、消防、设施设备管理等安全管理制度有明显疏漏，或者管理混乱，存在重大安全隐患，而未及时采取措施的；

（三）学校向学生提供的药品、食品、饮用水等不符合国家或者行业的有关标准、要求的；

（四）学校组织学生参加教育教学活动或者校外活动，未对学生进行相应的安全教育，并未在可预见的范围内采取必要的安全措施的；

（五）学校知道教师或者其他工作人员患有不适宜担任教育教学工作的疾病，但未采取必要措施的；

（六）学校违反有关规定，组织或者安排未成年学生从事不宜未成年人参加的劳动、体育运动或者其他活动的；

（七）学生有特异体质或者特定疾病，不宜参加某种教育教学活动，学校知道或者应当知道，但未予以必要的注意的；

（八）学生在校期间突发疾病或者受到伤害，学校发现，但未根据实际情况及时采取相应措施，导致不良后果加重的；

（九）学校教师或者其他工作人员体罚或者变相体罚学生，或者在履行职责过程中违反工作要求、操作规程、职业道德或者其他有关规定的；

（十）学校教师或者其他工作人员在负有组织、管理未成年学生的职责期间，发现学生行为具有危险性，但未进行必要的管理、告诫或者制止的；

（十一）对未成年学生擅自离校等与学生人身安全直接相关的信息，学校发现或者知道，但未及时告知未成年学生的监护人，导致未成年学生因脱离监护人的保护而发生伤害的；

（十二）学校有未依法履行职责的其他情形的。

第十条 学生或者未成年学生监护人由于过错，有下列情形之一，造成学生伤害事故，应当依法承担相应的责任：

（一）学生违反法律法规的规定，违反社会公共行为准则、学校的规章制度或者纪律，实施按其年龄和认知能力应当知道具有危险或者可能危及他人的行为的；

（二）学生行为具有危险性，学校、教师已经告诫、纠正，但学生不听劝阻、拒不改正的；

（三）学生或者其监护人知道学生有特异体质，或者患有特定疾病，但未告知学校的；

（四）未成年学生的身体状况、行为、情绪等有异常情况，监护人知道或者已被学校告知，但未履行相应监护职责的；

（五）学生或者未成年学生监护人有其他过错的。

第十一条 学校安排学生参加活动，因提供场地、设备、交通工具、食品及其他消费与服务的经营者，或者学校以外的活动组织者的过错造成的学生伤害事故，有过错的当事人应当依法承担相应的责任。

第十二条 因下列情形之一造成的学生伤害事故，学校已履行了相应职责，行为并无不当的，无法律责任：

（一）地震、雷击、台风、洪水等不可抗的自然因素造成的；

（二）来自学校外部的突发性、偶发性侵害造成的；

（三）学生有特异体质、特定疾病或者异常心理状态，学校不知道或者难于知道的；

（四）学生自杀、自伤的；

（五）在对抗性或者具有风险性的体育竞赛活动中发生意外伤害的；

（六）其他意外因素造成的。

第十三条 下列情形下发生的造成学生人身损害后果的事故，学校行为并无不当的，不承担事故责任；事故责任应当按有关法律法规或者其他有关规定认定：

（一）在学生自行上学、放学、返校、离校途中发生的；

（二）在学生自行外出或者擅自离校期间发生的；

（三）在放学后、节假日或者假期等学校工作时间以外，学生自行滞留学校或者自行到校发生的；

（四）其他在学校管理职责范围外发生的。

第十四条 因学校教师或者其他工作人员与其职务无关的个人行为，或者因学生、教师及其他个人故意实施的违法犯罪行为，造成学生人身损害的，由致害人依法承担相应的责任。

## 第三章 事故处理程序

第十五条 发生学生伤害事故，学校应当及时救助受伤害学生，并应当及时告知未成年学生的监护人；有条件的，应当采取紧急救援等方式救助。

第十六条　发生学生伤害事故，情形严重的，学校应当及时向主管教育行政部门及有关部门报告；属于重大伤亡事故的，教育行政部门应当按照有关规定及时向同级人民政府和上一级教育行政部门报告。

第十七条　学校的主管教育行政部门应学校要求或者认为必要，可以指导、协助学校进行事故的处理工作，尽快恢复学校正常的教育教学秩序。

第十八条　发生学生伤害事故，学校与受伤害学生或者学生家长可以通过协商方式解决；双方自愿，可以书面请求主管教育行政部门进行调解。成年学生或者未成年学生的监护人也可以依法直接提起诉讼。

第十九条　教育行政部门收到调解申请，认为必要的，可以指定专门人员进行调解，并应当在受理申请之日起 60 日内完成调解。

第二十条　经教育行政部门调解，双方就事故处理达成一致意见的，应当在调解人员的见证下签订调解协议，结束调解；在调解期限内，双方不能达成一致意见，或者调解过程中一方提起诉讼，人民法院已经受理的，应当终止调解。调解结束或者终止，教育行政部门应当书面通知当事人。

第二十一条　对经调解达成的协议，一方当事人不履行或者反悔的，双方可以依法提起诉讼。

第二十二条　事故处理结束，学校应当将事故处理结果书面报告主管的教育行政部门；重大伤亡事故的处理结果，学校主管的教育行政部门应当向同级人民政府和上一级教育行政部门报告。

## 第四章　事故损害的赔偿

第二十三条　对发生学生伤害事故负有责任的组织或者个人，应当按照法律法规的有关规定，承担相应的损害赔偿责任。

第二十四条　学生伤害事故赔偿的范围与标准，按照有关行政法规、地方性法规或者最高人民法院司法解释中的有关规定确定。

教育行政部门进行调解时，认为学校有责任的，可以依照有关法律法规及国家有关规定，提出相应的调解方案。

第二十五条　对受伤害学生的伤残程度存在争议的，可以委托当地具有相应鉴定资格的医院或者有关机构，依据国家规定的人体伤残标准进行鉴定。

第二十六条　学校对学生伤害事故负有责任的，根据责任大小，适当予以经济赔偿，但不承担解决户口、住房、就业等与救助受伤害学生、赔偿相应经济损失无直接关系的其他事项。

学校无责任的，如果有条件，可以根据实际情况，本着自愿和可能的原则，对受伤害学生给予适当的帮助。

第二十七条　因学校教师或者其他工作人员在履行职务中的故意或者重大过失造成的学生伤害事故，学校予以赔偿后，可以向有关责任人员追偿。

第二十八条　未成年学生对学生伤害事故负有责任的，由其监护人依法承担相应的赔偿责任。

学生的行为侵害学校教师及其他工作人员以及其他组织、个人的合法权益，造成损失的，成年学生或者未成年学生的监护人应当依法予以赔偿。

第二十九条　根据双方达成的协议、经调解形成的协议或者人民法院的生效判决，应当由学校负担的赔偿金，学校应当负责筹措；学校无力完全筹措的，由学校的主管部门或者举办者协助筹措。

第三十条　县级以上人民政府教育行政部门或者学校举办者有条件的，可以通过设立学生伤害赔偿准备金等多种形式，依法筹措伤害赔偿金。

第三十一条　学校有条件的，应当依据保险法的有关规定，参加学校责任保险。

教育行政部门可以根据实际情况，鼓励中小学参加学校责任保险。

提倡学生自愿参加意外伤害保险。在尊重学生意愿的前提下，学校可以为学生参加意外伤害保险创造便利条件，但不得从中收取任何费用。

## 第五章　事故责任者的处理

第三十二条　发生学生伤害事故，学校负有责任且情节严重的，教育行政部门应当根据有关规定，对学校的直接负责的主管人员和其他直接责任人员，分别给予相应的行政处分；有关责任人的行为触犯刑律的，应当移送司法机关依法追究刑事责任。

第三十三条　学校管理混乱，存在重大安全隐患的，主管的教育行政部门或者其他有关部门应当责令其限期整顿；对情节严重或者拒不改正的，应当依据法律法规的有关规定，给予相应的行政处罚。

第三十四条　教育行政部门未履行相应职责，对学生伤害事故的发生负有责任的，由有关部门对直接负责的主管人员和其他直接责任人员分别给予相应的行政处分；有关责任人的行为触犯刑律的，应当移送司法机关依法追究刑事责任。

第三十五条　违反学校纪律，对造成学生伤害事故负有责任的学生，学校可以给予相应的处分；触犯刑律的，由司法机关依法追究刑事责任。

第三十六条　受伤害学生的监护人、亲属或者其他有关人员，在事故处理过程中无理取闹，扰乱学校正常教育教学秩序，或者侵犯学校、学校教师或者其他工作人员的合法权益的，学校应当报告公安机关依法处理；造成损失的，可以依法要求赔偿。

## 第六章 附 则

第三十七条 本办法所称学校，是指国家或者社会力量举办的全日制的中小学（含特殊教育学校）、各类中等职业学校、高等学校。本办法所称学生是指在上述学校中全日制就读的受教育者。

第三十八条 幼儿园发生的幼儿伤害事故，应当根据幼儿为完全无行为能力人的特点，参照本办法处理。

第三十九条 其他教育机构发生的学生伤害事故，参照本办法处理。

在学校注册的其他受教育者在学校管理范围内发生的伤害事故，参照本办法处理。

第四十条 本办法自 2002 年 9 月 1 日起实施，原国家教委、教育部颁布的与学生人身安全事故处理有关的规定，与本办法不符的，以本办法为准。

在本办法实施之前已处理完毕的学生伤害事故不再重新处理。

# 中华人民共和国教师法

## 第一章 总 则

第一条 为了保障教师的合法权益，建设具有良好思想品德修养和业务素质的教师队伍，促进社会主义教育事业的发展，制定本法。

第二条 本法适用于在各级各类学校和其他教育机构中专门从事教育教学工作的教师。

第三条 教师是履行教育教学职责的专业人员，承担教书育人，培养社会主义事业建设和接班人、提高民族素质的使命。教师应当忠诚于人民的教育事业。

第四条 各级人民政府应当采取措施，加强教师的思想政治教育和业务培训，改善教师的工作条件和生活条件，保障教师的合法权益，提高教师的社会地位。全社会都应当尊重教师。

第五条 国务院教育行政部门主管全国的教师工作。国务院有关部门在各自职权范围内负责有关的教师工作。学校和其他教育机构根据国家规定，自主进行教育管理工作。

第六条 每年九月十日为教师节。

## 第二章 权利和义务

第七条 教师享有下列权利：

（一）进行教育教学活动，开展教育教学改革和实验；

（二）从事科学研究、学术交流，参加专业的学术团体，在学术活动中充分发表意见；

（三）指导学生的学习和发展，评定学生的品行和学业成绩；

（四）按时获取工资酬，享有国家规定的福利待遇以及寒暑假期的带薪休假；

（五）对学校教育教学、管理工作和教育行政部门的工作提出意见和建议，通过教职工代表大会或者其他形式，参与学校的民主治理；

（六）参加进修或者其他方式的培训。

第八条　教师应当履行下列义务：

（一）遵守宪法、法律和职业道德，为人师表；

（二）贯彻国家的教育方针，遵守规章制度，执行学校的教学计划，履行教师聘约，完成教育教学工作任务；

（三）对学生进行宪法所确定的基本原则的教育和爱国主义、民族团结的教育，法制教育以及思想品德、文化、科学技术教育，组织、带领学生开展有益的社会活动；

（四）关心、爱护全体学生，尊重学生人格，促进学生在品德、智力、体质等方面全面发展；

（五）制止有害于学生的行为或者其他侵犯学生合法权益的行为，批评和抵制有害于学生健康成长的现象；

（六）不断提高思想政治觉悟和教育教学业务水平。

第九条　为保障教师完成教育教学任务，各级人民政府、教育行政部门、有关部门、学校和其他教育机构应当履行下列职责：

（一）提供符合国家安全标准的教育教学设施和设备；

（二）提供必需的图书、资料及其他教育教学用品；

（三）对教师在教育教学、科学研究中的创造性工作给以鼓励和帮助；

（四）支持教师制止有害于学生的行为或者其他侵犯学生合法权益的行为。

## 第三章　资格和任用

第十条　国家实行教师资格制度。

中国公民凡遵宪法和法律，热爱教育事业，具有良好的思想品德，具备本法规定的学历或者经国家教师资格考试合格，有教育教学能力，经认定合格的，可以取得教师资格。

第十一条　取得教师资格应当具备的相应学历是：

（一）取得幼儿园教师资格，应当具备幼儿师范学校毕业及其以上学历；

(二) 取得小学教师资格，应当具备中等师范学校毕业及其以上学历；

(三) 取得初级中学教师、初级职业学校文化、专业课教师资格，应当具备高等师范专科学校或者其他大学专科毕业及其以上学历；

(四) 取得高级中学教师资格和中等专业学校、技工学校、职业高中文化课、专业课教师资格，应当具备高等师范院校本科或者其他大学本科毕业及其以上学历；取得中等专业学校、技工学校和职业高中学生实习指导教师资格应当具备的学历，由国务院教育行政部门规定；

(五) 取得高等学校教师资格，应当具备研究生或者大学本科毕业学历；

(六) 取得成人教育教师资格，应当按照成人教育的层次、类别，分别具备高等、中等学校毕业及其以上学历。

不具备本法规定的教师资格学历的公民，申请获取教师资格，必须通过国家教师资格考试。国家教师资格考试制度由国务院规定。

第十二条　本法实施前已经在学校或者其他教育机构中任教的教师，未具备本法规定学历的，由国务院教育行政部门规定教师资格过渡办法。

第十三条　中小学生教师资格由县级以上地方人民政府教育行政部门认定。中等专业学校、技工学校的教师资格由县级以上地方人民政府教育行政部门组织有关主管部门认定。普通高等学校的教师资格由国务院或者省、自治区、直辖市教育行政部门或者得由其委托的学校认定。

具备本法规定的学历或者经国家教师资格考试合格的公民，要求有关部门认定其教师资格的，有关部门应当按照本法规定的条件予以认定。取得教师资格的人员首次任教时，应当有试用期。

第十四条　受到剥夺政治权利或者故意犯罪受到有期徒刑以上刑事处罚的，不能取得教师资格；已经取得教师资格的，丧失教师资格。

第十五条　各级师范学校毕业生，应当按照国家有关规定从事教育教学工作。

国家鼓励非师范高等学校毕业生到中小学或者职业学校任教。

第十六条　国家实行教师职务制度，具体办法由国务院规定。

第十七条　学校和其他教育机构应当逐步实行教师聘任制。

教师的聘任应当遵循双方地位平等的原则，由学校和教师签订聘任合同，明确规定双方的权利、义务和责任。实施教师聘任制的步骤、办法由国务院教育行政部门规定。

## 第四章　培养和培训

第十八条　各级人民政府和有关部门应当办好师范教育，并采取措施，鼓励优秀青年进入各级师范学校学习。各级教师进修学校承担培训中小学教师的任务。非师范学校应当承担培养和培训中小学教师的任务。各级师范学校学生享受专业奖学金。

第十九条　各级人民政府教育行政部门、学校主管部门和学校应当制定教师培训规划，对教师进行多种形式的思想政治、业务培训。

第二十条　国家机关、企业事业单位和其他社会组织应当为教师的社会调查和实会实践提供方便，给予协助。

第二十一条　各级人民政府应当采取措施，为少数民族地区和边远贫困地培养、培训教师。

## 第五章　考　核

第二十二条　学校或者其他教育机构应当对教师的政治思想、业务水平、工作态度和工作成绩进行考核。

教育行政部门对教师的考核工作进行指导、监督。

第二十三条　考核应当客观、公正、准确，充分听取教师本人、其他教师以及学生的意见。

第二十四条　教师考核结果是受聘任教、晋升工资、实施奖惩的依据。

## 第六章　待　遇

第二十五条　教师的平均工资水平应当不低于或者高于国家公务员的平均工资水平，并逐步提高。建立正常晋级增薪制度，具体办法由国务院规定。

第二十六条　中小学教师和职业学校教师享受教龄津贴和其他津贴，具体办法由国务院教育行政部门会同有关部门制定。

第二十七条　地方各级人民政府对教师以及具有中专以上学历的毕业生到少数民族地区和边远贫困地区从事教育教学工作的，应当予以补贴。

第二十八条　地方各级人民政府和国务院有关部门，对城市教师住房的建设、租赁、出售实行优先、优惠。

县、乡两级人民政府应当为农村中小学教师解决住房提供方便。

第二十九条　教师的医疗同当地国家公务员享受同等的待遇；定期对教师进行身体健康检查，并因地制宜安排教师进行休养。

医疗机构应当对当地教师的医疗提供方便。

第三十条　教师退休或者退职后，享受国家规定的退休或者退职待遇。

县级以上地方人民政府可以适当提高长期从事教育教学工作的中小学退休教师的退休金比例。

第三十一条　各级人民政府应当采取措施，改善国家补助、集体支付工资的中小学教师的待遇，逐步做到在工资收入上与国家支付工资的教师同工同酬，具体办法由地方各级人民政府根据本地区的实际情况规定。

第三十二条　社会力量所办学校的教师的待遇，由举办者自行确定并予以保障。

## 第七章　奖　励

第三十三条　教师在教育教学、培养人才、科学研究、教学改革、学校建设、社会服务、勤工俭学等方面成绩优异的，由所在学校予以表彰、奖励。

国务院和地方各级人民政府及其有关部门对有突出贡献的教师，应当予以表彰、奖励。

对有重大贡献的教师，依照国家有关规定授予荣誉称号。

第三十四条　国家支持和鼓励社会组织或者个人向依法成立的奖励教师的基金组织捐助资金，对教师进行奖励。

## 第八章　法律责任

第三十五条　侮辱、殴打教师的，根据不同情况，分别给予行政处分或者行政处罚；造成损害的，责令赔偿损失；情节严重，构成犯罪的，依法追究刑事责任。

第三十六条　对依法提出申诉、控告、检举的教师进行打击报复的，由其所在单位或者上级机关责令改正；情节严重的，可以根据具体情况给予行政处分。

国家工作人员对教师打击报复构成犯罪的，依照刑法有关规定追究刑事责任。

第三十七条　教师有下列情形之一的，由所在学校、其他教育机构或者教育行政部门给予行政处分或者解聘：

（一）故意不完成教育教学任务给教育教学工作造成损失的；

（二）体罚学生，经教育不改的；

（三）品行不良、侮辱学生，影响恶劣的。

教师有前款第（二）项、第（三）项所列情形之一，情节严重，构成犯罪的，依法追究刑事责任。

第三十八条　地方人民政府对违反本法规定，拖欠教师工资或者侵犯教师其他合法权益的，应当责令其限期改正。

违反国家财政制度、财务制度，挪用国家财政用于教育的经费，严重妨碍教育教学工作，拖欠教师工资，损害教师合法权益的，由上级机关责令限期归还被挪用的经费，并对直接责任人员给予行政处分；情节严重，构成犯罪的，依法追究刑事责任。

第三十九条　教师对学校或者其他教育机构侵犯其合法权益的，或者对学校或者其他教育机构作出的处理不服的，可以向教育行政部门提出申诉，教育行政部门应当在接到申诉的三十日内，作出处理。

教师认为当地人民政府有关行政部门侵犯其根据本法规定享有的权利的，可以向同级人民政府或者上一级人民政府有关部门提出申诉，同级人民政府或者上一级人民政府有关部门应当作出处理。

## 第九章 附 则

第四十条 本法下列用语的含义是：

（一）各级各类学校，是指实施学前教育、普通初等教育、普通中等教育、职业教育、普通高等教育以及特殊教育、成人教育的学校。

（二）其他教育机构，是指少年宫以及地方教研室、电化教育机构等。

（三）中小学教师，是指幼儿园、特殊教育机构、普通中小学、成人初等中等教育机构、职业中学以及其他教育机构的教师。

第四十一条 学校和其他教育机构中的教育教学辅助人员，其他类型的学校的教师和教育教学辅助人员，可以根据实际情况参照本法的有关规定执行。

军队所属院校的教师和教育教学辅助人员，由中央军事委员会依照本法制定有关规定。

第四十二条 外籍教师的聘任办法由国务院教育行政部门规定。

第四十三条 本法自 1994 年 1 月 1 日起施行。

# 中华人民共和国义务教育法

## 第一章 总 则

第一条 为了保障适龄儿童、少年接受义务教育的权利，保证义务教育的实施，提高全民族素质，根据宪法和教育法，制定本法。

第二条 国家实行九年义务教育制度。

义务教育是国家统一实施的所有适龄儿童、少年必须接受的教育，是国家必须予以保障的公益性事业。

实施义务教育，不收学费、杂费。

国家建立义务教育经费保障机制，保证义务教育制度实施。

第三条 义务教育必须贯彻国家的教育方针，实施素质教育，提高教育质量，使适龄儿童、少年在品德、智力、体质等方面全面发展，为培养有理想、有道德、有文化、有纪律的社会主义建设者和接班人奠定基础。

第四条　凡具有中华人民共和国国籍的适龄儿童、少年，不分性别、民族、种族、家庭财产状况、宗教信仰等，依法享有平等接受义务教育的权利，并履行接受义务教育的义务。

第五条　各级人民政府及其有关部门应当履行本法规定的各项职责，保障适龄儿童、少年接受义务教育的权利。

适龄儿童、少年的父母或者其他法定监护人应当依法保证其按时入学接受并完成义务教育。

依法实施义务教育的学校应当按照规定标准完成教育教学任务，保证教育教学质量。

社会组织和个人应当为适龄儿童、少年接受义务教育创造良好的环境。

第六条　国务院和县级以上地方人民政府应当合理配置教育资源，促进义务教育均衡发展，改善薄弱学校的办学条件，并采取措施，保障农村地区、民族地区实施义务教育，保障家庭经济困难的和残疾的适龄儿童、少年接受义务教育。

国家组织和鼓励经济发达地区支援经济欠发达地区实施义务教育。

第七条　义务教育实行国务院领导，省、自治区、直辖市人民政府统筹规划实施，县级人民政府为主管理的体制。

县级以上人民政府教育行政部门具体负责义务教育实施工作；县级以上人民政府其他有关部门在各自的职责范围内负责义务教育实施工作。

第八条　人民政府教育督导机构对义务教育工作执行法律法规情况、教育教学质量以及义务教育均衡发展状况等进行督导，督导报告向社会公布。

第九条　任何社会组织或者个人有权对违反本法的行为向有关国家机关提出检举或者控告。

发生违反本法的重大事件，妨碍义务教育实施，造成重大社会影响的，负有领导责任的人民政府或者人民政府教育行政部门负责人应当引咎辞职。

第十条　对在义务教育实施工作中做出突出贡献的社会组织和个人，各级人民政府及其有关部门按照有关规定给予表彰、奖励。

## 第二章　学　生

第十一条　凡年满六周岁的儿童，其父母或者其他法定监护人应当送其入学接受并完成义务教育；条件不具备的地区的儿童，可以推迟到七周岁。

适龄儿童、少年因身体状况需要延缓入学或者休学的，其父母或者其他法定监护人应当提出申请，由当地乡镇人民政府或者县级人民政府教育行政部门批准。

第十二条　适龄儿童、少年免试入学。地方各级人民政府应当保障适龄儿童、少年在户籍所在地学校就近入学。

父母或者其他法定监护人在非户籍所在地工作或者居住的适龄儿童、少年，在其父母或者其他法定监护人工作或者居住地接受义务教育的，当地人民政府应当为其提供平等接受义务教育的条件。具体办法由省、自治区、直辖市规定。

县级人民政府教育行政部门对本行政区域内的军人子女接受义务教育予以保障。

第十三条　县级人民政府教育行政部门和乡镇人民政府组织和督促适龄儿童、少年入学，帮助解决适龄儿童、少年接受义务教育的困难，采取措施防止适龄儿童、少年辍学。

居民委员会和村民委员会协助政府做好工作，督促适龄儿童、少年入学。

第十四条　禁止用人单位招用应当接受义务教育的适龄儿童、少年。

根据国家有关规定经批准招收适龄儿童、少年进行文艺、体育等专业训练的社会组织，应当保证所招收的适龄儿童、少年接受义务教育；自行实施义务教育的，应当经县级人民政府教育行政部门批准。

## 第三章　学　校

第十五条　县级以上地方人民政府根据本行政区域内居住的适龄儿童、少年的数量和分布状况等因素，按照国家有关规定，制定、调整学校设置规划。新建居民区需要设置学校的，应当与居民区的建设同步进行。

第十六条　学校建设，应当符合国家规定的办学标准，适应教育教学需要；应当符合国家规定的选址要求和建设标准，确保学生和教职工安全。

第十七条　县级人民政府根据需要设置寄宿制学校，保障居住分散的适龄儿童、少年入学接受义务教育。

第十八条　国务院教育行政部门和省、自治区、直辖市人民政府根据需要，在经济发达地区设置接收少数民族适龄儿童、少年的学校（班）。

第十九条　县级以上地方人民政府根据需要设置相应的实施特殊教育的学校（班），对视力残疾、听力语言残疾和智力残疾的适龄儿童、少年实施义务教育。特殊教育学校（班）应当具备适应残疾儿童、少年学习、康复、生活特点的场所和设施。

普通学校应当接收具有接受普通教育能力的残疾适龄儿童、少年随班就读，并为其学习、康复提供帮助。

第二十条　县级以上地方人民政府根据需要，为具有预防未成年人犯罪法规定的严重不良行为的适龄少年设置专门的学校实施义务教育。

第二十一条 对未完成义务教育的未成年犯和被采取强制性教育措施的未成年人应当进行义务教育，所需经费由人民政府予以保障。

第二十二条 县级以上人民政府及其教育行政部门应当促进学校均衡发展，缩小学校之间办学条件的差距，不得将学校分为重点学校和非重点学校。学校不得分设重点班和非重点班。

县级以上人民政府及其教育行政部门不得以任何名义改变或者变相改变公办学校的性质。

第二十三条 各级人民政府及其有关部门依法维护学校周边秩序，保护学生、教师、学校的合法权益，为学校提供安全保障。

第二十四条 学校应当建立、健全安全制度和应急机制，对学生进行安全教育，加强管理，及时消除隐患，预防发生事故。

县级以上地方人民政府定期对学校校舍安全进行检查；对需要维修、改造的，及时予以维修、改造。

学校不得聘用曾经因故意犯罪被依法剥夺政治权利或者其他不适合从事义务教育工作的人担任工作人员。

第二十五条 学校不得违反国家规定收取费用，不得以向学生推销或者变相推销商品、服务等方式谋取利益。

第二十六条 学校实行校长负责制。校长应当符合国家规定的任职条件。校长由县级人民政府教育行政部门依法聘任。

第二十七条 对违反学校管理制度的学生，学校应当予以批评教育，不得开除。

## 第四章 教 师

第二十八条 教师享有法律规定的权利，履行法律规定的义务，应当为人师表，忠诚于人民的教育事业。

全社会应当尊重教师。

第二十九条 教师在教育教学中应当平等对待学生，关注学生的个体差异，因材施教，促进学生的充分发展。

教师应当尊重学生的人格，不得歧视学生，不得对学生实施体罚、变相体罚或者其他侮辱人格尊严的行为，不得侵犯学生合法权益。

第三十条 教师应当取得国家规定的教师资格。

国家建立统一的义务教育教师职务制度。教师职务分为初级职务、中级职务和高级职务。

第三十一条 各级人民政府保障教师工资福利和社会保险待遇，改善教师工作和生活条件；完善农村教师工资经费保障机制。

教师的平均工资水平应当不低于当地公务员的平均工资水平。

特殊教育教师享有特殊岗位补助津贴。在民族地区和边远贫困地区工作的教师享有艰苦贫困地区补助津贴。

第三十二条 县级以上人民政府应当加强教师培养工作，采取措施发展教师教育。

县级人民政府教育行政部门应当均衡配置本行政区域内学校师资力量，组织校长、教师的培训和流动，加强对薄弱学校的建设。

第三十三条 国务院和地方各级人民政府鼓励和支持城市学校教师和高等学校毕业生到农村地区、民族地区从事义务教育工作。

国家鼓励高等学校毕业生以志愿者的方式到农村地区、民族地区缺乏教师的学校任教。县级人民政府教育行政部门依法认定其教师资格，其任教时间计入工龄。

## 第五章 教育教学

第三十四条 教育教学工作应当符合教育规律和学生身心发展特点，面向全体学生，教书育人，将德育、智育、体育、美育等有机统一在教育教学活动中，注重培养学生独立思考能力、创新能力和实践能力，促进学生全面发展。

第三十五条 国务院教育行政部门根据适龄儿童、少年身心发展的状况和实际情况，确定教学制度、教育教学内容和课程设置，改革考试制度，并改进高级中等学校招生办法，推进实施素质教育。

学校和教师按照确定的教育教学内容和课程设置开展教育教学活动，保证达到国家规定的基本质量要求。

国家鼓励学校和教师采用启发式教育等教育教学方法，提高教育教学质量。

第三十六条 学校应当把德育放在首位，寓德育于教育教学之中，开展与学生年龄相适应的社会实践活动，形成学校、家庭、社会相互配合的思想道德教育体系，促进学生养成良好的思想品德和行为习惯。

第三十七条 学校应当保证学生的课外活动时间，组织开展文化娱乐等课外活动。社会公共文化体育设施应当为学校开展课外活动提供便利。

第三十八条 教科书根据国家教育方针和课程标准编写，内容力求精简，精选必备的基础知识、基本技能，经济实用，保证质量。

国家机关工作人员和教科书审查人员，不得参与或者变相参与教科书的编写工作。

第三十九条 国家实行教科书审定制度。教科书的审定办法由国务院教育行政部门规定。

未经审定的教科书，不得出版、选用。

第四十条　教科书价格由省、自治区、直辖市人民政府价格行政部门会同同级出版主管部门按照微利原则确定。

第四十一条　国家鼓励教科书循环使用。

## 第六章　经费保障

第四十二条　国家将义务教育全面纳入财政保障范围，义务教育经费由国务院和地方各级人民政府依照本法规定予以保障。

国务院和地方各级人民政府将义务教育经费纳入财政预算，按照教职工编制标准、工资标准和学校建设标准、学生人均公用经费标准等，及时足额拨付义务教育经费，确保学校的正常运转和校舍安全，确保教职工工资按照规定发放。

国务院和地方各级人民政府用于实施义务教育财政拨款的增长比例应当高于财政经常性收入的增长比例，保证按照在校学生人数平均的义务教育费用逐步增长，保证教职工工资和学生人均公用经费逐步增长。

第四十三条　学校的学生人均公用经费基本标准由国务院财政部门会同教育行政部门制定，并根据经济和社会发展状况适时调整。制定、调整学生人均公用经费基本标准，应当满足教育教学基本需要。

省、自治区、直辖市人民政府可以根据本行政区域的实际情况，制定不低于国家标准的学校学生人均公用经费标准。

特殊教育学校（班）学生人均公用经费标准应当高于普通学校学生人均公用经费标准。

第四十四条　义务教育经费投入实行国务院和地方各级人民政府根据职责共同负担，省、自治区、直辖市人民政府负责统筹落实的体制。农村义务教育所需经费，由各级人民政府根据国务院的规定分项目、按比例分担。

各级人民政府对家庭经济困难的适龄儿童、少年免费提供教科书并补助寄宿生生活费。

义务教育经费保障的具体办法由国务院规定。

第四十五条　地方各级人民政府在财政预算中将义务教育经费单列。

县级人民政府编制预算，除向农村地区学校和薄弱学校倾斜外，应当均衡安排义务教育经费。

第四十六条　国务院和省、自治区、直辖市人民政府规范财政转移支付制度，加大一般性转移支付规模和规范义务教育专项转移支付，支持和引导地方各级人民政府增加对义务教育的投入。地方各级人民政府确保将上级人民政府的义务教育转移支付资金按照规定用于义务教育。

第四十七条　国务院和县级以上地方人民政府根据实际需要，设立专项资金，扶持农村地区、民族地区实施义务教育。

第四十八条 国家鼓励社会组织和个人向义务教育捐赠，鼓励按照国家有关基金会管理的规定设立义务教育基金。

第四十九条 义务教育经费严格按照预算规定用于义务教育；任何组织和个人不得侵占、挪用义务教育经费，不得向学校非法收取或者摊派费用。

第五十条 县级以上人民政府建立健全义务教育经费的审计监督和统计公告制度。

## 第七章 法律责任

第五十一条 国务院有关部门和地方各级人民政府违反本法第六章的规定，未履行对义务教育经费保障职责的，由国务院或者上级地方人民政府责令限期改正；情节严重的，对直接负责的主管人员和其他直接责任人员依法给予行政处分。

第五十二条 县级以上地方人民政府有下列情形之一的，由上级人民政府责令限期改正；情节严重的，对直接负责的主管人员和其他直接责任人员依法给予行政处分：

（一）未按照国家有关规定制定、调整学校的设置规划的；

（二）学校建设不符合国家规定的办学标准、选址要求和建设标准的；

（三）未定期对学校校舍安全进行检查，并及时维修、改造的；

（四）未依照本法规定均衡安排义务教育经费的。

第五十三条 县级以上人民政府或者其教育行政部门有下列情形之一的，由上级人民政府或者其教育行政部门责令限期改正、通报批评；情节严重的，对直接负责的主管人员和其他直接责任人员依法给予行政处分：

（一）将学校分为重点学校和非重点学校的；

（二）改变或者变相改变公办学校性质的。

县级人民政府教育行政部门或者乡镇人民政府未采取措施组织适龄儿童、少年入学或者防止辍学的，依照前款规定追究法律责任。

第五十四条 有下列情形之一的，由上级人民政府或者上级人民政府教育行政部门、财政部门、价格行政部门和审计机关根据职责分工责令限期改正；情节严重的，对直接负责的主管人员和其他直接责任人员依法给予处分：

（一）侵占、挪用义务教育经费的；

（二）向学校非法收取或者摊派费用的。

第五十五条 学校或者教师在义务教育工作中违反教育法、教师法规定的，依照教育法、教师法的有关规定处罚。

第五十六条 学校违反国家规定收取费用的，由县级人民政府教育行政部门责令退还所收费用；对直接负责的主管人员和其他直接责任人员依法给予处分。

学校以向学生推销或者变相推销商品、服务等方式谋取利益的,由县级人民政府教育行政部门给予通报批评;有违法所得的,没收违法所得;对直接负责的主管人员和其他直接责任人员依法给予处分。

国家机关工作人员和教科书审查人员参与或者变相参与教科书编写的,由县级以上人民政府或者其教育行政部门根据职责权限责令限期改正,依法给予行政处分;有违法所得的,没收违法所得。

第五十七条  学校有下列情形之一的,由县级人民政府教育行政部门责令限期改正;情节严重的,对直接负责的主管人员和其他直接责任人员依法给予处分:

(一)拒绝接收具有接受普通教育能力的残疾适龄儿童、少年随班就读的;

(二)分设重点班和非重点班的;

(三)违反本法规定开除学生的;

(四)选用未经审定的教科书的。

第五十八条  适龄儿童、少年的父母或者其他法定监护人无正当理由未依照本法规定送适龄儿童、少年入学接受义务教育的,由当地乡镇人民政府或者县级人民政府教育行政部门给予批评教育,责令限期改正。

第五十九条  有下列情形之一的,依照有关法律、行政法规的规定予以处罚:

(一)胁迫或者诱骗应当接受义务教育的适龄儿童、少年失学、辍学的;

(二)非法招用应当接受义务教育的适龄儿童、少年的;

(三)出版未经依法审定的教科书的。

第六十条  违反本法规定,构成犯罪的,依法追究刑事责任。

## 第八章  附  则

第六十一条  对接受义务教育的适龄儿童、少年不收杂费的实施步骤,由国务院规定。

第六十二条  社会组织或者个人依法举办的民办学校实施义务教育的,依照民办教育促进法有关规定执行;民办教育促进法未作规定的,适用本法。

第六十三条  本法自2006年9月1日起施行。

## 中华人民共和国预防未成年人犯罪法

### 第一章  总  则

第一条  为了保障未成年人身心健康,培养未成年人良好品行,有效预防未成年人违法犯罪，制定本法。

第二条　预防未成年人犯罪，立足于教育和保护未成年人相结合，坚持预防为主、提前干预，对未成年人的不良行为和严重不良行为及时进行分级预防、干预和矫治。

第三条　开展预防未成年人犯罪工作，应当尊重未成年人人格尊严，保护未成年人的名誉权、隐私权和个人信息等合法权益。

第四条　预防未成年人犯罪，在各级人民政府组织下，实行综合治理。

国家机关、人民团体、社会组织、企业事业单位、居民委员会、村民委员会、学校、家庭等各负其责、相互配合，共同做好预防未成年人犯罪工作，及时消除滋生未成年人违法犯罪行为的各种消极因素，为未成年人身心健康发展创造良好的社会环境。

第五条　各级人民政府在预防未成年人犯罪方面的工作职责是：

（一）制定预防未成年人犯罪工作规划；

（二）组织公安、教育、民政、文化和旅游、市场监督管理、网信、卫生健康、新闻出版、电影、广播电视、司法行政等有关部门开展预防未成年人犯罪工作；

（三）为预防未成年人犯罪工作提供政策支持和经费保障；

（四）对本法的实施情况和工作规划的执行情况进行检查；

（五）组织开展预防未成年人犯罪宣传教育；

（六）其他预防未成年人犯罪工作职责。

第六条　国家加强专门学校建设，对有严重不良行为的未成年人进行专门教育。专门教育是国民教育体系的组成部分，是对有严重不良行为的未成年人进行教育和矫治的重要保护处分措施。

省级人民政府应当将专门教育发展和专门学校建设纳入经济社会发展规划。县级以上地方人民政府成立专门教育指导委员会，根据需要合理设置专门学校。

专门教育指导委员会由教育、民政、财政、人力资源社会保障、公安、司法行政、人民检察院、人民法院、共产主义青年团、妇女联合会、关心下一代工作委员会、专门学校等单位，以及律师、社会工作者等人员组成，研究确定专门学校教学、管理等相关工作。

专门学校建设和专门教育具体办法，由国务院规定。

第七条　公安机关、人民检察院、人民法院、司法行政部门应当由专门机构或者经过专业培训、熟悉未成年人身心特点的专门人员负责预防未成年人犯罪工作。

第八条　共产主义青年团、妇女联合会、工会、残疾人联合会、关心下一代工作委员会、青年联合会、学生联合会、少年先锋队以及有关社会组织，应当协助各级人民政府及其有关部门、人民检察院和人民法院做好预防未成年人犯罪工作，为预防未成年人犯罪培育社会力量，提供支持服务。

第九条　国家鼓励、支持和指导社会工作服务机构等社会组织参与预防未成年人犯罪相关工作，并加强监督。

第十条　任何组织或者个人不得教唆、胁迫、引诱未成年人实施不良行为或者严重不良行为，以及为未成年人实施上述行为提供条件。

第十一条　未成年人应当遵守法律法规及社会公共道德规范，树立自尊、自律、自强意识，增强辨别是非和自我保护的能力，自觉抵制各种不良行为以及违法犯罪行为的引诱和侵害。

第十二条　预防未成年人犯罪，应当结合未成年人不同年龄的生理、心理特点，加强青春期教育、心理关爱、心理矫治和预防犯罪对策的研究。

第十三条　国家鼓励和支持预防未成年人犯罪相关学科建设、专业设置、人才培养及科学研究，开展国际交流与合作。

第十四条　国家对预防未成年人犯罪工作有显著成绩的组织和个人，给予表彰和奖励。

## 第二章　预防犯罪的教育

第十五条　国家、社会、学校和家庭应当对未成年人加强社会主义核心价值观教育，开展预防犯罪教育，增强未成年人的法治观念，使未成年人树立遵纪守法和防范违法犯罪的意识，提高自我管控能力。

第十六条　未成年人的父母或者其他监护人对未成年人的预防犯罪教育负有直接责任，应当依法履行监护职责，树立优良家风，培养未成年人良好品行；发现未成年人心理或者行为异常的，应当及时了解情况并进行教育、引导和劝诫，不得拒绝或者怠于履行监护职责。

第十七条　教育行政部门、学校应当将预防犯罪教育纳入学校教学计划，指导教职员工结合未成年人的特点，采取多种方式对未成年学生进行有针对性的预防犯罪教育。

第十八条　学校应当聘任从事法治教育的专职或者兼职教师，并可以从司法和执法机关、法学教育和法律服务机构等单位聘请法治副校长、校外法治辅导员。

第十九条　学校应当配备专职或者兼职的心理健康教育教师，开展心理健康教育。学校可以根据实际情况与专业心理健康机构合作，建立心理健康筛查和早期干预机制，预防和解决学生心理、行为异常问题。

学校应当与未成年学生的父母或者其他监护人加强沟通，共同做好未成年学生心理健康教育；发现未成年学生可能患有精神障碍的，应当立即告知其父母或者其他监护人送相关专业机构诊治。

第二十条 教育行政部门应当会同有关部门建立学生欺凌防控制度。学校应当加强日常安全管理，完善学生欺凌发现和处置的工作流程，严格排查并及时消除可能导致学生欺凌行为的各种隐患。

第二十一条 教育行政部门鼓励和支持学校聘请社会工作者长期或者定期进驻学校，协助开展道德教育、法治教育、生命教育和心理健康教育，参与预防和处理学生欺凌等行为。

第二十二条 教育行政部门、学校应当通过举办讲座、座谈、培训等活动，介绍科学合理的教育方法，指导教职员工、未成年学生的父母或者其他监护人有效预防未成年人犯罪。

学校应当将预防犯罪教育计划告知未成年学生的父母或者其他监护人。未成年学生的父母或者其他监护人应当配合学校对未成年学生进行有针对性的预防犯罪教育。

第二十三条 教育行政部门应当将预防犯罪教育的工作效果纳入学校年度考核内容。

第二十四条 各级人民政府及其有关部门、人民检察院、人民法院、共产主义青年团、少年先锋队、妇女联合会、残疾人联合会、关心下一代工作委员会等应当结合实际，组织、举办多种形式的预防未成年人犯罪宣传教育活动。有条件的地方可以建立青少年法治教育基地，对未成年人开展法治教育。

第二十五条 居民委员会、村民委员会应当积极开展有针对性的预防未成年人犯罪宣传活动，协助公安机关维护学校周围治安，及时掌握本辖区内未成年人的监护、就学和就业情况，组织、引导社区社会组织参与预防未成年人犯罪工作。

第二十六条 青少年宫、儿童活动中心等校外活动场所应当把预防犯罪教育作为一项重要的工作内容，开展多种形式的宣传教育活动。

第二十七条 职业培训机构、用人单位在对已满十六周岁准备就业的未成年人进行职业培训时，应当将预防犯罪教育纳入培训内容。

## 第三章 对不良行为的干预

第二十八条 本法所称不良行为，是指未成年人实施的不利于其健康成长的下列行为：

（一）吸烟、饮酒；

（二）多次旷课、逃学；

（三）无故夜不归宿、离家出走；

（四）沉迷网络；

（五）与社会上具有不良习性的人交往，组织或者参加实施不良行为的团伙；

（六）进入法律法规规定未成年人不宜进入的场所；

（七）参与赌博、变相赌博，或者参加封建迷信、邪教等活动；

（八）阅览、观看或者收听宣扬淫秽、色情、暴力、恐怖、极端等内容的读物、音像制品或者网络信息等；

（九）其他不利于未成年人身心健康成长的不良行为。

第二十九条　未成年人的父母或者其他监护人发现未成年人有不良行为的，应当及时制止并加强管教。

第三十条　公安机关、居民委员会、村民委员会发现本辖区内未成年人有不良行为的，应当及时制止，并督促其父母或者其他监护人依法履行监护职责。

第三十一条　学校对有不良行为的未成年学生，应当加强管理教育，不得歧视；对拒不改正或者情节严重的，学校可以根据情况予以处分或者采取以下管理教育措施：

（一）予以训导；

（二）要求遵守特定的行为规范；

（三）要求参加特定的专题教育；

（四）要求参加校内服务活动；

（五）要求接受社会工作者或者其他专业人员的心理辅导和行为干预；

（六）其他适当的管理教育措施。

第三十二条　学校和家庭应当加强沟通，建立家校合作机制。学校决定对未成年学生采取管理教育措施的，应当及时告知其父母或者其他监护人；未成年学生的父母或者其他监护人应当支持、配合学校进行管理教育。

第三十三条　未成年学生有偷窃少量财物，或者有殴打、辱骂、恐吓、强行索要财物等学生欺凌行为，情节轻微的，可以由学校依照本法第三十一条规定采取相应的管理教育措施。

第三十四条　未成年学生旷课、逃学的，学校应当及时联系其父母或者其他监护人，了解有关情况；无正当理由的，学校和未成年学生的父母或者其他监护人应当督促其返校学习。

第三十五条　未成年人无故夜不归宿、离家出走的，父母或者其他监护人、所在的寄宿制学校应当及时查找，必要时向公安机关报告。

收留夜不归宿、离家出走未成年人的，应当及时联系其父母或者其他监护人、所在学校；无法取得联系的，应当及时向公安机关报告。

第三十六条　对夜不归宿、离家出走或者流落街头的未成年人，公安机关、公共场所管理机构等发现或者接到报告后，应当及时采取有效保护措施，并通知其父母或者其他监护人、所在的寄宿制学校，必要时应当护送其返回住所、学校；无法与其父母或者其他监护人、学校取得联系的,应当护送未成年人到救助保护机构接受救助。

第三十七条 未成年人的父母或者其他监护人、学校发现未成年人组织或者参加实施不良行为的团伙,应当及时制止;发现该团伙有违法犯罪嫌疑的,应当立即向公安机关报告。

## 第四章 对严重不良行为的矫治

第三十八条 本法所称严重不良行为,是指未成年人实施的有刑法规定、因不满法定刑事责任年龄不予刑事处罚的行为,以及严重危害社会的下列行为:

(一)结伙斗殴,追逐、拦截他人,强拿硬要或者任意损毁、占用公私财物等寻衅滋事行为;

(二)非法携带枪支、弹药或者弩、匕首等国家规定的管制器具;

(三)殴打、辱骂、恐吓,或者故意伤害他人身体;

(四)盗窃、哄抢、抢夺或者故意损毁公私财物;

(五)传播淫秽的读物、音像制品或者信息等;

(六)卖淫、嫖娼,或者进行淫秽表演;

(七)吸食、注射毒品,或者向他人提供毒品;

(八)参与赌博赌资较大;

(九)其他严重危害社会的行为。

第三十九条 未成年人的父母或者其他监护人、学校、居民委员会、村民委员会发现有人教唆、胁迫、引诱未成年人实施严重不良行为的,应当立即向公安机关报告。公安机关接到报告或者发现有上述情形的,应当及时依法查处;对人身安全受到威胁的未成年人,应当立即采取有效保护措施。

第四十条 公安机关接到举报或者发现未成年人有严重不良行为的,应当及时制止,依法调查处理,并可以责令其父母或者其他监护人消除或者减轻违法后果,采取措施严加管教。

第四十一条 对有严重不良行为的未成年人,公安机关可以根据具体情况,采取以下矫治教育措施:

(一)予以训诫;

(二)责令赔礼道歉、赔偿损失;

(三)责令具结悔过;

(四)责令定期报告活动情况;

(五)责令遵守特定的行为规范,不得实施特定行为、接触特定人员或者进入特定场所;

（六）责令接受心理辅导、行为矫治；

（七）责令参加社会服务活动；

（八）责令接受社会观护，由社会组织、有关机构在适当场所对未成年人进行教育、监督和管束；

（九）其他适当的矫治教育措施。

第四十二条　公安机关在对未成年人进行矫治教育时，可以根据需要邀请学校、居民委员会、村民委员会以及社会工作服务机构等社会组织参与。

未成年人的父母或者其他监护人应当积极配合矫治教育措施的实施，不得妨碍阻挠或者放任不管。

第四十三条　对有严重不良行为的未成年人，未成年人的父母或者其他监护人、所在学校无力管教或者管教无效的，可以向教育行政部门提出申请，经专门教育指导委员会评估同意后，由教育行政部门决定送入专门学校接受专门教育。

第四十四条　未成年人有下列情形之一的，经专门教育指导委员会评估同意，教育行政部门会同公安机关可以决定将其送入专门学校接受专门教育：

（一）实施严重危害社会的行为，情节恶劣或者造成严重后果；

（二）多次实施严重危害社会的行为；

（三）拒不接受或者配合本法第四十一条规定的矫治教育措施；

（四）法律、行政法规规定的其他情形。

第四十五条　未成年人实施刑法规定的行为、因不满法定刑事责任年龄不予刑事处罚的，经专门教育指导委员会评估同意，教育行政部门会同公安机关可以决定对其进行专门矫治教育。

省级人民政府应当结合本地的实际情况，至少确定一所专门学校按照分校区、分班级等方式设置专门场所，对前款规定的未成年人进行专门矫治教育。

前款规定的专门场所实行闭环管理，公安机关、司法行政部门负责未成年人的矫治工作，教育行政部门承担未成年人的教育工作。

第四十六条　专门学校应当在每个学期适时提请专门教育指导委员会对接受专门教育的未成年学生的情况进行评估。对经评估适合转回普通学校就读的，专门教育指导委员会应当向原决定机关提出书面建议，由原决定机关决定是否将未成年学生转回普通学校就读。

原决定机关决定将未成年学生转回普通学校的，其原所在学校不得拒绝接收；因特殊情况，不适宜转回原所在学校的，由教育行政部门安排转学。

第四十七条　专门学校应当对接受专门教育的未成年人分级分类进行教育和矫治，有针对性地开展道德教育、法治教育、心理健康教育，并根据实际情况进行职业教育；

校园人：你不能不知道的法律知识

对没有完成义务教育的未成年人，应当保证其继续接受义务教育。

专门学校的未成年学生的学籍保留在原学校，符合毕业条件的，原学校应当颁发毕业证书。

第四十八条 专门学校应当与接受专门教育的未成年人的父母或者其他监护人加强联系，定期向其反馈未成年人的矫治和教育情况，为父母或者其他监护人、亲属等看望未成年人提供便利。

第四十九条 未成年人及其父母或者其他监护人对本章规定的行政决定不服的，可以依法提起行政复议或者行政诉讼。

## 第五章 对重新犯罪的预防

第五十条 公安机关、人民检察院、人民法院办理未成年人刑事案件，应当根据未成年人的生理、心理特点和犯罪的情况，有针对性地进行法治教育。

对涉及刑事案件的未成年人进行教育，其法定代理人以外的成年亲属或者教师、辅导员等参与有利于感化、挽救未成年人的，公安机关、人民检察院、人民法院应当邀请其参加有关活动。

第五十一条 公安机关、人民检察院、人民法院办理未成年人刑事案件，可以自行或者委托有关社会组织、机构对未成年犯罪嫌疑人或者被告人的成长经历、犯罪原因、监护、教育等情况进行社会调查；根据实际需要并经未成年犯罪嫌疑人、被告人及其法定代理人同意，可以对未成年犯罪嫌疑人、被告人进行心理测评。

社会调查和心理测评的报告可以作为办理案件和教育未成年人的参考。

第五十二条 公安机关、人民检察院、人民法院对于无固定住所、无法提供保证人的未成年人适用取保候审的，应当指定合适成年人作为保证人，必要时可以安排取保候审的未成年人接受社会观护。

第五十三条 对被拘留、逮捕以及在未成年犯管教所执行刑罚的未成年人，应当与成年人分别关押、管理和教育。对未成年人的社区矫正，应当与成年人分别进行。

对有上述情形且没有完成义务教育的未成年人，公安机关、人民检察院、人民法院、司法行政部门应当与教育行政部门相互配合，保证其继续接受义务教育。

第五十四条 未成年犯管教所、社区矫正机构应当对未成年犯、未成年社区矫正对象加强法治教育，并根据实际情况对其进行职业教育。

第五十五条 社区矫正机构应当告知未成年社区矫正对象安置帮教的有关规定，并配合安置帮教工作部门落实或者解决未成年社区矫正对象的就学、就业等问题。

第五十六条 对刑满释放的未成年人，未成年犯管教所应当提前通知其父母或者其他监护人按时接回，并协助落实安置帮教措施。没有父母或者其他监护人、无法查明其父母或者其他监护人的，未成年犯管教所应当提前通知未成年人原户籍所在地或者居住地的司法行政部门安排人员按时接回，由民政部门或者居民委员会、村民委员会依法对其进行监护。

第五十七条 未成年人的父母或者其他监护人和学校、居民委员会、村民委员会对接受社区矫正、刑满释放的未成年人，应当采取有效的帮教措施，协助司法机关以及有关部门做好安置帮教工作。

居民委员会、村民委员会可以聘请思想品德优秀，作风正派，热心未成年人工作的离退休人员、志愿者或其他人员协助做好前款规定的安置帮教工作。

第五十八条 刑满释放和接受社区矫正的未成年人，在复学、升学、就业等方面依法享有与其他未成年人同等的权利，任何单位和个人不得歧视。

第五十九条 未成年人的犯罪记录依法被封存的，公安机关、人民检察院、人民法院和司法行政部门不得向任何单位或者个人提供，但司法机关因办案需要或者有关单位根据国家有关规定进行查询的除外。依法进行查询的单位和个人应当对相关记录信息予以保密。

未成年人接受专门矫治教育、专门教育的记录，以及被行政处罚、采取刑事强制措施和不起诉的记录，适用前款规定。

第六十条 人民检察院通过依法行使检察权，对未成年人重新犯罪预防工作等进行监督。

## 第六章 法律责任

第六十一条 公安机关、人民检察院、人民法院在办理案件过程中发现实施严重不良行为的未成年人的父母或者其他监护人不依法履行监护职责的，应当予以训诫，并可以责令其接受家庭教育指导。

第六十二条 学校及其教职员工违反本法规定，不履行预防未成年人犯罪工作职责，或者虐待、歧视相关未成年人的，由教育行政等部门责令改正，通报批评；情节严重的，对直接负责的主管人员和其他直接责任人员依法给予处分。构成违反治安管理行为的，由公安机关依法予以治安管理处罚。

教职员工教唆、胁迫、引诱未成年人实施不良行为或者严重不良行为，以及品行不良、影响恶劣的，教育行政部门、学校应当依法予以解聘或者辞退。

第六十三条 违反本法规定，在复学、升学、就业等方面歧视相关未成年人的，由所在单位或者教育、人力资源和社会保障等部门责令改正；拒不改正的，对直接负责的主管人员或者其他直接责任人员依法给予处分。

第六十四条 有关社会组织、机构及其工作人员虐待、歧视接受社会观护的未成年人，或者出具虚假社会调查、心理测评报告的，由民政、司法行政等部门对直接负责的主管人员或者其他直接责任人员依法给予处分，构成违反治安管理行为的，由公安机关予以治安管理处罚。

第六十五条　教唆、胁迫、引诱未成年人实施不良行为或者严重不良行为，构成违反治安管理行为的，由公安机关依法予以治安管理处罚。

第六十六条　国家机关及其工作人员在预防未成年人犯罪工作中滥用职权、玩忽职守、徇私舞弊的，对直接负责的主管人员和其他直接责任人员，依法给予处分。

第六十七条　违反本法规定，构成犯罪的，依法追究刑事责任。

## 第七章　附　则

第六十八条　本法自 2021 年 6 月 1 日起施行。

## 中小学教育惩戒规则（试行）

第一条　为落实立德树人根本任务，保障和规范学校、教师依法履行教育教学和管理职责，保护学生合法权益，促进学生健康成长、全面发展，根据教育法、教师法、未成年人保护法、预防未成年人犯罪法等法律法规和国家有关规定，制定本规则。

第二条　普通中小学校、中等职业学校（以下称学校）及其教师在教育教学和管理过程中对学生实施教育惩戒，适用本规则。

本规则所称教育惩戒，是指学校、教师基于教育目的，对违规违纪学生进行管理、训导或者以规定方式予以矫治，促使学生引以为戒、认识和改正错误的教育行为。

第三条　学校、教师应当遵循教育规律，依法履行职责，通过积极管教和教育惩戒的实施，及时纠正学生错误言行，培养学生的规则意识、责任意识。

教育行政部门应当支持、指导、监督学校及其教师依法依规实施教育惩戒。

第四条　实施教育惩戒应当符合教育规律，注重育人效果；遵循法治原则，做到客观公正；选择适当措施，与学生过错程度相适应。

第五条　学校应当结合本校学生特点，依法制定、完善校规校纪，明确学生行为规范，健全实施教育惩戒的具体情形和规则。

学校制定校规校纪，应当广泛征求教职工、学生和学生父母或者其他监护人（以下称家长）的意见；有条件的，可以组织有学生、家长及有关方面代表参加的听证。校规校纪应当提交家长委员会、教职工代表大会讨论，经校长办公会议审议通过后施行，并报主管教育部门备案。

教师可以组织学生、家长以民主讨论形式共同制定班规或者班级公约，报学校备案后施行。

第六条　学校应当利用入学教育、班会以及其他适当方式，向学生和家长宣传讲解校规校纪。未经公布的校规校纪不得施行。

学校可以根据情况建立校规校纪执行委员会等组织机构，吸收教师、学生及家长、社会有关方面代表参加，负责确定可适用的教育惩诫措施，监督教育惩戒的实施，开展相关宣传教育等。

第七条　学生有下列情形之一，学校及其教师应当予以制止并进行批评教育，确有必要的，可以实施教育惩戒：

（一）故意不完成教学任务要求或者不服从教育、管理的；

（二）扰乱课堂秩序、学校教育教学秩序的；

（三）吸烟、饮酒，或者言行失范违反学生守则的；

（四）实施有害自己或者他人身心健康的危险行为的；

（五）打骂同学、老师，欺凌同学或者侵害他人合法权益的；

（六）其他违反校规校纪的行为。

学生实施属于预防未成年人犯罪法规定的不良行为或者严重不良行为的，学校、教师应当予以制止并实施教育惩戒，加强管教；构成违法犯罪的，依法移送公安机关处理。

第八条　教师在课堂教学、日常管理中，对违规违纪情节较为轻微的学生，可以当场实施以下教育惩戒：

（一）点名批评；

（二）责令赔礼道歉、做口头或者书面检讨；

（三）适当增加额外的教学或者班级公益服务任务；

（四）一节课堂教学时间内的教室内站立；

（五）课后教导；

（六）学校校规校纪或者班规、班级公约规定的其他适当措施。

教师对学生实施前款措施后，可以以适当方式告知学生家长。

第九条　学生违反校规校纪，情节较重或者经当场教育惩戒拒不改正的，学校可以实施以下教育惩戒，并应当及时告知家长：

（一）由学校德育工作负责人予以训导；

（二）承担校内公益服务任务；

（三）安排接受专门的校规校纪、行为规则教育；

（四）暂停或者限制学生参加游览、校外集体活动以及其他外出集体活动；

（五）学校校规校纪规定的其他适当措施。

第十条　小学高年级、初中和高中阶段的学生违规违纪情节严重或者影响恶劣的，学校可以实施以下教育惩戒，并应当事先告知家长：

（一）给予不超过一周的停课或者停学，要求家长在家进行教育、管教；

（二）由法治副校长或者法治辅导员予以训诫；

（三）安排专门的课程或者教育场所，由社会工作者或者其他专业人员进行心理辅导、行为干预。

对违规违纪情节严重，或者经多次教育惩戒仍不改正的学生，学校可以给予警告、严重警告、记过或者留校察看的纪律处分。对高中阶段学生，还可以给予开除学籍的纪律处分。

对有严重不良行为的学生，学校可以按照法定程序，配合家长、有关部门将其转入专门学校教育矫治。

第十一条　学生扰乱课堂或者教育教学秩序，影响他人或者可能对自己及他人造成伤害的，教师可以采取必要措施，将学生带离教室或者教学现场，并予以教育管理。

教师、学校发现学生携带、使用违规物品或者行为具有危险性的，应当采取必要措施予以制止；发现学生藏匿违法、危险物品的，应当责令学生交出并可以对可能藏匿物品的课桌、储物柜等进行检查。

教师、学校对学生的违规物品可以予以暂扣并妥善保管，在适当时候交还学生家长；属于违法、危险物品的，应当及时报告公安机关、应急管理部门等有关部门依法处理。

第十二条　教师在教育教学管理、实施教育惩戒过程中，不得有下列行为：

（一）以击打、刺扎等方式直接造成身体痛苦的体罚；

（二）超过正常限度的罚站、反复抄写，强制做不适的动作或者姿势，以及刻意孤立等间接伤害身体、心理的变相体罚；

（三）辱骂或者以歧视性、侮辱性的言行侵犯学生人格尊严；

（四）因个人或者少数人违规违纪行为而惩罚全体学生；

（五）因学业成绩而教育惩戒学生；

（六）因个人情绪、好恶实施或者选择性实施教育惩戒；

（七）指派学生对其他学生实施教育惩戒；

（八）其他侵害学生权利的。

第十三条　教师对学生实施教育惩戒后，应当注重与学生的沟通和帮扶，对改正错误的学生及时予以表扬、鼓励。

学校可以根据实际和需要，建立学生教育保护辅导工作机制，由学校分管负责人、德育工作机构负责人、教师以及法治副校长（辅导员）、法律以及心理、社会工作等方面的专业人员组成辅导小组，对有需要的学生进行专门的心理辅导、行为矫治。

第十四条　学校拟对学生实施本规则第十条所列教育惩戒和纪律处分的，应当听取学生的陈述和申辩。学生或者家长申请听证的，学校应当组织听证。

学生受到教育惩戒或者纪律处分后，能够诚恳认错、积极改正的，可以提前解除教育惩戒或者纪律处分。

第十五条　学校应当支持、监督教师正当履行职务。教师因实施教育惩戒与学生及其家长发生纠纷，学校应当及时进行处理，教师无过错的，不得因教师实施教育惩戒而给予其处分或者其他不利处理。

教师违反本规则第十二条，情节轻微的，学校应当予以批评教育；情节严重的，应当暂停履行职责或者依法依规给予处分；给学生身心造成伤害，构成违法犯罪的，由公安机关依法处理。

第十六条　学校、教师应当重视家校协作，积极与家长沟通，使家长理解、支持和配合实施教育惩戒，形成合力。家长应当履行对子女的教育职责，尊重教师的教育权利，配合教师、学校对违规违纪学生进行管教。

家长对教师实施的教育惩戒有异议或者认为教师行为违反本规则第十二条规定的，可以向学校或者主管教育行政部门投诉、举报。学校、教育行政部门应当按照师德师风建设管理的有关要求，及时予以调查、处理。家长威胁、侮辱、伤害教师的，学校、教育行政部门应当依法保护教师人身安全、维护教师合法权益；情形严重的，应当及时向公安机关报告并配合公安机关、司法机关追究责任。

第十七条　学生及其家长对学校依据本规则第十条实施的教育惩戒或者给予的纪律处分不服的，可以在教育惩戒或者纪律处分作出后15个工作日内向学校提起申诉。

学校应当成立由学校相关负责人、教师、学生以及家长、法治副校长等校外有关方面代表组成的学生申诉委员会，受理申诉申请，组织复查。学校应当明确学生申诉委员会的人员构成、受理范围及处理程序等并向学生及家长公布。

学生申诉委员会应当对学生申诉的事实、理由等进行全面审查，作出维持、变更或者撤销原教育惩戒或者纪律处分的决定。

第十八条　学生或者家长对学生申诉处理决定不服的，可以向学校主管教育部门申请复核；对复核决定不服的，可以依法提起行政复议或者行政诉讼。

第十九条　学校应当有针对性地加强对教师的培训，促进教师更新教育理念、改进教育方式方法，提高教师正确履行职责的意识与能力。

每学期末，学校应当将学生受到本规则第十条所列教育惩戒和纪律处分的信息报主管教育行政部门备案。

第二十条　本规则自2021年3月1日起施行。

各地可以结合本地实际，制定本地方实施细则或者指导学校制定实施细则。

# 中小学幼儿园安全管理办法

## 第一章 总 则

第一条 为加强中小学、幼儿园安全管理，保障学校及其学生和教职工的人身、财产安全，维护中小学、幼儿园正常的教育教学秩序，根据《中华人民共和国教育法》等法律法规，制定本办法。

第二条 普通中小学、中等职业学校、幼儿园（班）、特殊教育学校、工读学校（以下统称学校）的安全管理适用本办法。

第三条 学校安全管理遵循积极预防、依法管理、社会参与、各负其责的方针。

第四条 学校安全管理工作主要包括：

（一）构建学校安全工作保障体系，全面落实安全工作责任制和事故责任追究制，保障学校安全工作规范、有序进行；

（二）健全学校安全预警机制，制定突发事件应急预案，完善事故预防措施，及时排除安全隐患，不断提高学校安全工作管理水平；

（三）建立校园周边整治协调工作机制，维护校园及周边环境安全；

（四）加强安全宣传教育培训，提高师生安全意识和防护能力；

（五）事故发生后启动应急预案、对伤亡人员实施救治和责任追究等。

第五条 各级教育、公安、司法行政、建设、交通、文化、卫生、工商、质检、新闻出版等部门在本级人民政府的领导下，依法履行学校周边治理和学校安全的监督与管理职责。学校应当按照本办法履行安全管理和安全教育职责。社会团体、企业事业单位、其他社会组织和个人应当积极参与和支持学校安全工作，依法维护学校安全。

## 第二章 安全管理职责

第六条 地方各级人民政府及其教育、公安、司法行政、建设、交通、文化、卫生、工商、质检、新闻出版等部门应当按照职责分工，依法负责学校安全工作，履行学校安全管理职责。

第七条 教育行政部门对学校安全工作履行下列职责：

（一）全面掌握学校安全工作状况，制定学校安全工作考核目标，加强对学校安全工作的检查指导，督促学校建立健全并落实安全管理制度；

（二）建立安全工作责任制和事故责任追究制，及时消除安全隐患，指导学校妥善处理学生伤害事故；

（三）及时了解学校安全教育情况，组织学校有针对性地开展学生安全教育，不断提高教育实效；

（四）制定校园安全的应急预案，指导、监督下级教育行政部门和学校开展安全工作；

（五）协调政府其他相关职能部门共同做好学校安全管理工作，协助当地人民政府组织对学校安全事故的救援和调查处理。教育督导机构应当组织学校安全工作的专项督导。

第八条　公安机关对学校安全工作履行下列职责：

（一）了解掌握学校及周边治安状况，指导学校做好校园保卫工作，及时依法查处扰乱校园秩序、侵害师生人身、财产安全的案件；

（二）指导和监督学校做好消防安全工作；

（三）协助学校处理校园突发事件。

第九条　卫生部门对学校安全工作履行下列职责：

（一）检查、指导学校卫生防疫和卫生保健工作，落实疾病预防控制措施；

（二）监督、检查学校食堂、学校饮用水和游泳池的卫生状况。

第十条　建设部门对学校安全工作履行下列职责：

（一）加强对学校建筑、燃气设施设备安全状况的监管，发现安全事故隐患的，应当依法责令立即排除；

（二）指导校舍安全检查鉴定工作；

（三）加强对学校工程建设各环节的监督管理，发现校舍、楼梯护栏及其他教学、生活设施违反工程建设强制性标准的，应责令纠正；

（四）依法督促学校定期检验、维修和更新学校相关设施设备。

第十一条　质量技术监督部门应当定期检查学校特种设备及相关设施的安全状况。

第十二条　公安、卫生、交通、建设等部门应当定期向教育行政部门和学校通报与学校安全管理相关的社会治安、疾病防治、交通等情况，提出具体预防要求。

第十三条　文化、新闻出版、工商等部门应当对校园周边的有关经营服务场所加强管理和监督，依法查处违法经营者，维护有利于青少年成长的良好环境。司法行政、公安等部门应当按照有关规定履行学校安全教育职责。

第十四条　举办学校的地方人民政府、企业事业组织、社会团体和公民个人，应当对学校安全工作履行下列职责：

（一）保证学校符合基本办学标准，保证学校围墙、校舍、场地、教学设施、教学用具、生活设施和饮用水源等办学条件符合国家安全质量标准；

（二）配置紧急照明装置和消防设施与器材，保证学校教学楼、图书馆、实验室、师生宿舍等场所的照明、消防条件符合国家安全规定；

（三）定期对校舍安全进行检查，对需要维修的，及时予以维修；对确认的危房，及时予以改造。举办学校的地方人民政府应当依法维护学校周边秩序，保障师生和学校的合法权益，为学校提供安全保障。有条件的，学校举办者应当为学校购买责任保险。

第三章　校内安全管理制度

第十五条　学校应当遵守有关安全工作的法律、法规和规章，建立健全校内各项安全管理制度和安全应急机制，及时消除隐患，预防发生事故。

第十六条　学校应当建立校内安全工作领导机构，实行校长负责制；应当设立保卫机构，配备专职或者兼职安全保卫人员，明确其安全保卫职责。

第十七条　学校应当健全门卫制度，建立校外人员入校的登记或者验证制度，禁止无关人员和校外机动车入内，禁止将非教学用易燃易爆物品、有毒物品、动物和管制器具等危险物品带入校园。学校门卫应当由专职保安或者其他能够切实履行职责的人员担任。

第十八条　学校应当建立校内安全定期检查制度和危房报告制度，按照国家有关规定安排对学校建筑物、构筑物、设备、设施进行安全检查、检验；发现存在安全隐患的，应当停止使用，及时维修或者更换；维修、更换前应当采取必要的防护措施或者设置警示标志。学校无力解决或者无法排除的重大安全隐患，应当及时书面报告主管部门和其他相关部门。学校应当在校内高地、水池、楼梯等易发生危险的地方设置警示标志或者采取防护设施。

第十九条　学校应当落实消防安全制度和消防工作责任制，对于政府保障配备的消防设施和器材加强日常维护，保证其能够有效使用，并设置消防安全标志，保证疏散通道、安全出口和消防车通道畅通。

第二十条　学校应当建立用水、用电、用气等相关设施设备的安全管理制度，定期进行检查或者按照规定接受有关主管部门的定期检查，发现老化或者损毁的，及时进行维修或者更换。

第二十一条　学校应当严格执行《学校食堂与学生集体用餐卫生管理规定》《餐饮业和学生集体用餐配送单位卫生规范》，严格遵守卫生操作规范。建立食堂物资定点采购和索证、登记制度与饭菜留验和记录制度，检查饮用水的卫生安全状况，保障师生饮食卫生安全。

第二十二条　学校应当建立实验室安全管理制度，并将安全管理制度和操作规程置于实验室显著位置。学校应当严格建立危险化学品、放射物质的购买、保管、使用、登记、注销等制度，保证将危险化学品、放射物质存放在安全地点。

第二十三条　学校应当按照国家有关规定配备具有从业资格的专职医务（保健）人员或者兼职卫生保健教师，购置必需的急救器材和药品，保障对学生常见病的治疗，并负责学校传染病疫情及其他突发公共卫生事件的报告。有条件的学校，应当设立卫生（保健）室。新生入学应当提交体检证明。托幼机构与小学在入托、入学时应当查验预防接种证。学校应当建立学生健康档案，组织学生定期体检。

第二十四条　学校应当建立学生安全信息通报制度，将学校规定的学生到校和放学时间、学生非正常缺席或者擅自离校情况以及学生身体和心理的异常状况等关系学生安全的信息，及时告知其监护人。对有特异体质、特定疾病或者其他生理、心理状况异常以及有吸毒行为的学生，学校应当做好安全信息记录，妥善保管学生的健康与安全信息资料，依法保护学生的个人隐私。

第二十五条　有寄宿生的学校应当建立住宿学生安全管理制度，配备专人负责住宿学生的生活管理和安全保卫工作。学校应当对学生宿舍实行夜间巡查、值班制度，并针对女生宿舍安全工作的特点，加强对女生宿舍的安全管理。学校应当采取有效措施，保证学生宿舍的消防安全。

第二十六条　学校购买或者租用机动车专门用于接送学生的，应当建立车辆管理制度，并及时到公安机关交通管理部门备案。接送学生的车辆必须检验用校车应当粘贴统一标识。标识样式由省级公安机关交通管理部门和教育行政部门制定。学校不得租用拼装车、报废车和个人机动车接送学生。接送学生的机动车驾驶员应当身体健康，具备相应准驾车型3年以上安全驾驶经历，最近3年内任一记分周期没有记满12分记录，无致人伤亡的交通责任事故。

第二十七条　学校应当建立安全工作档案，记录日常安全工作、安全责任落实、安全检查、安全隐患消除等情况。安全档案作为实施安全工作目标考核、责任追究和事故处理的重要依据。

## 第四章　日常安全管理

第二十八条　学校在日常的教育教学活动中应当遵循教学规范，落实安全管理要求，合理预见、积极防范可能发生的风险。学校组织学生参加的集体劳动、教学实习或者社会实践活动，应当符合学生的心理、生理特点和身体健康状况。学校以及接受学生参加教育教学活动的单位必须采取有效措施，为学生活动提供安全保障。

第二十九条　学校组织学生参加大型集体活动，应当采取下列安全措施：

（一）成立临时的安全管理组织机构；

（二）有针对性地对学生进行安全教育；

（三）安排必要的管理人员，明确所负担的安全职责；

（四）制定安全应急预案，配备相应设施。

第三十条　学校应当按照《学校体育工作条例》和教学计划组织体育教学和体育活动，并根据教学要求采取必要的保护和帮助措施。学校组织学生开展体育活动，应当避开主要街道和交通要道；开展大型体育活动以及其他大型学生活动，必须经过主要街道和交通要道的，应当事先与公安机关交通管理部门共同研究并落实安全措施。

第三十一条　小学、幼儿园应当建立低年级学生、幼儿上下学时接送的交接制度，不得将晚离学校的低年级学生、幼儿交与无关人员。

第三十二条　学生在教学楼进行教学活动和晚自习时，学校应当合理安排学生疏散时间和楼道上下顺序，同时安排人员巡查，防止发生拥挤踩踏伤害事故。晚自习学生没有离校之前，学校应当有负责人和教师值班、巡查。

第三十三条　学校不得组织学生参加抢险等应当由专业人员或者成人从事的活动，不得组织学生参与制作烟花爆竹、有毒化学品等具有危险性的活动，不得组织学生参加商业性活动。

第三十四条　学校不得将场地出租给他人从事易燃、易爆、有毒、有害等危险品的生产、经营活动。学校不得出租校园内场地停放校外机动车辆；不得利用学校用地建设对社会开放的停车场。

第三十五条　学校教职工应当符合相应任职资格和条件要求。学校不得聘用因故意犯罪而受到刑事处罚的人，或者有精神病史的人担任教职工。学校教师应当遵守职业道德规范和工作纪律，不得侮辱、殴打、体罚或者变相体罚学生；发现学生行为具有危险性的，应当及时告诫、制止，并与学生监护人沟通。

第三十六条　学生在校学习和生活期间，应当遵守学校纪律和规章制度，服从学校的安全教育和管理，不得从事危及自身或者他人安全的活动。

第三十七条　监护人发现被监护人有特异体质、特定疾病或者异常心理状况的，应当及时告知学校。学校对已知的有特异体质、特定疾病或者异常心理状况的学生，应当给予适当关注和照顾。生理、心理状况异常不宜在校学习的学生，应当休学，由监护人安排治疗、休养。

## 第五章　安全教育

第三十八条　学校应当按照国家课程标准和地方课程设置要求，将安全教育纳入教学内容，对学生开展安全教育，培养学生的安全意识，提高学生的自我防护能力。

第三十九条  学校应当在开学初、放假前,有针对性地对学生集中开展安全教育。新生入校后,学校应当帮助学生及时了解相关的学校安全制度和安全规定。

第四十条  学校应当针对不同课程实验课的特点与要求,对学生进行实验用品的防毒、防爆、防辐射、防污染等的安全防护教育。学校应当对学生进行用水、用电的安全教育,对寄宿学生进行防火、防盗和人身防护等方面的安全教育。

第四十一条  学校应当对学生开展安全防范教育,使学生掌握基本的自我保护技能,应对不法侵害。学校应当对学生开展交通安全教育,使学生掌握基本的交通规则和行为规范。学校应当对学生开展消防安全教育,有条件的可以组织学生到当地消防站参观和体验,使学生掌握基本的消防安全知识,提高防火意识和逃生自救的能力。学校应当根据当地实际情况,有针对性地对学生开展到江河湖海、水库等地方戏水、游泳的安全卫生教育。

第四十二条  学校可根据当地实际情况,组织师生开展多种形式的事故预防演练。学校应当每学期至少开展一次针对洪水、地震、火灾等灾害事故的紧急疏散演练,使师生掌握避险、逃生、自救的方法。

第四十三条  教育行政部门按照有关规定,与人民法院、人民检察院和公安、司法行政等部门以及高等学校协商,选聘优秀的法律工作者担任学校的兼职法制副校长或者法制辅导员。兼职法制副校长或者法制辅导员应当协助学校检查落实安全制度和安全事故处理、定期对师生进行法制教育等,其工作成果纳入派出单位的工作考核内容。

第四十四条  教育行政部门应当组织负责安全管理的主管人员、学校校长、幼儿园园长和学校负责安全保卫工作的人员,定期接受有关安全管理培训。

第四十五条  学校应当制定教职工安全教育培训计划,通过多种途径和方法,使教职工熟悉安全规章制度、掌握安全救护常识,学会指导学生预防事故、自救、逃生、紧急避险的方法和手段。

第四十六条  学生监护人应当与学校互相配合,在日常生活中加强对被监护人的各项安全教育。学校鼓励和提倡监护人自愿为学生购买意外伤害保险。

## 第六章  校园周边安全管理

第四十七条  教育、公安、司法行政、建设、交通、文化、卫生、工商、质检、新闻出版等部门应当建立联席会议制度,定期研究部署学校安全管理工作,依法维护学校周边秩序;通过多种途径和方式,听取学校和社会各界关于学校安全管理工作的意见和建议。

第四十八条  建设、公安等部门应当加强对学校周边建设工程的执法检查,禁止

校园人：你不能不知道的法律知识

任何单位或者个人违反有关法律、法规、规章、标准，在学校围墙或者建筑物边建设工程，在校园周边设立易燃易爆、剧毒、放射性、腐蚀性等危险物品的生产、经营、储存、使用场所或者设施以及其他可能影响学校安全的场所或者设施。

第四十九条　公安机关应当把学校周边地区作为重点治安巡逻区域，在治安情况复杂的学校周边地区增设治安岗亭和报警点，及时发现和消除各类安全隐患，处置扰乱学校秩序和侵害学生人身、财产安全的违法犯罪行为。

第五十条　公安、建设和交通部门应当依法在学校门前道路设置规范的交通警示标志，施划人行横线，根据需要设置交通信号灯、减速带、过街天桥等设施。在地处交通复杂路段的学校上下学时间，公安机关应当根据需要部署警力或者交通协管人员维护道路交通秩序。

第五十一条　公安机关和交通部门应当依法加强对农村地区交通工具的监督管理，禁止没有资质的车船搭载学生。

第五十二条　文化部门依法禁止在中学、小学校园周围200米范围内设立互联网上网服务营业场所，并依法查处接纳未成年人进入的互联网上网服务营业场所。工商行政管理部门依法查处取缔擅自设立的互联网上网服务营业场所。

第五十三条　新闻出版、公安、工商行政管理等部门应当依法取缔学校周边兜售非法出版物的游商和无证照摊点，查处学校周边制售含有淫秽色情、凶杀暴力等内容的出版物的单位和个人。

第五十四条　卫生、工商行政管理部门应当对校园周边饮食单位的卫生状况进行监督，取缔非法经营的小卖部、饮食摊点。

## 第七章　安全事故处理

第五十五条　在发生地震、洪水、泥石流、台风等自然灾害和重大治安、公共卫生突发事件时，教育等部门应当立即启动应急预案，及时转移、疏散学生，或者采取其他必要防护措施，保障学校安全和师生人身财产安全。

第五十六条　校园内发生火灾、食物中毒、重大治安等突发安全事故以及自然灾害时，学校应当启动应急预案，及时组织教职工参与抢险、救助和防护，保障学生身体健康和人身、财产安全。

第五十七条　发生学生伤亡事故时，学校应当按照《学生伤害事故处理办法》规定的原则和程序等，及时实施救助，并进行妥善处理。

第五十八条　发生教职工和学生伤亡等安全事故的，学校应当及时报告主管教育行政部门和政府有关部门；属于重大事故的，教育行政部门应当按照有关规定及时逐级上报。

第五十九条　省级教育行政部门应当在每年1月31日前向国务院教育行政部门书面报告上一年度学校安全工作和学生伤亡事故情况。

## 第八章　奖励与责任

第六十条　教育、公安、司法行政、建设、交通、文化、卫生、工商、质检、新闻出版等部门，对在学校安全工作中成绩显著或者做出突出贡献的单位和个人，应当视情况联合或者分别给予表彰、奖励。

第六十一条　教育、公安、司法行政、建设、交通、文化、卫生、工商、质检、新闻出版等部门，不依法履行学校安全监督与管理职责的，由上级部门给予批评；对直接责任人员由上级部门和所在单位视情节轻重，给予批评教育或者行政处分；构成犯罪的，依法追究刑事责任。

第六十二条　学校不履行安全管理和安全教育职责，对重大安全隐患未及时采取措施的，有关主管部门应当责令其限期改正；拒不改正或者有下列情形之一的，教育行政部门应当对学校负责人和其他直接责任人员给予行政处分；构成犯罪的，依法追究刑事责任：

（一）发生重大安全事故、造成学生和教职工伤亡的；

（二）发生事故后未及时采取适当措施、造成严重后果的；

（三）瞒报、谎报或者缓报重大事故的；

（四）妨碍事故调查或者提供虚假情况的；

（五）拒绝或者不配合有关部门依法实施安全监督管理职责的。《中华人民共和国民办教育促进法》及其实施条例另有规定的，依其规定执行。

第六十三条　校外单位或者人员违反治安管理规定、引发学校安全事故的，或者在学校安全事故处理过程中，扰乱学校正常教育教学秩序、违反治安管理规定的，由公安机关依法处理；构成犯罪的，依法追究其刑事责任；造成学校财产损失的，依法承担赔偿责任。

第六十四条　学生人身伤害事故的赔偿，依据有关法律法规、国家有关规定以及《学生伤害事故处理办法》处理。

## 第九章　附　则

第六十五条　中等职业学校学生实习劳动的安全管理办法另行制定。

第六十六条　本办法自2006年9月1日起施行。

# 参考文献

## 一、网络类

1. https：//baike.so.com/doc/695190-735786.html。
2. https：//www.sohu.com/a/124178695_372530。
3. https：//www.360kuai.com/pc/90632e773c947042e?cota=4&kuai_so=1&tj_url=so_news&sign=360_57c3bbd1&refer_scene=so_1。
4. https：//www.xzbu.com/9/view-6158163.html。
5. https：//baike.so.com/doc/5808464-6021265.html。
6. http：//www.64365.com/zs/699486.aspx。
7. https：//www.360kuai.com/pc/9e4110d0b5da1e4c6?cota=4&kuai_so=1&tj_url=so_rec&sign=360_57c3bbd1&refer_scene=so_1。
8. https：//china.findlaw.cn/lawyers/article/d781001.html。
9. http：//www.71.cn/2013/0528/716151.shtml。
10. http：//news.sina.com.cn/c/2018-03-28/doc-ifysspfq8581448.shtml。

## 二、文献类

1. 佟丽华主编，《未成年人法学——学校保护卷》，法律出版社，2007年9月第1版。
2. 李晓兵主编，《热点教育纠纷案例评析之学生篇》，中国法制出版社，2007年9月第1版。
3. 刘文霞、袁琳瑛编著，《未成年人法律常识简明读本》，新疆美术摄影出版社、新疆电子音像出版社，2009年2月第1版。
4. 张洪占、李庆珍、邓绍天编著，《校园安全法律手册》，中国政法大学出版社，2012年7月第1版。
5. 方益权等著，《校园侵权法律问题研究》，法律出版社，2008年7月第1版。
6. 刘兴树著，《学生伤害的防范与责任论纲》，湖南师范大学出版社，2007年9月第1版。

7. 雷思明著,《给教师的60条法律建议》,华东师范大学出版社,2010年6月第1版。

8. 赵忠心、关颖主编,《为了孩子和家长谈谈未成年人保护法》,中国法制出版社,2007年12月第1版。

9. 方兴编著,《学生伤害维权自助》,中国法制出版社,2007年9月第1版。

10. 佟丽华主编,《未成年人法学——司法保护卷》,法律出版社,2007年9月第1版。

11. 佟丽华主编,《未成年人法学——社会保护卷》,法律出版社,2007年9月第1版。

12. 佟丽华主编,《未成年人法学——家庭保护卷》,法律出版社,2007年9月第1版。

13. 卢珺编著,《教育法律纠纷案例与实务》,清华大学出版社,2018年5月第1版。

# 后　　记

2021年6月1日儿童节，《中华人民共和国未成年保护法》开始正式实施，作为曾经的一名人民教师，也作为两个孩子的母亲，更是作为一名有公益心的律师，我非常关注该法的动向。针对校园欺凌、校园暴力、校园故意伤害、校园性侵、校园毒品犯罪、家庭暴力、父母情感虐待、教师的体罚权越界等常见问题，我们在此书都设置了章节，并通过一个个鲜活的案例，希望我们的教育行政机关、教育机构负责人、学校、老师、家长、学生都能做到遵法学法守法用法。

《中华人民共和国民法典》的出台，更是让校园侵权行为有了执法的依据。作为学校和教师，更加如履薄冰、如临深渊。而对未成年学生来说，更有了保护自己合法权利的依据。而在长久的司法实践中，我们接触或经受的校园伤害案例层出不穷，我们发现，作为校园人主体之一的教师，对未成年人的侵权和不经意的伤害无处不在。比如，教师对学生管教方式不当导致的人格侵权、名誉侵权，对学生作品使用不当导致的著作权侵权，对学生财产没收或私自罚款导致的财产侵权，对特殊情况或特殊孩子不特殊照顾导致的伤害事件，学校或教师都会承担赔偿责任。诸多情况，不一一列举，本书写得非常详细，请您看书，就明白了一切。

非常可怕的是，在长久的教书育人中，教师们经常习以为常，不认为这是违法违规行为，甚至认为自己已经做得很好了，直到被起诉到了法院或收到法院传票，才慌忙咨询求救律师。殊不知，传统做法和法律行为是有区别的。传统的做法只是自认为尽责了，但是仔细分析，其实是没有法律意识、证据意识、诉讼意识的做法。后续有必要的时候，我们会用一节课的时间，给大家公益普法讲一堂课，谈谈学校和教师树立校园法律风险防范意识的必要性和途径。而此书也浓缩了校园常见案例，我们按照"法律解读""律师建议""法规速递"的层次，一一分析。因此，学校的领导和教师都很有必要读此书。读后，会感觉到后怕，会更加意识到树立法律意识的必要性，不要等到官司来了，再匆忙找专业律师咨询挽救。

因此，我们撰写和出版此书的目的是，希望校园人都各自先遵法学法，然后守法用法，学好此书，教育行政机关、学校负责人、学校、老师、家长就能把不必要的诉

# 后　记

讼消除在萌芽之中，学校和学生就能把不必要的伤害斩草除根，让老师站得住，让学生坐得稳，让家长放宽心，让学校稳定心，让政府吃定心。这样和谐美好的校园、健康的师生关系、亲密的亲子关系就会指日可待！

本书定稿之时，内心纵有无限感慨，怎奈篇幅有限，只能后续找机会再进一步探讨。

作为法律实践者，工作繁忙，但为了实现这本书的尽快出版，我们团队成员多少个日夜，加班加点，反复地酝酿，不断地修改，借鉴其他书籍的体例细节和字体格式等，目的只有一个，就是希望出精品，希望让读者看得舒服，能接受我们的成果。当然，因为时间紧迫，难免出现纰漏，不足之处，敬请多多包涵并谅解，不吝批评指正，笔者定以自勉之。后续我们继续努力改进！多谢您的支持和厚爱！

彭浩珍律师
2021 年 8 月 10 日于北京